Estudos Aplicados de Direito Empresarial

Estudos Aplicados de Direito Empresarial

MERCADOS FINANCEIRO E DE CAPITAIS

2021

Coordenação:
Pamela Romeu Roque

ALMEDINA

ESTUDOS APLICADOS DE DIREITO EMPRESARIAL
MERCADOS FINANCEIRO E DE CAPITAIS

COORDENAÇÃO: Pamela Romeu Roque
AUTORES: Ana Paula de Oliveira Missias, Henrique Takeda Kamoi, Larissa Marques Lima, Luiz Ferrua Neto e Kaike Augusto Machado

DIRETOR ALMEDINA BRASIL: Rodrigo Mentz
EDITORA JURÍDICA: Manuella Santos de Castro
EDITOR DE DESENVOLVIMENTO: Aurélio Cesar Nogueira
ASSISTENTES EDITORIAIS: Isabela Leite e Larissa Nogueira

DIAGRAMAÇÃO: Almedina
DESIGN DE CAPA: FBA

ISBN: 9786556274157
Dezembro, 2021

Dados Internacionais de Catalogação na Publicação (CIP)
(Câmara Brasileira do Livro, SP, Brasil)

Estudos aplicados de direito empresarial : mercados financeiro e de capitais / coordenação Pamela Romeu Roque. -- São Paulo : Almedina, 2021.
Vários autores.

Bibliografia.
ISBN 978-65-5627-415-7

1. Direito 2. Bolsa de valores 3. Direito empresarial 4. Direito empresarial - Brasil 5. Investimentos 6. Lavagem de dinheiro 7. Mercado de capitais 8. Mercado financeiro I. Roque, Pamela Romeu.

21-89039 CDU-34:338(81)

Índices para catálogo sistemático:

1. Brasil : Direito empresarial 34:338(81)

Cibele Maria Dias - Bibliotecária - CRB-8/9427

Este livro segue as regras do novo Acordo Ortográfico da Língua Portuguesa (1990).

EDITORA: Almedina Brasil
Rua José Maria Lisboa, 860, Conj.131 e 132, Jardim Paulista | 01423-001 São Paulo | Brasil
editora@almedina.com.br
www.almedina.com.br

APRESENTAÇÃO

> Acima de tudo sê fiel a ti mesmo,
> Disso se segue, como a noite ao dia,
> Que não podes ser falso com ninguém.
> *Hamlet – W. Shakespeare*

Com 22 anos de história no mercado jurídico, o Insper Direito reitera o seu legado pela excelente produção científica de seus alunos e professores. Trabalhos científicos de grande aplicação prática-profissional e já reconhecidos pelo mercado.

Na nova coleção "Estudos Aplicados de Direito Empresarial", que tive a honra de ser um dos idealizadores e coordenador em conjunto com o Prof. Dr. André Antunes Soares de Camargo, apresenta os seus novos volumes com ênfase em direito empresarial, direito dos contratos, societário e mercados financeiro e de capitais.

A publicação desta nova coleção comprova a excelência acadêmica dos discentes-autores e de seus respectivos professores orientadores.

Cabe aqui o nosso sempre agradecimento à Editora Almedina Brasil, que rapidamente abraçou a ideia desta coleção e vêm brindando os alunos e orientadores com suas publicações por anos seguidos, hoje, a coleção já conta com centenas de artigos e obras monográficas que são referências em seus segmentos.

A coleção "Estudos Aplicados de Direito Empresarial" foi originalmente pensada para ocorrer em uma edição por ano, sempre próximo ao encerramento do ano letivo. Projetamos o lançamento fiéis a qualidade que pauta nossas atividades e a própria Editora Almedina, referência jurídica em toda a comunidade lusófona.

O leitor terá a oportunidade de conferir as mais diversas abordagens para temas novos, ou com novas leituras de questões já existentes, sempre fiel a qualidade e rigor científico para o enfrentamento de questões concretas e complexas. Como uma escola de negócios, os textos que aqui são apresentados trazem luz para as mais variadas dificuldades do dia-a-dia do jurídico empresarial estratégico.

A coleção sempre traz ao público artigos altamente qualificados de nossas alunas e alunos e cada um dos volumes desta nova edição apresenta mais cinco novos artigos (com exceção de direito tributário que excepcionalmente conta com dez artigos), marca realmente expressiva para uma publicação tão jovem no cenário jurídico nacional.

Foram desenvolvidos os seguintes trabalhos que convido todas e todos a sua leitura e aprendizagem.

Direito Empresarial – "O uso da jurimetria pelos departamentos jurídicos: criação de indicadores financeiros e de eficiência operacional" do autor Erik Telles Maeda; "O consentimento informado como autorizador para o tratamento de dados sensíveis de saúde obtidos por meio de dispositivos eletrônicos cotidianos " do autor Felipe Vanderlinde Schiavon; "A intergeracionalidade como prática de responsabilidade social corporativa das empresas do setor de telecomunicações" da autora Gabriela Brocadello Junqueira; "Uma análise dos arranjos jurídicos para avaliação da existência e eficácia de programas de compliance" da autora Gabriela Revoredo Pereira da Costa; e, "Trabalho em plataformas digitais: análise do regime jurídico atual e perspectivas futuras" da autora Tatiane Neves Alves.

Direito dos Contratos – temáticas sempre relevantes e que impactam todo o sistema jurídico e seus aplicações, temos igualmente cinco excelentes artigos, composto por "Os contratos de afiliadas no setor de telecomunicação e os contratos de franquia" da autora Alexandra Cappellazzo de Oliveira Lima; "Uma breve análise sobre o papel da limitação de responsabilidade em contratos empresariais de computação em nuvem" do aluno André Julius Pellicano Granado; "Linguagem contratual: a simplicidade eficaz como ferramenta de segurança jurídica" do autor Antonio Alves de Oliveira Neto; "Uso da inteligência artificial: uma análise de seus possíveis reflexos jurídicos e a possibilidade de criação de contratos por instrumento autônomo" do autor Bruno Veridiano Geraldini; e, "A cláusula de exclusividade nos contratos de distribuição" da autora Karina Magalhães Soares

Direito dos Mercados Financeiro e de Capitais – programa mais tradicional do Insper, consta com os seguintes artigos, "Constituição de ônus e gravames sobre ativos financeiros" da autora Ana Paula de Oliveira Missias; "Responsabilidade civil ambiental das instituições intermediárias de ofertas públicas de valores mobiliários" do autor Henrique Takeda Kamoi; "Smart contracts e derivativos" da autora Larissa Marques Lima; "Responsabilização dos administradores: uma análise econômica e jurídica da aplicação dos deveres fiduciários" do autor Luiz Ferrua Neto; e, "Desafios jurídicos do sistema financeiro aberto (open banking)" do autor Kaike Augusto Machado.

Direito Societário – produziu os seguintes artigos: "Reflexões acerca de instrumentos híbridos" do autor Lucas Manzoli de Almeida; "O direito de voto das ações gravadas com usufruto" do autor Luiz Fernando Lockmann e Souza; "Alienação fiduciária de ações em garantia e suas consequências sobre direitos do acionista fiduciante" do autor Pedro Moura de Almeida; "Transformação de associações em sociedades" da autora Verena Reverdy Lemos; e, "Convenção extraprocessual em sociedades limitadas: uma tentativa de racionalização do processo societário" do autor Vinicius Cavarzani.

Direito Tributário – finalmente o programa de direito tributário produziu os seguintes artigos: "O parcelamento do débito tributário e a possibilidade de liberação da garantia prestada em execução fiscal" da autora Amanda Krummenauer Pahim de Souza; "Natureza jurídica dos aportes extraordinários patronais em plano de previdência privada aberta, à luz da jurisprudência do conselho administrativo de recursos fiscais – CARF" da autora Carolina Evangelista Silva Coimbra; "Aspectos tributários envolvendo a importação de bens e serviços por entidades do terceiro setor" da autora Gabriella Fernanda Nunes Braga; "A eficácia da restrição sobre a compensação antes do trânsito em julgado nos casos com exame repetitivo" da autora Karla Alves de Carvalho; "A tributação das Fintechs: estudo sobre as controvérsias tributárias aplicáveis às instituições de pagamento" do autor Otávio Batista de Carvalho Júnior; "Provas: impactos do novo Código de Processo Civil no processo administrativo tributário" do autor Paulo Antonio Balduino Filho; "A aplicação da teoria dos sistemas na resolução de demandas jurídicas-tributárias sobre o ágio" do autor Pedro Cavalcanti Amarante; "Imposto sobre a renda da pessoa jurídica: aplicabilidade do benefício fiscal da depreciação integral previsto no artigo 6º da medida provisória nº 2.159-70/01 para bens classificados como ativo biológico, especialmente cana-de-açúcar e eucalipto" do autor Renato Sguerri Fernandes; "Tributação dos rendimentos auferidos no exterior em sociedades, fundos de investimento e trusts por residentes fiscais no Brasil" da autora Samara Azevedo Fagundes; e, "Consequências jurídicas da não realização do fato gerador presumido do ICMS-ST e do direito ao indébito tributário correspondente" autoria de Vanderlei de Souza Júnior.

Deixo aqui o meu muito obrigado à todas e todos que colaboraram para a produção de mais uma coleção Insper Almedina e Coleção Estudos Aplicados de Direito Empresarial.

Boa leitura a todos!

Prof. Dr. Rodrigo Fernandes Rebouças

PREFÁCIO

Ainda em período turbulento de pandemia que o mundo enfrenta, é com enorme satisfação que apresentamos este quinto volume da coleção Estudos Avançados em Direito Empresarial – Mercados Financeiro e de Capitais. Nele estão contidos cinco artigos decorrentes de monografias finais apresentadas por excelentes alunos no âmbito do curso de pós-graduação LL.M. Direito dos Mercados Financeiros e de Capitais do Insper Direito no ano de 2020. Todos dedicam-se a temas atuais, complexos e relevantes e contribuem para o desenvolvimento crítico da tão escassa literatura do Direito dos Mercados Financeiro e de Capitais. Com a breve apresentação dos artigos abaixo, será possível perceber o desafio ousado assumido por cada autor, e que faz com que esses textos valham a leitura.

Nesse sentido, a autora Ana Paula de Oliveira Missias abre o volume com seu artigo "Constituição de ônus e gravames de ativos financeiros". Nele, a autora trata de tema atual, impactado por recente norma, e ainda muito pouco explorado. Com efeito, Ana Paula de Oliveira Missias enfrenta a demanda dos mercados financeiro e de capitais por mais eficiência, celeridade e segurança jurídica na importante constituição de garantias sobre ativos financeiros e valores mobiliários negociados em operações de crédito realizadas nesses mercados. Nesse diapasão, a autora traz aspectos da forma tradicional de constituição dessas garantias em Registro de Títulos e Documentos, e avalia a possibilidade e a segurança jurídica da constituição dessas garantias direta e exclusivamente pelas centrais depositárias e entidades registradoras. Para tanto, Ana Paula de Oliveira Missias discorre sobre a definição conferida aos ativos financeiros pelo Conselho Monetário Nacional, trata das hipóteses de registro ou depósito desses ativos financeiros, inclusive distinguindo depósito de registro de ativo financeiro, e versa sobre o procedimento da constituição de ônus e gravames. Com esse repertório, a autora nos conduz à sua conclusão de que o legislador e o regulador entenderam a necessidade dos mercados financeiro e de capitais por maior celeridade do procedimento da constituição de garantias, de modo que desenvolveram um arcabouço legal e regulatório que assegura eficiência e a segurança jurídica na constituição de ônus e gravames direta e exclusivamente por centrais depositárias ou entidades registradoras.

Na sequência, Henrique Takeda Kamoi enfrenta a cada vez mais relevante e presente responsabilidade civil ambiental, mas especificando sua análise para as instituições intermediárias de ofertas públicas de valores mobiliários, com seu artigo "Responsabilidade civil ambiental das instituições intermediárias de ofertas públicas de valores mobiliários". Com efeito, o autor leva em consideração a crescente preocupação da sociedade em relação à preservação ambiental, inclusive nas operações ocorridas no âmbito do mercado de capitais, e analisa se as instituições intermediárias de ofertas públicas de valores mobiliários podem ser responsabilizadas, de forma solidária, por eventuais danos ambientais causados por companhia emissora de valores mobiliários. Para tanto, o autor procura destrinchar as responsabilidades assumidas pelas instituições intermediárias no exercício de suas atividades, e examina a responsabilidade ambiental estabelecida pelo ordenamento jurídico brasileiro para, então, compreender se é possível estabelecer ligação entre as instituições intermediárias e a responsabilidade ambiental. Henrique Takeda Tamoi ainda compara seu objeto de estudo com o atual entendimento doutrinário e jurisprudencial sobre a responsabilidade ambiental de instituições financeiras em operações de concessão de crédito.

Após, Larissa Marques Lima traz em seu artigo um exercício desafiador: encaixar o recente movimento do chamado *smart contract* em um importante produto financeiro (e contrato) cuja padronização é central ao seu funcionamento no mercado. No "*Smart contracts* e derivativos", a autora destaca como o advento das chamadas novas tecnologias traz consigo uma gama de oportunidades de inovação para o Direito, sendo que, em matéria contratual, o *blockchain* e, mais especificamente, os *smart contracts* representam a concretização da eficiência e simplificação que a realidade contemporânea passou a exigir dos instrumentos jurídicos. Como a autora discorre, os contratos de derivativos proporcionam o campo ideal nesse contexto para um estudo piloto e uma proposta experimental. Caracterizado por seu intricado operacional e seus volumosos documentos, este setor do mercado financeiro necessita justamente daquilo que os *smart contracts* apresentam como características principais. Assim, Larissa Marques Lima, depois de analisar o surgimento destes instrumentos inovadores, bem como os principais aspectos positivos da implementação dessa nova tecnologia no tradicional mercado de derivativos, empreende uma abordagem prática, com uma proposta de método de adaptação de cláusulas contratuais para uma estrutura computacional, utilizando como modelo o ISDA Master Agreement. Ao final, a autora não foge de apresentar os desafios e pontos de atenção desta abordagem.

Já o autor Luiz Ferrua Neto apresenta seu artigo "Responsabilização dos administradores: uma análise econômica e jurídica da aplicação dos deveres fiduciários". Numa integração crítica do direito à análise econômica, o autor observa em seu artigo que o rigor demasiado ao analisar as decisões negociais realizadas de boa-fé por administradores de empresas, utilizando como argumento o dever de diligência, pode inibi-los de assumirem riscos, criando um ambiente de inércia prejudicial à atividade econômica. O autor não deixa de abordar a *Business Judgment Rule* norte-americana e de estabelecer um paralelo desta com o artigo 159, § 6º, da Lei das Sociedades Anônima. Ainda, Luiz Ferrua Neto analisa como o Judiciário brasileiro e a Comissão de Valores Mobiliários julgam referidas questões, bem como traz sua visão crítica de que não há que se esperar do regulador ou juiz, de forma *ex post*, sem conhecer o ambiente imprevisível e competitivo dos negócios, estando sujeito a falácia da narrativa e a vieses cognitivos, a revisão de decisões tomadas por quem possuía o conhecimento técnico e foi contratado para realizá-la.

Por fim, fechando o volume, Kaike Augusto Machado apresenta o seu artigo "Desafios Jurídicos do Sistema Financeiro Aberto (*Open Banking*)". Com assunto pujante para o mercado financeiro, o autor aborda a recente regulamentação que apresentou ao Brasil as regras e parâmetros para adoção do Sistema Financeiro Aberto, assim como trouxe uma série de obrigações e responsabilidades, principalmente aplicáveis às instituições financeiras, as grandes detentoras de dados pessoais no contexto do mercado financeiro e bancário. O desenvolvimento do Sistema Financeiro Aberto promete atuar na reversão da alta concentração bancária existente no Brasil, incentivando e viabilizando a concorrência saudável e a maior oferta e acesso de produtos financeiros para todos. Como explicado no artigo, espera-se que o referido sistema mude a experiência de utilização e/ou prestação de serviços bancários, sendo necessário que juristas e outros profissionais da área jurídica não só compreendam o seu processo como também possam operacionalizar toda a estrutura de direitos e deveres que versam sobre ele. Assim, Kaike Augusto Machado propõe uma análise da referida regulamentação à luz do conteúdo intelectual já produzido por juristas, especialistas da área e jornalistas, visando entender os desafios mais relevantes para viabilização deste marco regulatório sob a ótica jurídica.

Esses excelentes artigos nos convidam à reflexão de assuntos de nossa mais atual realidade.

Boa leitura a todos!

PAMELA GABRIELLE ROMEU GOMES ROQUE
Professora do Insper Direito

SUMÁRIO

CONSTITUIÇÃO DE ÔNUS E GRAVAMES SOBRE ATIVOS FINANCEIROS

Ana Paula de Oliveira Missias

Introdução

Nas operações realizadas no mercado financeiro e de capitais, especialmente nas operações de empréstimos, é comum que as instituições financeiras exijam garantias a fim de se protegerem de eventual inadimplemento do devedor. Como regra geral, o Código Civil prescreve que para a constituição de garantias reais sobre bens móveis fungíveis e infungíveis, é necessário o registro do respectivo instrumento de garantia em cartório de títulos e documentos do domicílio do devedor e do credor. Portanto, a fim de constituir e formalizar suas garantias reais as instituições financeiras devem registrar suas garantias no respectivo cartório e, assim, assegurar a execução da garantia.

Entretanto, para obter o "registro" de suas garantias as instituições financeiras costumavam enfrentar muita burocracia nos cartórios de títulos e documentos, muitas vezes tinham que contratar terceiros para realizar o serviço de levar o documento ao cartório de títulos e documentos, preparar e conferir se todos os documentos atendiam às exigências cartorárias, além de muitas vezes ter que refazer os documentos para conseguir o registro. Após o registro da garantia, ainda era necessário notificar a instituição custodiante do ativo financeiro ou valor mobiliário para realizar a "trava" do ativo, a fim de evitar que o mesmo bem fosse dado pelo devedor como garantia de outros negócios ou empréstimos ou até mesmo realizasse o resgate ou saque do ativo.

Ocorre que a burocracia enfrentada para o registro e formalização das garantias implica na oneração das operações de empréstimos uma vez que as instituições financeiras se deparam com os custos adicionais de contratação de terceiros, de notificação de terceiros. E ainda acontece o atraso da liberação dos recursos ao devedor, na medida em que a instituição financeira não assume o risco de liberar o recurso enquanto a garantia não estiver perfeitamente constituída e formalizada.

Além disso, a constituição da garantia a partir do registro em cartório de registro títulos e documentos não se demonstrou eficaz quando a garantia da operação de empréstimo referia-se a ativo financeiro ou valor mobiliário. Isto acontece pois, ao contrário do que ocorre com a formalização de garantia sobre imóveis, onde o registro é realizado na matrícula do imóvel e ali ficam centralizadas as informações de propriedade, ônus e gravames do imóvel, o registro da garantia sobre ativos financeiros em cartório de registro de títulos e documentos não centraliza as informações do ativo em um único registro.

Outrossim, a dinâmica das operações nos mercados financeiros e de capitais se desenvolveu, e continuará se desenvolvendo, de acordo com a evolução tecnológica, de modo que não se podia concordar com a subsistência de um método formalista e burocrático de constituição de garantias. Inclusive, em razão da crise econômico-financeira ocorrida no ano de 2008, a conhecida crise do sub prime, agentes do mercado financeiro e de capitais no cenário internacional discutiram acerca da necessidade de centralizar as informações de propriedade dos ativos financeiros e valores mobiliários nas centrais depositárias, visando garantir maior transparência e segurança das informações contidas nas centrais depositárias.

Diante disso, e após pressão dos representantes dos participantes do mercado financeiro e uma longa evolução legislativa, foi editada a Medida Provisória (MP) nº 775/2017, convertida na Lei 13.476/2017, que incluiu o artigo 26 na Lei 12.810/2013, a qual criou um nova forma de constituição de garantias sobre ativos financeiros e valores mobiliários que sejam objeto de registro ou depósito centralizado por entidades registradoras ou centrais depositárias, como por exemplo a B3 – Brasil Bolsa e Balcão. Evidentemente, o objetivo desta nova forma de constituição de garantias, era acelerar e desburocratizar o processo de constituição das garantias de ativos financeiros e valores mobiliários, bem como dar maior segurança jurídica aos credores dessas garantias.

Logo em seguida a publicação da referida MP, o Banco Central do Brasil[1] divulgou em seu sítio eletrônico matéria comentando as alterações nos registros das operações e garantias do mercado financeiro, da qual destacamos o seguinte trecho:

> Uma das principais mudanças diz respeito à constituição de gravames e ônus, que passa a ser realizada nas próprias entidades registradoras dos ativos financeiros e valores mobiliários. Na prática, essa operação identifica os bens como legalmente vinculados a um contrato específico, impedindo que eles sejam usados como garantias em mais de uma operação, de forma semelhante ao que ocorre quando um carro é adquirido por financiamento, por exemplo, e se garante que o veículo não possa ser transferido até ser quitado.

1 BANCO CENTRAL DO BRASIL. Congresso aprova novas regras para registro de operações do mercado financeiro. 17/08/2017. Disponível em: https://www.bcb.gov.br/detalhenoticia/146/noticia. Acesso em: 19/07/2020.

Assim, o Conselho Monetário Nacional, no exercício de sua competência, editou a Resolução 4.593, de 28 de agosto de 2017, dispondo sobre o registro e o depósito centralizado de ativos financeiros e valores mobiliários. E o Banco Central do Brasil, por sua vez, editou e atualizou diversos normativos para regular e viabilizar a utilização no mercado financeiro da constituição de ônus e gravames sobre ativos financeiros nas centrais depositárias e entidades registradoras, tais como a Circular 3.912, de 05 de setembro de 2018; Circular 3.954, de 10 de julho de 2019 (revogada pela Resolução BCB nº 55); a Circular 3.968, de 31 de outubro de 2019; Circular 3.952, de 27 de junho de 2019, entre outras.

A constituição de garantias de forma eletrônica, através das centrais depositárias ou entidades registradoras de ativos financeiros e valores mobiliários, é novidade para os participantes do mercado financeiro, requer o abandono das antigas regras e procedimentos de formalização e constituição das garantias financeiras e demanda novos sistemas e procedimentos dos participantes do mercado. Assim, as instituições financeiras ficam reticentes em abandonar o tradicional e antigo método de constituição de garantias previsto na regra geral do Código Civil, tendo em vista a novidade do tema e o receio do judiciário não acolher e, consequentemente, não aplicar a nova regra nas execuções judiciais.

Apesar disso, conforme se verá melhor adiante, a constituição da garantia pelas centrais depositárias ou entidades registradoras dos ativos financeiros e valores mobiliários dados em garantia, confere maior segurança jurídica e mais celeridade no processo de análise e constituição das garantias sobre ativos financeiros já registrados em centrais depositárias e entidades registradores, na medida em que será realizado de forma eletrônica e concentrará todas as informações do ativo financeiro na respectiva central depositária ou entidade registradora e está devidamente previsto na legislação especial, além de conferir maior celeridade e desburocratização no procedimento de constituição de garantias sobre ativos financeiros.

Diante disso, o presente estudo apresentará uma análise geral da regra de registro das garantias reais, da evolução legislativa para permitir o registro de ônus e gravames de ativos financeiros e valores mobiliários pelas centrais depositárias e entidades registradoras, a segurança jurídica estabelecida para a efetiva aplicação dessa forma de constituição de garantias nos mercados financeiro e de capitais, além da definição de ativo financeiro e a aplicabilidade no cotidiano das operações financeiras.

Inicialmente, serão analisadas: i) a legislação que suporta o tradicional método de registro de garantias reais sobre ativos financeiros em cartório de títulos e documentos; ii) em seguida, a legislação atual que trata do registro de garantias reais exclusivamente e diretamente pelas centrais depositárias e entidades registradoras. Essa análise será o ponto de partida para evidenciar a segurança jurídica conferida aos agentes do mercado financeiro e de capitais credores de operações garantidas com ativos financeiros, constituídas a partir do registro nas entidades registradoras e centrais depositárias[2].

Ademais, serão apresentados os principais normativos do Conselho Monetário Nacional e do Banco Central do Brasil acerca do tema, notadamente no que se refere a definição de ativo financeiro, a delimitação e a distinção do registro para o depósito de ativo financeiro, inclusive quando se deve realizar um ou outro.

[2] Os normativos editados pelo Banco Central do Brasil e Conselho Monetário Nacional que foram mencionados no presente estudo encontram-se vigentes. Contudo, tendo em vista que o Banco Central do Brasil tem na sua agenda de 2021 a tarefa de consolidar e adaptar a nomenclatura dos normativos de sua competência e do Conselho Monetário Nacional, conforme Decreto nº 10.139 de 28 de dezembro de 2019, tais normativos poderão sofrer alterações.

Por fim, será possível analisar a celeridade e o procedimento do registro dos ônus e gravames financeiros sobre um ativo financeiro por meio das entidades registradoras e centrais depositárias, tratando particularmente do "Manual de Operações – Registro de Contrato de Garantia"[3], da registradora e depositária B3 – Brasil, Bolsa, Balcão.

1. Constituição das garantias reais

1.1. Regra geral de registro das garantias reais

O regime jurídico brasileiro dispõe de duas principais formas de garantia, quais sejam, as garantias pessoais e as garantias reais. Nas garantias pessoais, alguém se compromete perante o credor a honrar a obrigação, na hipótese de descumprimento pelo devedor, como ocorre, por exemplo, na fiança e no aval, nas quais o garantidor responderá pessoalmente pela obrigação garantida com todos e quaisquer dos seus bens.

Enquanto que nas garantias reais, o garantidor oferece ao credor um bem específico de sua propriedade como garantia da obrigação, de modo que na hipótese de descumprimento da obrigação pelo devedor, o Credor poderá excutir o valor do bem dado em garantia e utilizar para pagamento da obrigação garantida. Portanto, é certo que uma vez constituída a garantia real sobre determinado bem, apenas este responderá pela obrigação garantida, podendo o Credor persegui-lo e exigir a entrega e excussão do bem onde e com quem quer que o possua.

Apesar das garantias reais possuírem inúmeras características que merecem estudo aprofundado, neste estudo convém destacar apenas a característica da publicidade. Assim, no

[3] B3 BRASIL, BOLSA, BALCÃO. Manual de Operações – Registro de Contrato de Garantia (ônus e gravames), de 29 de junho de 2020. Disponível em: http://www.b3.com.br/pt_br/regulacao/estrutura-normativa/estrutura-normativa/manuais-de-operacoes-8ae490ca69088bf00169104ff0ad7417/acesso-e-servicos/. Acesso em: 30/07/2020.

que se refere a publicidade das garantias reais, o Código Civil prevê a necessidade de registro do instrumento que formaliza a garantia real em Títulos e Documentos ou Registro de Imóveis, conforme o caso, para fins de conferir publicidade, autenticidade, segurança e, principalmente, conferir eficácia *erga omnes* às garantias reais.

Sobre a eficácia *erga omnes* da garantia real, Venosa, Silvio de Salvo[4], ensina que se trata de direito de garantia que vale "perante todos, em face de todos, não no sentido de que podem ser impostos contra qualquer pessoa, mas no sentido de que podem ser opostos ou apostos perante quem os ameace ou deles se aproprie".

Quanto a finalidade do registro, Almeida, Carlos Ferreira[5] explica que "A ideia da necessidade dos actos jurídicos privados serem conhecidos para além das próprias partes está latente desde a mais remota antiguidade".

De fato, a principal finalidade perseguida pelas partes que decidem realizar registro de seus negócios jurídicos é dar publicidade para estes e, no caso das garantias reais, conferir a eficácia *erga omnes* à sua garantia. Contudo, o registro está além da publicidade, o registro confere aos negócios jurídicos a autenticidade, segurança e eficácia dos atos jurídicos, nos termos do artigo 1º da Lei 6015/1973, conhecida Lei de Registros Públicos. Ou seja, além da publicidade contra terceiros, o registro também serve como garantia de que o instrumento que formaliza seu negócio jurídico servirá como meio de prova autêntica, considerada segura, além de garantir o requisito de eficácia de alguns negócios jurídicos, conforme regular a lei especial.

Feitas essas considerações iniciais sobre as garantias e a finalidade do registro das garantias reais, adentremo-nos no estudo

[4] VENOSA, Silvio de Salvo. Direito Civil, 10ª edição. Editora Atlas. São Paulo, 2010, p.22

[5] ALMEIDA, Carlos Ferreira. Publicidade e teoria dos registos.Almedina. Coimbra, 1966, p. 143.

das regras de registro das garantias reais mais utilizadas no mercado financeiro e de capitais para assegurar o cumprimento de obrigações assumidas por devedores.

O Código Civil prevê 4 tipos de garantias reais, quais sejam, o penhor, a hipoteca, a propriedade fiduciária e a anticrese. Trataremos, brevemente, apenas sobre as 3 primeiras, pois são as mais utilizadas no mercado financeiro e de capitais.

O penhor, necessariamente, recai sobre bens móveis, a hipoteca recai sobre bem imóveis e equiparados, enquanto que a propriedade fiduciária poderá recair tanto sobre bens móveis como sobre bens imóveis.

Como regra geral, poderia se dizer que o instrumento contratual que representa a garantia real deverá ser levado a registro em Registro de Títulos e Documentos se o objeto da garantia se referir a bem móvel e em Registro de Imóveis se o objeto da garantia se referir a bem imóvel. Assim, temos que:

i. Hipoteca, apresenta-se para registro perante o Registro de Imóveis no qual o imóvel hipotecado está matriculado;
ii. Penhor, apresenta-se para registro no Cartório de Registro de Títulos e Documentos do domicílio do Devedor e do Credor;
iii. Propriedade Fiduciária de bem móvel e títulos de crédito, apresenta-se para registro no Cartório de Registro de Títulos e Documentos do domicílio do Devedor e do Credor, se o bem for um veículo deve também ser feita a anotação no certificado de registro do veículo; e
iv. Propriedade Fiduciária de bem imóvel, apresenta-se para registro perante o Registro de Imóveis no qual o imóvel hipotecado está matriculado.

Os comandos legais que determinam a regra acima são: artigos 1.432 (penhor), 1.492 (hipoteca), 1361 (propriedade fiduciária de bens móveis) do Código Civil, além do artigo 23 da Lei 9.514/97 (alienação fiduciária de bem imóvel), combinados com artigos 127, II, 130, 167, I, "2)" e "35" da Lei nº 6.015/1973 de Registros Públicos.

Entretanto, o legislador alterou a competência da constituição de ônus e gravames que recaem sobre ativos financeiros e valores mobiliários objeto de registro ou de depósito centralizado para as entidades registradoras e depositários centrais autorizados pelo Banco Central do Brasil e pela Comissão de Valores Mobiliários para tanto, dispensando o registro em Títulos e Documentos, conforme será melhor detalhado no tópico a seguir.

1.2. Constituição de ônus e gravames por entidades registradoras e centrais depositárias.

No mercado financeiro e de capitais, comumente se utiliza ativos financeiros e valores mobiliários, como garantia de empréstimos bancários. A constituição da garantia sobre um ativo financeiro ou valor mobiliário é condição para liberação dos recursos dos empréstimos.

Ocorre que as instituições financeiras precisavam enfrentar muita burocracia nos cartórios de títulos e documentos, muitas vezes tinham que contratar terceiros especialistas nas exigências cartorárias e com tempo para ir pessoalmente ao cartório prestar esclarecimentos ou até entender as exigências, para conseguir realizar o registro do instrumento de garantia. Além disso, após o registro da garantia sobre o ativo financeiro e/ou valor mobiliário, os credores ainda precisavam exigir a "trava" do ativo financeiro ou valor mobiliário na instituição que realizasse a custódia desse ativo a fim de evitar que o mesmo ativo fosse dado pelo devedor como garantia de outros negócios ou empréstimos, uma vez que o registro em títulos e documentos não garantia que todo e qualquer terceiro teria conhecimento daquele gravame, já que não centraliza as informações do ativo no registro.

E ainda, a crise econômico-financeira ocorrida no ano de 2008, crise do sub prime, causou reflexão dos reguladores de mercado no âmbito global acerca da necessidade de segurança jurídica na formalização e constituição de garantias, sendo um consenso que a transferência da competência para os depositários centrais de controle da titularidade e registros dos ativos seria a melhor maneira de obter segurança jurídica na constituição e registro das garantias. Conforme ensina Alexandre Garcia Padilha[6]:

> A partir dos imperativos impostos pelo modelo de regulação adotado nas discussões globais pós-crise, que viram nos depositários centrais um dos agentes fundamentais na garantia da segurança jurídica das operações financeiras, o arcabouço jurídico brasileiro passou por alterações que vieram alterar tradicionais institutos relativos à constituição de direitos reais de garantia.

Diante disso, o legislador brasileiro percebeu que não era possível a manutenção de método tradicional, formalista e burocrático de constituição de garantias e que precisava avançar com a legislação de acordo com a evolução tecnológica experimentada nas operações financeiras, a fim de garantir segurança jurídica e celeridade na constituição das garantias sobre ativos financeiros e valores mobiliários.

Nesse sentido, em 2011, o legislador incluiu na Lei 10.931/2004, o artigo 63-A, a seguir transcrito:

[6] PADILHA, Alexandre Garcia. A constituição de gravames pelos prestadores de serviço de depósito centralizado de valores mobiliários: construção do regime legal brasileiro aplicável. **Revista de Direito Empresarial.** V. 13, 217 – 248. Disponível em: encurtador.com.br/bzBQ4. Acesso em: 27/07/2020. (Paginação da versão eletrônica difere da versão impressa)

Art. 63-A. A constituição de gravames e ônus sobre ativos financeiros e valores mobiliários em operações realizadas no âmbito do mercado de valores mobiliários ou do sistema de pagamentos brasileiro, de forma individualizada ou em caráter de universalidade, será realizada, inclusive para fins de publicidade e eficácia perante terceiros, exclusivamente mediante o registro do respectivo instrumento nas entidades expressamente autorizadas para esse fim pelo Banco Central do Brasil e pela Comissão de Valores Mobiliários, nos seus respectivos campos de competência.

Parágrafo único. O regulamento estabelecerá as formas e condições do registro de que trata o *caput*, inclusive no que concerne ao acesso às informações.

Observe que o legislador utilizou a expressão "ônus e gravames", ao invés de utilizar apenas o termo "garantia", o que parece significar que o legislador quis assegurar que estaria envolvendo as mais variadas formas de garantias e encargos que podem recair sobre ativos financeiros ou valores mobiliários. Deocleciano Torrieri Guimarães define o termo gravame como "Tributo, ônus. Encargo que recai sobre uma coisa, como penhor, hipoteca, anticrese, inalienabilidade. Direito real sobre coisa alheia." e o termo ônus como "Obrigação imposta por lei; encargo."[7]

Percebe-se que há uma distinção entre os termos, enquanto gravames está relacionado a garantias reais, ônus está relacionado a deveres e encargos. De toda forma, ambos significam uma restrição que recai sobre determinado bem e que precisam ser registrados para que o credor da garantia ou obrigação tenha seus direitos resguardados.

Resta evidente também a intenção do legislador de dar competência exclusiva às instituições que forem assim autorizadas

[7] GUIMARÃES, Deoocleciano Torrieri. Dicionário Técnico Jurídico. 9ª edição. Editora Rideel. São Paulo. 2007. p. 338 e 428

pelo Banco Central e Comissão de Valores Mobiliários de realizarem o registro das garantias sobre ativos financeiros e valores mobiliários e de dispensar o registro em Títulos e Documentos.

Apesar disso, o legislador não permitiu a aplicação imediata de tal comando legal, na medida em que estabeleceu em seu parágrafo único a necessidade de um regulamento que definiria formas e condições do registro permitido pelo *caput* do artigo 63-A na Lei 10.931/2004. E ainda, o legislador limitou a aplicação de tal registro às operações realizadas no âmbito do mercado de valores mobiliários ou do sistema de pagamentos brasileiro, excluindo as operações de empréstimos com garantia de cessão fiduciária de Certificado de Depósito Bancário, por exemplo, comumente realizada no âmbito do mercado financeiro.

Assim, em 1º de fevereiro de 2013, foi editado o Decreto nº 7.897 a fim de estabelecer o "regulamento" exigido pelo artigo 63-A acima mencionado. Sobre a previsão do artigo 63-A e o mencionado decreto, Otávio Yazbek[8] comentou:

> Por fim, a mesma Lei n. 12.543/2011, acima referida, trouxe outro importante ajuste, destinado a facilitar a troca de garantia nas operações de mercado de capitais, que afeta diretamente o mercado de derivativos de balcão – ela incluiu, na Lei 10.931/2004, o art. 63-A, que estabelece que a constituição de garantias naquelas operações se dá diretamente com o correspondente registro nas entidades em que os ativos financeiros dados em garantia estejam depositados (as centrais depositárias). Em razão de tal possibilidade, regulamentada pelo Decreto n. 7.897/2013, a constituição de garantias, antes praticamente inexistente em razão das dificuldades trazidas pela obrigação de registro em cartório, foi extremamente simplificada, o que milita pela melhora de quali-

[8] SATIRO, Francisco (coord.).**Direito, gestão e prática: mercado de capitais.** São Paulo. Saraiva. 2013. P. 159

dade na administração de risco entre os participantes, em iniciativa coerente, também com os debates internacionais.

Todavia, o Decreto nº 7.897/2013 novamente não permitiu a aplicação imediata do registro de garantia sobre ativos financeiros e valores mobiliários por entidades autorizadas, uma vez que delegou ao Banco Central do Brasil e à Comissão de Valores Mobiliários a autorização e aprovação do regulamento e sistema das entidades registradoras.

Em seguida, em 15 de maio de 2013, foi promulgada a Lei 12.810, a qual tratou de ampliar o escopo de atuação do registro por entidades registradoras de ativos financeiros e valores mobiliários ao dispor que a previsão do art. 63-A da Lei 10.931/2004 aplica-se à constituição de quaisquer gravames e ônus sobre ativos financeiros e valores mobiliários objeto de depósito centralizado, independentemente da natureza do negócio jurídico a que digam respeito, nos termos do artigo 26[9].

Cumpre observar que apesar da ampliação do escopo estabelecida pelo artigo 26 da Lei 12.810/2013, ainda não estava claro que se aplicaria a operações realizadas no âmbito do mercado financeiro.

Nessa esteira, conforme determinado pelo legislador, a Comissão de Valores Mobiliários ("CVM"), editou a instrução nº 541, em 20 de dezembro de 2013, dispondo sobre a prestação de serviços depósito centralizado de valores mobiliários, estabelecendo parâmetros e diretrizes a serem seguidos pelos depositários centrais na execução dos serviços de registro de garantias sobre valores mobiliários.

[9] Art. 26. Aplica-se o disposto no art. 63-A da Lei nº 10.931, de 2 de agosto de 2004 à constituição de quaisquer gravames e ônus sobre ativos financeiros e valores mobiliários objeto de depósito centralizado, independentemente da natureza do negócio jurídico a que digam respeito.

Reforçando os esclarecimentos quanto as motivações expostas no título anterior sobre a necessidade de delegar a constituição das garantias aos depositários centrais e entidades registradoras para trazer maior segurança jurídica e celeridade às garantias, a CVM reconheceu expressamente no edital de audiência pública para discussões da instrução 541 a necessidade de estabelecer normas sobre a valorização das infraestruturas de mercado, tendo em vista os debates pós-crise de 2008, também conhecida como a crise do *subprime*. Nesse sentido, Alexandre Garcia Padilha[10], diz que:

> Ainda que não tenha detalhado em profundidade a forma de prestação de serviços de registro constitutivo de gravames, delegando aos depositários centrais o dever de regulá-la, ao menos a CVM apresentou os parâmetros mínimos a serem seguidos, os quais constam dos incisos do § 3º do art. 35.[49] Essas linhas mestras, por sua vez, estão plenamente alinhadas aos paradigmas estabelecidos em âmbito internacional como remédios para os problemas suscitados pela *crise do subprime*. Basta, para se chegar a essa conclusão, realizarmos o cotejo entre as obrigações constantes da Instrução CVM 541/2013 e as recomendações aplicáveis aos depositários centrais nos PFMI, para verificar que deveres como o de manter os ativos em contas individualizadas por investidor (art. 32), "possuir processos e sistemas informatizados seguros e adequados ao exercício das suas atividades" (art. 8º, II), ou ainda o de "manter sistemas de controle de risco apropriados ao monitoramento dos riscos inerentes às suas atividades" (art. 20), refletem fidedignamente as *Key Considerations* do *Principle 11* dos PFMI.

[10] PADILHA, Alexandre Garcia. A constituição de gravames pelos prestadores de serviço de depósito centralizado de valores mobiliários: construção do regime legal brasileiro aplicável. **Revista de Direito Empresarial.** V. 13, 217 – 248. Disponível em: encurtador.com.br/bzBQ4. Acesso em: 27/07/2020. (Paginação da versão eletrônica difere da versão impressa)

O Banco Central do Brasil ("BACEN"), por sua vez, editou a Circular nº 3.743, de 08 de janeiro de 2015, na qual aprovou o regulamento que disciplina as atividades de (i) registro e depósito centralizado de ativos financeiros; e (ii) constituição de ônus e gravames sobre os ativos depositados. Nesta circular o BACEN tratou de estabelecer parâmetros e diretrizes para a execução das atividades reguladas e determinou que as centrais depositárias e entidades registradoras que realizem tais atividades estabeleçam regulamento próprio a ser analisado e aprovado pelo BACEN.

Nessa esteira, as principais centrais depositárias e entidades registradoras, a CETIP S.A – Mercados Organizados ("CETIP") e a BM&FBOVESPA S.A – Bolsa de Valores, Mercadorias e Futuros ("BM&FBovespa"), as quais atualmente consistem em uma única entidade, a B3 – Brasil Bolsa Balcão S.A ("B3"), divulgaram em 04 de janeiro de 2016 seus respectivos manuais de regulamentação do serviço de constituição de ônus e gravames sobre valores mobiliários.

Entretanto, restava pendente a regulamentação pelas centrais depositárias e entidades registradoras do serviço de constituição de ônus e gravames sobre ativos financeiros. E ainda, o legislador precisava incluir no escopo da legislação as operações realizadas no mercado financeiro.

Dessa forma, atendendo ao pleito de representantes dos participantes do mercado financeiro, foi editada a Medida Provisória nº 775/2017 ("MP nº 775), convertida na Lei 13.476/2017, em 28 de agosto de 2017, que alterou a redação do artigo 26 da Lei 12.810/2013 e revogou o artigo 63-A, da Lei 10.931/2004, a fim de estabelecer que a forma de constituição de ônus e gravames sobre ativos financeiros e valores mobiliários será realizada, exclusivamente, nas entidades registradoras ou nos depositários centrais em que os ativos financeiros e valores mobiliários estejam registrados ou depositados, independente da natureza jurídica do negócio, assegurando, inclusive, publicidade e eficácia contra terceiros. Vejamos:

> Art. 26. A constituição de gravames e ônus, inclusive para fins de publicidade e eficácia perante terceiros, sobre ativos financeiros e valores mobiliários objeto de registro ou de depósito centralizado será realizada, exclusivamente, nas entidades registradoras ou nos depositários centrais em que os ativos financeiros e valores mobiliários estejam registrados ou depositados, independentemente da natureza do negócio jurídico a que digam respeito. (Redação dada pela Lei nº 13.476, de 2017)
>
> § 1º Para fins de constituição de gravames e ônus sobre ativos financeiros e valores mobiliários que não estejam registrados ou depositados nas entidades registradoras ou nos depositários centrais, aplica-se o disposto nas respectivas legislações específicas. (Incluído pela Lei nº 13.476, de 2017)
>
> § 2º A constituição de gravames e ônus de que trata o caput deste artigo poderá ser realizada de forma individualizada ou universal, por meio de mecanismos de identificação e agrupamento definidos pelas entidades registradoras ou pelos depositários centrais de ativos financeiros e valores mobiliários. (Incluído pela Lei nº 13.476, de 2017)
>
> § 3º Nas hipóteses em que a lei exigir instrumento ou disposição contratual específica para a constituição de gravames e ônus, deverá o instrumento ser registrado na entidade registradora ou no depositário central, para os fins previstos no caput deste artigo. (Incluído pela Lei nº 13.476, de 2017)
>
> § 4º Compete ao Banco Central do Brasil e à Comissão de Valores Mobiliários, no âmbito de suas competências, estabelecer as condições para a constituição de gravames e ônus prevista neste artigo pelas entidades registradoras ou pelos depositários centrais, inclusive no que concerne ao acesso à informação. (Incluído pela Lei nº 13.476, de 2017)

Além disso, pensando no dinamismo das operações do mercado financeiro e na alta demanda de crédito das pequenas e médias empresas com garantia de recebíveis, a Lei 13.476/2017 incluiu previsão acerca da possibilidade de que a constituição de ônus e gravames ocorra tanto de forma individual, ativo por ativo, como ocorra de forma universal, um grupo de ativos.

Com isso, os participantes do mercado, tiveram a segurança de que a constituição de ônus e gravames sobre ativos financeiros e valores mobiliários se dá através das entidades registradoras e centrais depositárias em que os ativos ou valores mobiliários estão registrados ou depositados, tanto nas operações realizadas no âmbito do mercado financeiro como nas operações realizadas no âmbito do mercado de capitais.

Cumpre observar que a Lei 13.476/2017, manteve a competência do BACEN e da CVM para fins de regular e estabelecer condições às entidades registradoras e centrais depositárias para realização das atividades de constituição de ônus e gravames sobre ativos financeiros e valores mobiliários depositados ou registrados, na medida em que incluiu o artigo 26-A, na Lei 12.810/2013 e estabeleceu ao Conselho Monetário Nacional a competência para (i) disciplinar sobre a exigência de registro ou depósito de ativos financeiros e valores mobiliários, inclusive para fins de constituição de ônus e gravames; e (ii) dispor sobre quais ativos financeiros serão considerados para fins de registro e depósito. Além disso, o legislador esclareceu que o registro e constituição de ônus e gravames que não estejam registrados ou depositados nas entidades registradoras ou nos depositários centrais, seguirá o procedimento da legislação específica, ou seja, o instrumento que formaliza a garantia deverá ser levado para registro em Títulos e Documentos do devedor e do credor.

Conforme se verifica no site do BACEN[11], as alterações trazidas pela Lei 13.476/2017 estavam na Agenda BC+ do BACEN. Inclusive, o documento de Exposição de Motivos[12] da MP 775 trata-se de carta assinada pelo Sr. Ilan Goldfajn, ex-presidente do BACEN, e pelo Sr. Henrique de Campos Meirelles, ex-Ministro da Fazenda, na qual apresentam, dentre diversos motivos para edição da MP, a necessidade da norma para fins de aprimoramento da infraestrutura de mercado e maior controle e segurança com relação às informações dos ativos financeiros sobre os quais recaem os gravames, conforme transcrito a seguir:

> 10. Além disso, ao se estender às entidades registradoras a exclusividade na constituição de gravames e ônus sobre os ativos lá registrados, já existente no caso dos depositários centrais por força do disposto no próprio art. 26 da Lei nº 12.810, de 2013, harmoniza-se atuação de ambas as infraestruturas e permite-se maior controle e segurança em relação às informações atinentes aos ativos financeiros objeto de gravame ou ônus constituídos nos ambientes dessas entidades registradoras. Em decorrência, podem ser criadas as condições necessárias para mitigação do risco legal e para a eliminação das barreiras de caráter operacional, com reflexo positivo na oferta de crédito às PMEs.
>
> 11. Nessa perspectiva, o projeto resulta em aprimoramento estrutural do mercado de antecipação de recebíveis, na medida em que contribui para o aumento da segurança do sistema, ao tempo em que tem a capacidade potencial de ampliar o mercado e direcionar a sua tendência para expansão das carteiras colateralizadas por estes ativos, bem como estimular o financiamento às PMEs.

[11] Vide notícia disponível no endereço eletrônico do BACEN, https://www.bcb.gov.br/detalhenoticia/146/noticia. Acesso em: 27/07/2020.

[12] Exposição de motivos da Medida Provisória nº 775/2017, disponível no endereço eletrônico do governo federal http://www.planalto.gov.br/ccivil_03/_ato2015-2018/2017/Exm/Exm-MP-775-17.pdf. Acesso em: 27/07/2020.

Essa medida permite a redução da assimetria informacional entre instituições financeiras e PMEs, mitigando a seleção adversa e o risco das operações, tendo como benefícios, aumento do volume de crédito, melhoria da qualidade do crédito e possível redução do spread e dos custos operacionais, com potencial para impactar positivamente o cenário econômico conjunturalmente adverso.

Nesse sentido, na mesma data de conversão da MP 775 na Lei 13.476/2017, o Banco Central do Brasil publicou a Resolução 4593, de 28 de agosto de 2017, editada pelo Conselho Monetário Nacional, a fim de conceituar ativo financeiro, regras de registro e depósito desses ativos, além de viabilizar a implementação no mercado financeiro da constituição de ônus e gravames sobre ativos financeiros nas centrais depositárias e entidades registradoras. Sobre tal resolução, os advogados do escritório Pinheiro Neto[13] publicaram artigo, do qual destacamos o seguinte:

> Em resumo, a edição da Resolução nº 4.593 era o passo essencial pendente para plena utilização dos dispositivos constantes da Lei 12.810 relativamente a constituição de gravames e ônus para ativos financeiros e valores mobiliários. Vale lembrar que tais dispositivos eram, até então, apenas aplicáveis aos valores mobiliários, em razão da Instrução nº 541, emitida pela CVM em 20 de dezembro de 2013, conforme alterada (ICVM 541), conforme detalhada nos respectivos regulamentos dos sistemas de ativos financeiros e valores mobiliários autorizados a funcionar pelo BC e CVM, notadamente, da B3 – Brasil, Bolsa, Balcão.

[13] BALDUCCINI, Bruno et al. CMN aprova resolução sobre registro e depósito de ativos financeiros e valores mobiliários. 05/09/2017. **Pinheiro Neto Advogados.** Disponível em: http://www.pinheironeto.com.br/Pages/publicacoes-detalhes.aspx?nID=969. Acesso em: 27/07/2020.

A partir de então, o BACEN editou e atualizou diversos normativos para regular e viabilizar a utilização no mercado financeiro da constituição de ônus e gravames sobre ativos financeiros nas centrais depositárias e entidades registradoras, tais como:

- Circular 3.912, de 05 de setembro de 2018, o BACEN alterou a Circular 3.743, publicada antes da MP 775, para fins de atualizar o normativo de acordo com a alteração legislativa imposta pela MP 775, convertida na Lei 13.476/17;
- Circular 3.954, de 10 de julho de 2019, revogada pela Resolução BCB nº 55, o BACEN alterou o Regulamento do Sistema Especial de Liquidação e de Custódia (Selic), para dispor sobre a constituição de gravames e ônus no âmbito desse sistema.
- Circular 3.968, de 31 de outubro de 2019 revogada pela Resolução BCB nº 55, o BACEN alterou o Regulamento anexo à Circular nº 3.743, disciplinando a exigência de interoperabilidade entre sistemas de registro que ofertam o registro de um mesmo tipo de ativo financeiro para constituição de ônus e gravames sobre esses ativos.

Diante disso, temos que a constituição de ônus e gravames por centrais depositárias e entidades registradoras de ativos financeiros e valores mobiliários é, atualmente, uma realidade amparada no artigo 26 da Lei 12.810/2013 e em constante regulação e fiscalização pelo Banco Central do Brasil e CVM.

1.3. Da segurança jurídica da constituição de gravames pelas entidades registradoras e centrais depositárias

Conforme demonstrado acima, o legislador brasileiro alterou a forma de constituição de ônus e gravames sobre ativos financeiros e valores mobiliários ao determinar que esta deve ser realizada, exclusivamente, nas entidades registradoras ou nas centrais depositárias em que os ativos ou valores mobiliários estiverem depositados, nos termos do artigo 26, da Lei 12.810/2013.

Contudo, ao realizar tal alteração o legislador forçou o abandono de um sistema tradicional e já consolidado de registro de garantias, qual seja, o registro em cartório de Títulos e Documentos do domicílio das Partes contratantes, o que representa um ousado avanço legislativo que causou receio aos participantes em dispensar o registro das suas garantias em Títulos e Documentos. Sobre tal mudança, Alexandre Padilha diz:

> Com efeito, a partir de uma série de mudanças normativas, o ordenamento jurídico brasileiro transportou a competência e forma de registro dos gravames sobre valores mobiliários do universo dos livros das companhias e cartórios extrajudiciais para o ambiente administrado pelos prestadores de serviços de depósito centralizado, em um movimento que, sem abrir mão da exigência da publicidade de que devem se revestir os direitos reais, promoveu mudanças significativas em certos paradigmas.

Sendo assim, é necessário entender se a constituição de ônus e gravames pelas entidades registradoras ou centrais depositárias se reveste de segurança jurídica, assim como se revestia a forma tradicional e consolidada de constituição de garantia no Registro de Títulos e Documentos.

Para tanto, deve-se analisar todo o arcabouço regulatório criado pelo legislador a fim de verificar se a constituição de ônus e gravames pelas centrais depositárias e entidades registradoras garantem o mesmo efeito que se tinha quando da constituição da garantia a partir do registro em cartório de Títulos e Documentos.

Dessa forma, importante destacar o "caput" do artigo 26 da Lei 12.810/2003, que garante, expressamente, a publicidade e eficácia perante terceiros na hipótese de constituição de ônus e gravames pelas centrais depositárias e nas entidades registradoras. Ademais, referido dispositivo estabelece que a constituição de gravames e ônus sobre ativos financeiros e valores mobiliários deverá ser realizada exclusivamente nas centrais depositárias ou nos depositários centrais que tais ativos estiverem registrados ou depositados.

Ora, não foi por acaso que o legislador estabeleceu publicidade, eficácia perante terceiros e exclusividade à constituição de ônus e gravames pelas centrais depositárias e entidades registradoras. A intenção do legislador foi conferir os mesmos efeitos do registro em Títulos e Documentos também à constituição de ônus e gravames pelas centrais depositárias e entidades registradoras, bem como assegurar que é necessário apenas a constituição da garantia pela central depositária e entidade registradora, ficando dispensado o registro em Títulos e Documentos.

Nesse sentido, Alexandre Padilha[14] explica:

> Por um lado, a redação foi incisiva ao restringir aos depositários centrais, na qualidade de "entidades expressamente autorizadas para esse fim pelo Banco Central do Brasil e pela Comissão de Valores Mobiliários", a competência para realizar o registro constitutivo dos gravames: ao utilizar o termo "exclusivamente", parece claro ao intérprete que o legislador quis explicitar que as formas até então admitidas (registro no livro ou no cartório de títulos e documentos), ao menos em relação aos ativos financeiros e valores mobiliários (nos termos da referida lei), não teria mais a sua eficácia (quiçá validade) reconhecida.

[14] PADILHA, Alexandre Garcia. A constituição de gravames pelos prestadores de serviço de depósito centralizado de valores mobiliários: construção do regime legal brasileiro aplicável. **Revista de Direito Empresarial.** V. 13, 217 – 248. Disponível em: encurtador.com.br/bzBQ4. Acesso em: 27/07/2020. (Paginação da versão eletrônica difere da versão impressa)

Portanto, o legislador garantiu à constituição da garantia nas centrais depositárias e entidades registradoras a mesma segurança jurídica garantida ao registro realizado em Títulos e Documentos.

Por fim, importa relembrar que a mudança da forma de constituição das garantias de ativos e valores mobiliários visava, justamente, melhorar a segurança jurídica das garantias no âmbito dos mercados financeiro e de capitais, uma vez que o registro em Títulos e Documentos era burocrático, onerava e atrasava as operações, aliado ao movimento internacional de transferir às centrais depositárias o controle da titularidade dos ativos e valores mobiliários.

2. Competência e definição de ativo financeiro

2.1. Competência delegada ao Conselho Monetário Nacional para definição de ativo financeiro

A Lei 4.595, de 31 de dezembro de 1964, reconhecida como a lei que estrutura e regula o Sistema Financeiro Nacional, criou o Conselho Monetário Nacional ("CMN"). Segundo Juliano Pinheiro Lima[15], o Conselho Monetário Nacional é o órgão deliberativo máximo do sistema financeiro do país.

O artigo 1º da Lei 4.728, de 14 de julho de 1965[16], atribuiu ao CMN o dever de disciplinar os mercados financeiro e de capitais. Desde então, o CMN tem editado resoluções e estabelecido diretrizes para disciplinar tais mercados, conforme a necessidade econômica, política, evolução tecnológica e a demanda de seus participantes.

Nesse sentido, e considerando que os ativos financeiros e valores mobiliários são bens negociados e emitidos no âmbito

[15] PINHEIRO, Juliano Lima. Mercado de Capitais. 8ª edição. São Paulo. Editora Atlas. 2018. Pág. 55

[16] Art. 1º Os mercados financeiro e de capitais serão disciplinados pelo Conselho Monetário Nacional e fiscalizados pelo Banco Central da República do Brasil.

do mercado financeiro e de capitais, o legislador delegou ao CMN a competência também para (i) disciplinar sobre a exigência de registro ou depósito de ativos financeiros e valores mobiliários, inclusive para fins de constituição de ônus e gravames; e (ii) dispor sobre quais ativos financeiros serão considerados para fins de registro e depósito, conforme artigo 26-A da lei 12.810/2013, a seguir transcrito:

> Art. 26-A. Compete ao Conselho Monetário Nacional:
>
> I – disciplinar a exigência de registro ou de depósito centralizado de ativos financeiros e valores mobiliários por instituições financeiras e demais instituições autorizadas a funcionar pelo Banco Central do Brasil, inclusive no que se refere à constituição dos gravames e ônus prevista no art. 26 desta Lei; e
>
> II – dispor sobre os ativos financeiros que serão considerados para fins do registro e do depósito centralizado de que trata esta Lei, inclusive no que se refere à constituição de gravames e ônus referida no art. 26 desta Lei, em função de sua inserção em operações no âmbito do sistema financeiro nacional.

Cabe destacar também que o CMN conta com o Banco Central do Brasil ("BACEN") para, entre outras atribuições do BACEN, fiscalizar e fazer cumprir suas normas expedidas, nos termos do artigo 1º da Lei 4.728/1964 e artigo 9º da Lei 4595/1964[17]. Segundo o Eduardo Salomão[18] "as competências atribuídas ao CMN e ao BC se complementam. Em linhas gerais, enquanto o primeiro normalmente emite regras reguladoras, o segundo executa as referidas normas mediante atos fiscalizatórios e sancionatórios".

[17] Art. 9º Compete ao Banco Central da República do Brasil cumprir e fazer cumprir as disposições que lhe são atribuídas pela legislação em vigor e as normas expedidas pelo Conselho Monetário Nacional.

[18] NETO, Eduardo Salomão. Direito Bancário. Editora Atlas. São Paulo. 2005. Pag. 96

Além do BACEN, o CMN também conta com a Comissão de Valores Mobiliários ("CVM") na execução e fiscalização, de forma coordenada com o BACEN e conforme definido pelo CMN, das normas disciplinadoras do mercado de capitais.

Inclusive, por isso, que o legislador estabeleceu ao BACEN e à CVM a competência de (i) autorizar e supervisionar o exercício da atividade de depósito centralizado e registro de ativos financeiros e de valores mobiliários; e (ii) estabelecer as condições para o exercício da atividade de depósito centralizado e registro de ativos financeiros e de valores mobiliários, vide artigos 22, 26, §4º, e 28 da lei 12.810/2013.

Portanto, resta evidente a competência legal do CMN para editar normas de regulação dos mercados financeiro e de capitais, bem como do papel do BACEN e da CVM na execução e fiscalização de tais normas.

Posto isto, e uma vez esclarecida a demanda e evolução normativa, adentrando inclusive na segurança jurídica das alterações legislativas e competência do CMN, BACEN e CVM, faz-se necessário delimitar e direcionar os próximos assuntos deste estudo aos ativos financeiros e sua definição para fins de depósito e registro nas centrais depositárias e entidades registradoras.

2.2. Normativos para definição de ativo financeiro

Conforme exposto acima, o legislador delegou ao CMN a competência para dispor sobre "quais ativos financeiros serão considerados para fins de registro e depósito".

Nesse sentido, atendendo ao comando legal, o CMN editou a Resolução 4.593, de 28 de agosto de 2017, publicada pelo Banco central do Brasil na mesma data, a qual "dispõe sobre o registro e o depósito centralizado de ativos financeiros e valores mobiliários por parte de instituições financeiras e demais instituições autorizadas a funcionar pelo Banco Central do Brasil, bem como sobre a prestação de serviços de custódia de ativos financeiros[19]."

Inclusive, após a publicação da referida Resolução, os advogados do escritório Pinheiro Neto[20] publicaram artigo no qual comentaram o seguinte:

> Com a Resolução nº 4.593, o CMN inova ao apresentar uma definição mais clara em relação aos ativos financeiros, tal qual existe para valores mobiliários, um pleito de longa data dos participantes do mercado. Além dos instrumentos financeiros tradicionais, como certificados e recibos de depósito bancário, a definição também abrange títulos de crédito objeto de desconto – primordialmente, as duplicatas – e direitos que, no âmbito de um arranjo de pagamento, constituam obrigação de pagamento de uma instituição de pagamento aos seus clientes – ou seja, recebíveis de cartão de crédito.

Com efeito, a Resolução 4.593/2017 tem como principais pontos (i) definição de ativos financeiros; (ii) obrigatoriedade e dispensa de registro e depósito; e (iii) atribuição das instituições custodiantes.

Inicialmente, analisaremos a primeira parte da referida Resolução, que trata da definição do ativo financeiro para fins de registro. Assim, vejamos a disposição do artigo 2º da Resolução 4.593/2017:

[19] Ementa da Resolução 4.593/17 do Conselho Monetário Nacional. Disponível em: https://www.bcb.gov.br/estabilidadefinanceira/buscanormas?numero=4593&tipoDocumento=Resolu%C3%A7%C3%A3o. Acesso em 27/07/2020.

[20] Balduccini, Bruno. *et al.* CMN aprova resolução sobre registro e depósito de ativos financeiros e valores mobiliários. 05/09/2017. **Pinheiro Neto Advogados.** Disponível em: http://www.pinheironeto.com.br/publicacoes/cmn-aprova-resolucao-sobre-registro-e-deposito-de-ativos-financeiros-e-valores-mobiliarios. Acesso em: 27/07/2020.

Art. 2º Para fins do disposto nesta Resolução, consideram-se ativos financeiros:

I – os títulos de crédito, direitos creditórios e outros instrumentos financeiros que sejam:

a) de obrigação de pagamento das instituições mencionadas no art. 1º, incluindo contratos de depósitos a prazo;

b) de coobrigação de pagamento das instituições mencionadas no art. 1º, em operações como aceite e garantia;

c) admitidos nas carteiras de ativos das instituições mencionadas no art. 1º, exceto os objeto de desconto;

d) objeto de desconto em operações de crédito, por instituições mencionadas no art. 1º ou entregues em garantia para essas instituições em outras operações do sistema financeiro;

e) escriturados conforme regulamentação do Banco Central do Brasil ou custodiados por instituições mencionadas no art. 1º; ou

f) de emissão ou de propriedade de entidades não autorizadas a funcionar pelo Banco Central do Brasil, integrante de conglomerado prudencial, definido nos termos do Plano Contábil das Instituições do Sistema Financeiro Nacional (Cosif); e

II – os bens, direitos ou instrumentos financeiros:

a) cuja legislação ou regulamentação específica assim os defina ou determine seu registro ou depósito centralizado; ou

b) que, no âmbito de um arranjo de pagamento, sejam de obrigação de pagamento de instituição de pagamento aos seus clientes.

§ 1º Os ativos financeiros de que trata o caput podem ser originários de operações realizadas nos segmentos financeiro, comercial, industrial, imobiliário, de hipotecas, de arrendamento mercantil, de prestação de serviços, entre outros, inclusive na hipótese de direitos creditórios de existência futura e montante desconhecido, desde que derivados de relações já constituídas.

§ 2º Excluem-se da definição de ativos financeiros de que trata o caput os valores mobiliários.

Para compreensão e análise do artigo acima transcrito, será necessário destrinchar seus incisos a fim de entender a quais títulos, direitos, bens e instrumentos financeiros o regulador faz referência. Portanto, dividiremos a análise em duas partes, primeiro o inciso "i" e, em seguida o inciso "ii", conforme a seguir.

No inciso "i" do referido artigo, o regulador apresenta algumas características e condições dos "títulos de créditos, direitos creditórios e outros instrumentos financeiros" para enquadrá-los na condição de ativo financeiro objeto de depósito ou registro nas centrais depositárias ou entidades registradoras, conforme o caso. Pois bem, antes de averiguar as condições e características desses ativos, cumpre-nos entender o que seriam esses títulos de crédito, direitos creditórios e outros instrumentos financeiros que o regulador menciona.

O legislador criou uma série de títulos de crédito para fomentar diversos setores da economia, tais títulos são emitidos e negociados tanto no mercado financeiro como no mercado de capitais e, parece-nos, que o regulador abarca todos os tipos de títulos de créditos no conceito de ativo financeiro. A título exemplificativo, apresentamos os seguintes títulos de crédito que podem ser considerados ativos financeiros: Cédula de Crédito Bancário; Cédula de Crédito Imobiliário; Cédula de Produto Rural; Cédula de Crédito à Exportação; Cédula Rural Hipotecária; Cédula Rural Pignoratícia; Cédula Rural Pignoratícia Hipotecária; Certificado de Cédula de Crédito Bancário; Certificado de Deposito Agropecuário; Certificado de Depósito Bancário, Letra Financeira; Letra de Crédito do Agronegócio; entre outros.

Cumpre destacar que os títulos acima indicados, entre outros, estão disponíveis para depósito ou registro perante a B3, nos termos dos ofícios circulares de adequação do Sistema para 033/2018 e 019/2019 (retificado pelo Ofício Circular nº 008/2019) da B3[21].

Com relação aos direitos creditórios, o regulador pretendeu se referir às duplicatas, aos recebíveis de arranjo de pagamento, bem como aos recebíveis de cartões de crédito que usualmente são utilizados para garantir operações de crédito realizadas entre pequenas e médias empresas e as instituições financeiras.

Observe-se que se aplicará aos recebíveis de arranjo de pagamentos a previsão de constituição de gravames e ônus universal, os quais serão devidamente identificados por mecanismos de identificação e agrupamento definidos pelas entidades registradoras ou pelos depositários centrais, do parágrafo 2º do artigo 26 da Lei 12.810/2013, na medida em que nas operações de crédito com garantia de recebíveis de arranjo de pagamento, são diversos recebíveis que compõem a garantia. Assim, o legislador estabeleceu que caberá às registradoras criar mecanismos de identificação e agrupamento desses recebíveis.

No que se refere a caracterização dos direitos creditórios como ativos financeiros para fins de registro e depósito e constituição de garantia pelas centrais depositárias e entidades registradoras, importa destacar que houve uma grande preocupação do BACEN, tanto que um dos principais argumentos apresentados pelo ex-presidente do BACEN, Sr. Ilan Goldfajn, na expo-

[21] Ofício Circular 033/2018, de 06 de julho de 2018, emitido pela B3, ref: Resolução CMN 4.593: Regras de Adequação do Estoque de Ativos Financeiros ao Tipo de Regime – Registro e Depósito – e Outras Providências. Ofício Circular 019/2019, de 19 de março de 2019, emitido pela B3, ref: Finalização da Adequação do Sistema Segmento Cetip UTVM conforme Resolução CNM 4593/17 e Disponibilização de Novas Versões de Normas do Segmento Cetip UTVM. Ofício Circular 008/2019, de 15 de março de 2019, emitido pela B3, ref: Adequação do Sistema Segmento Cetip UTVM conforme Resolução CNM 4593/17- Relação de Ativos Financeiros. Disponíveis no endereço eletrônico da B3, a seguir: http://www.b3.com.br/pt_br/regulacao/oficios-e-comunicados/oficios-e-comunicados/. Acesso em: 27/07/2020.

sição de motivos para aprovação da MP 775, convertida na Lei 13.476/2017, foi a necessidade de melhorar a segurança jurídica das garantias de recebíveis que são utilizadas no segmento de crédito das pequenas e médias empresas a fim de aumentar a oferta de crédito para tal setor. Destaque-se trecho da Exposição de Motivos[22] que demonstra tal preocupação:

> 6. Neste contexto, importante destacar fragilidades associadas ao mercado de crédito bancário, que alcançam, em larga escala, o segmento de Pequenas e Médias Empresas (PMEs). Ao disponibilizar recursos para operações creditícias, os bancos tendem a fazê-lo de maneira mais restrita às empresas de pequeno porte, visto que essas empresas, em geral, apresentam fluxo de caixa irregular, poucas garantias e menor transparência das informações. É neste ambiente, de oferta restrita de crédito e de escassez de garantias reais para fazer face às operações de crédito, que as PMEs têm optado por linhas de crédito lastreadas em recebíveis, ambiente no qual as duplicatas mercantis assumem papel de destaque.
>
> 7. Não obstante a importância dos recebíveis e, particularmente, das duplicatas mercantis para a contratação de operações de crédito por PMEs, não existe consenso quanto à razoabilidade de caracterizar as duplicatas mercantis como ativos financeiros, nem tampouco quanto ao entendimento de que as operações colateralizadas por tais recebíveis se materializam no âmbito do mercado de valores mobiliários ou do sistema de pagamentos brasileiro. Como agravante, a dificuldade ou o alto custo de verificação da qualidade desses recebíveis torna-se uma das barreiras à maior utilização de recebíveis mercantis como colateral de crédito pelos bancos ou dá origem à prática de "sobrecolaterização".

[22] Exposição de motivos da Medida Provisória nº 775/2017, disponível no endereço eletrônico do governo federal http://www.planalto.gov.br/ccivil_03/_ato2015-2018/2017/Exm/Exm-MP-775-17.pdf. Acesso em: 27/07/2020.

8. Esse cenário de incertezas legislativas e de barreiras operacionais é agravado em função da conjuntura atual, com retração significativa do crédito a PMEs, o que exige revisão da legislação em caráter de urgência, de forma a eliminar os entraves à formalização de operações que tenham como garantia referidos recebíveis.

A conversão da MP na Lei 13.476/2017 e publicação da Resolução 4.593/2017 do CMN para regular o tema, representou um marco legal e regulatório para as operações de crédito com garantia de recebíveis.

Com efeito, após a Lei 13.476/2017 e publicação da Resolução 4.593/2017 do CMN, o BACEN publicou a Circular 3.912/2018 para fins de adequar a Circular 3743/2015 às disposições da referida Resolução e ainda publicou normas de aprimoramento específicas para a sistemática das operações de crédito com garantia de recebíveis de cartões de crédito, quais sejam, Resolução nº 4.707/2018 [23] e a Circular nº 3.924/2018 [24], ambas de 19 de dezembro de 2018, e a Carta Circular n 3.934, de 21 de fevereiro de 2019.

Em seguida, o BACEN abriu consulta pública nº 68/2018, a qual resultou na Resolução 4.734, de 27 de junho de 2019, que "Estabelece condições e procedimentos para a realização de operações de desconto de recebíveis de arranjo de pagamento integrante do Sistema de Pagamentos Brasileiro baseado em conta pós-paga e de depósito à vista e de operações de crédito garantidas por esses recebíveis"[25] e na Circular nº 3.952, de 27 de junho de 2019, que "dispõe sobre o registro de recebíveis decorrentes de transações no âmbito de arranjo de pagamento

[23] Revogada a partir de 07/06/2021 pela Resolução nº 4.734/2019.

[24] Revogada a partir de 07/06/2021, pela Circular nº 3.952/2019.

[25] Ementa da Resolução nº 4.707, de 27 de junho de 2019. Disponível em https://www.bcb.gov.br/estabilidadefinanceira/exibenormativo?tipo=Resolu%C3%A7%C3%A3o&numero=4707. Acesso em 27/07/2020.

baseado em conta pós-paga e de depósito à vista integrante do Sistema de Pagamentos Brasileiro."[26] e revogação da Resolução n. 4.707/2018 e da Circular 3.924/2018.

Ressalte-se que os incisos I, II e III do artigo 2º da Resolução 4.734/2019 traz definição dos recebíveis que são utilizados como garantia em operações de crédito e também devem ser considerados ativos financeiros para fins de depósito e registro e constituição de garantia em centrais depositárias e entidades registradoras. Vejamos:

> Art. 2º Para fins do disposto nesta Resolução, consideram-se:
>
> I – recebíveis de arranjo de pagamento: os direitos creditórios presentes ou futuros relativos a obrigações de pagamento de instituições credenciadoras e subcredenciadoras aos usuários finais recebedores constituídos no âmbito de arranjo de pagamento baseado em conta pós-paga e de depósito à vista integrante do SPB;
>
> II – recebíveis constituídos: recebíveis de arranjo de pagamento a liquidar, decorrentes de transações já realizadas;
>
> III – recebíveis a constituir: recebíveis de arranjo de pagamento de existência futura e montante desconhecido, decorrentes de transações futuras;

Ou seja, direitos creditórios futuros também devem ser considerados como ativos financeiros para fins de depósito e registro e constituição de garantia em centrais depositárias e entidades registradoras.

Cumpre-nos observar que o regulador estabeleceu um longo período de *vacacio legis* da Resolução 4.734/2019 e da Circular 3952/2019, a fim de permitir que as entidades registradoras e depositárias desenvolvam sistemas para atender as disposições

[26] Ementa da Circular nº 3.952, de 19 de 27 de junho de 2019. Disponível em https://www.bcb.gov.br/estabilidadefinanceira/exibenormativo?tipo=Circular&numero=3952. Acesso em 27/07/2020.

desses normativos, inclusive determinou que as instituições que pretendam realizar operações de crédito com garantia de recebíveis de arranjo de pagamento participem de testes homologatórios de integração com os sistemas de registro desses recebíveis durante esse período de adaptação e desenvolvimento dos sistemas.

Ademais, em 25 de agosto de 2020 o Bacen aprovou a "Convenção entre Entidades Registradoras – Recebíveis de Arranjos de Pagamento" prevista no artigo 13 da Circular 3.952 /2019 do Bacen, a qual possui entre seus objetivos estabelecer regras e procedimentos para identificação e agrupamento desses recebíveis, inclusive para (i) realização do registro de unidades de recebíveis, nos termos da Lei nº 12.810/2013, da Resolução do nº 4.593/2017, e da Circular 3.952/2019; (ii) verificação de sua unicidade; e (iii) constituição e desconstituição de ônus sobre a unicidade de recebíveis.

No que se refere aos "instrumentos financeiros" incluídos como ativo financeiro pelo regulador no artigo 2º da Resolução 4.593/2017, parece-nos que o regulador adicionou tal ativo para abarcar no conceito de ativos financeiros todos ativos que são negociados e emitidos no mercado financeiro e passíveis de garantia de operações de crédito, mas que não se enquadram em título de crédito, direitos creditórios ou valores mobiliários. Podemos mencionar como exemplo de instrumentos financeiros o Depósito Interfinanceiro, o DPGEs.

Assim, avançando na análise do inciso "i" do artigo 2º da Resolução 4.593/2017, vejamos as características e condições que determinam se esses ativos serão objeto de registro ou depósito nas centrais depositárias e entidades registradoras:

a. ser de obrigação de pagamento das instituições financeiras e autorizadas a funcionar pelo BACEN, incluindo contratos de depósitos a prazo;

b. ser de coobrigação de pagamento das instituições financeiras e autorizadas a funcionar pelo BACEN, em operações como aceite e garantia;
c. ser admitido nas carteiras de ativos das instituições financeiras e autorizadas a funcionar pelo BACEN
d. ser objeto de desconto em operações de crédito, por instituições financeiras e autorizadas a funcionar pelo BACEN ou entregues em garantia para essas instituições em outras operações do sistema financeiro;
e. ser escriturados conforme regulamentação do BACEN ou custodiados por instituições financeiras e autorizadas a funcionar pelo BACEN; ou
f. ser de emissão ou de propriedade de entidades não autorizadas a funcionar pelo BACEN, integrante de conglomerado prudencial, definido nos termos do Plano Contábil das Instituições do Sistema Financeiro Nacional (Cosif);

Preliminarmente, cumpre destacar que as condições e características acima não são cumulativas, ou seja, basta que o ativo tenha uma das características acima para que esteja sujeito ao registro ou depósito, conforme o caso. Inclusive, ao final da alínea "e" o regulador tomou o cuidado de incluir "ou" para indicar que se tratam de características independentes e que se trata de rol alternativo. O que não poderia ser diferente, na medida em que não seria possível, por exemplo, cumular a obrigação de pagamento com a coobrigação de pagamento da instituição financeira em um mesmo ativo, nem mesmo ser de obrigação de pagamento da instituição financeira e, ao mesmo tempo, pertencer à sua carteira de ativos.

Superada a análise do inciso "i", do artigo 2º, da Resolução 4.593/2017, seguimos para a análise da segunda parte do artigo, o inciso "ii".

Na segunda parte do artigo, assim como visto na primeira parte, o regulador indicou o tipo de ativo e em seguida apresentou condições e características que os enquadra na condição de ativo financeiro objeto de depósito ou registro nas centrais depositárias ou entidades registradoras, conforme o caso. Pois bem, o referido inciso diz que se considera ativos financeiros os bens, direitos ou instrumentos financeiros que:

a. a legislação ou regulamentação específica assim os defina ou determine seu registro ou depósito centralizado; ou
b. que, no âmbito de um arranjo de pagamento, sejam de obrigação de pagamento da instituição de pagamento aos seus clientes;

Note que o regulador pretendeu abrir a possibilidade de registro de bens, direitos e instrumentos financeiros, em geral, cujo registro ou depósito seja exigido pelo legislador, ou ainda que estejam inseridos em um arranjo de pagamento e a obrigação de pagamento recaia sobre a instituição de pagamento.

Há uma infinidade de bens, direitos ou instrumentos financeiros admitidos em direito que podem ser dados em garantia de operações crédito, mas é preciso lembrar que para estes serem considerados ativos financeiros, é necessário que seja exigido o depósito ou registro destes em centrais depositárias ou entidades registradoras, ou que estes sejam parte de arranjo de pagamento e a obrigação de pagamento seja da instituição de pagamento.

Observe-se que o legislador foi extremamente objetivo na redação, indicando tão somente "bens, direitos ou instrumentos financeiros", sem maiores detalhes. Por enquanto, não foram localizadas discussões aprofundadas acerca da definição de ativo financeiro que permitam aprofundar a análise desse tópico, mas é certo que há instrumentos financeiros que devem ser registrados ou depositados, aos quais se aplicaria essa segunda parte do artigo, bem como que deverá surgir discussões acerca de algum ativo que o regulador pretenda alcançar com tal previsão.

Progredindo na análise do artigo, cumpre analisar o disposto nos parágrafos 1º e 2º, nos quais o legislador observa que (i) os ativos financeiros definidos neste artigo podem ser originários dos mais diversos setores da economia, financeiro, comercial, industrial, imobiliário, prestação de serviços, entre outros, sem qualquer limitação ou distinção do setor; e (ii) estão excluídas da definição de ativos financeiros todos os ativos que sejam classificados como valores mobiliários.

Verifica-se, portanto, que no artigo 2º da Resolução 4593/2017, o regulador não indicou o um rol taxativo de ativos financeiros e optou por uma redação abrangente, genérica, que abarcasse os inúmeros ativos financeiros que são negociados no mercado financeiro e de capitais, com o objetivo de proporcionar estrutura de operação de crédito dinâmica, célere, segura e eficiente para os participantes e clientes. Desse modo, para fins de entender se determinado título é ativo financeiro, é preciso analisar seu enquadramento nas hipóteses do artigo 2º da Resolução 4593/2017.

3. Registro ou depósito do ativo financeiro para fins da resolução 4.593/2017

3.1. Da obrigatoriedade do registro ou depósito de ativo financeiro definido na Resolução 4.593/2017

Ao dispor sobre o registro e depósito de ativo financeiro e definir o ativo financeiro, a Resolução 4.593/2017 precisou delimitar sobre a obrigatoriedade de registro ou depósito de todos os títulos que se enquadrassem como ativo financeiro.

Nessa esteira, além de estabelecer as condições para registro ou depósito ativo financeiro, previstas nas alíneas dos incisos "i" e "ii" do artigo 2º, conforme analisado no tópico anterior, o regulador estabeleceu exceções específicas de registro ou depósito de ativos enquadrados na definição do artigo 2º. Uma das exceções está no parágrafo 1º do artigo 7º da Resolução 4593/2017, na qual o regulador dispensou o registro ou depósito de: (i) títulos de crédito representativos de operações de crédito das instituições autorizadas pelo BACEN; e (ii) títulos de crédito e valores mobiliários que se encontrem na condição de vencidos e não resgatados. Ademais, o regulador apresentou uma lista de dispensa de registro ou depósito de ativos financeiros e valores mobiliários no parágrafo 1º do artigo 3º da Resolução 4.593/2017[27]. E ainda, o regulador acrescentou previsão

[27] § 1º Estão dispensados da exigência de registro mencionado no caput, sem prejuízo do disposto em regulamentação específica:
I – os ativos financeiros e os valores mobiliários objeto de depósito centralizado;
II – os ativos financeiros e os valores mobiliários que já tenham sido objeto de registro realizado por terceiros na forma mencionada no caput, no caso de operação de coobrigação;
III – os ativos financeiros e os valores mobiliários emitidos pela mesma instituição, na mesma data, em favor de um mesmo detentor, cujo somatório por tipo de instrumento seja inferior a R$5.000,00 (cinco mil reais);
IV – os Recibos de Depósito Bancário (RDBs) emitidos até 180 dias após a data de entrada em vigor desta Resolução; (Redação dada pela Resolução nº 4.638, de 22/2/2018.)
V – os RDBs emitidos pela mesma instituição, na mesma data, em favor de um mesmo detentor, cujo somatório seja inferior a:
a) R$20.000,00 (vinte mil reais), caso a emissão ocorra entre 181 e 360 dias após a data de entrada em vigor desta Resolução;
b) R$10.000,00 (dez mil reais), caso a emissão ocorra entre 361 e 540 dias após a data de entrada em vigor desta Resolução;
c) R$5.000,00 (cinco mil reais), caso a emissão ocorra entre 541 e 720 dias após a data de entrada em vigor desta Resolução; e
d) R$1.000,00 (mil reais), caso a emissão ocorra a partir de 721 dias após a data de entrada em vigor desta Resolução; e
VI – os títulos de crédito representativos de operações de crédito das instituições mencionadas no art. 1º.

quanto a faculdade de registro ou depósito dos ativos financeiros, ressalvadas as exigências das regulamentações específicas dos ativos, conforme artigo 12 da Resolução 4.593/2017.

Com efeito, o regulador precisou dispensar alguns títulos do registro ou depósito, inclusive tratou expressamente da faculdade de se realizar tal registro ou depósito, a fim de não onerar o custo de ativos que não serão negociados ou que já são objeto de depósito ou registro desde sua originação.

3.2. Diferenças entre registro e depósito de ativo financeiro

Até o momento, verificamos que os ativos financeiros poderão serão objeto de depósito ou registro e que a constituição de garantias sobre os ativos depositados ou registrados poderão ser feitas diretamente na central depositária ou entidade registradora do respectivo ativo. Resta-nos, portanto, entender as hipóteses de registro e/ou depósito dos ativos.

O artigo 23 da Lei 12.810/2013, que previu inicialmente sobre a constituição de ônus e gravames sobre valores mobiliários pelas centrais depositárias e entidades registradoras, dispõe que a finalidade do depósito centralizado é "a guarda centralizada de ativos financeiros e de valores mobiliários, fungíveis e infungíveis, o controle de sua titularidade efetiva e o tratamento de seus eventos". E ainda, estabelece que as centrais depositárias são "responsáveis pela integridade dos sistemas por elas mantidos e dos registros correspondentes aos ativos financeiros e valores mobiliários sob sua guarda centralizada.".

Entretanto, a simples definição da finalidade do depósito não determina as hipóteses específicas de registro ou depósito dos ativos financeiros. Desse modo, os participantes do mercado provocaram o regulador para que, no arcabouço regulatório de constituição de gravames sobre ativos financeiros via centrais depositárias e entidades registradoras, fossem incluídas disposições sobre as hipóteses de registro e depósito dos ativos, a fim de evitarem custo com registros e/ou depósitos de títulos desnecessários apenas em razão de imprecisão regulatória.

Nesse sentido, o CMN dispôs especificamente das hipóteses de registro e depósito dos ativos financeiros nos artigos 3º e 4º da Resolução 4593/2017, estabelecendo que:

(i) Registro, cabível quando o ativo financeiro representado por título de crédito ou contrato de depósito a prazo, seja (i) de obrigação de pagamento das instituições autorizadas pelo BACEN; ou (ii) de coobrigação de pagamento das instituições autorizadas pelo BACEN, em operações como aceite e garantia.
(ii) Depósito, cabível quando o ativo financeiro representado por título de crédito de obrigação de pagamento das instituições autorizadas pelo BACEN, sendo o depósito condição para sejam admitidos em (i) negociação em plataforma eletrônica; e (ii) custódia.

Após a publicação da Resolução 4.593/2017 com as definições das situações de distinção do registro e do depósito dos ativos financeiros, novamente os advogados do escritório Pinheiro Neto[28] publicaram matéria explicando que:

(i) Registro: aplicável para operações bilaterais, isto é, operações envolvendo títulos de crédito e contratos de depósito a prazo entre as instituições financeiras e seus clientes, observadas algumas dispensas específicas de registro para (a) ativos financeiros e

[28] BALDUCCINI, BRUNO et al. CMN aprova resolução sobre registro e depósito de ativos financeiros e valores mobiliários. 05/09/2017. **Pinheiro Neto Advogados.** Disponível em: http://www.pinheironeto.com.br/Pages/publicacoes-detalhes.aspx?nID=969. Acesso em: 27/07/2020.

> valores mobiliários (1) que sejam objeto de depósito centralizado; (2) que já tenham sido objeto de registro por terceiros, no caso de operação de coobrigação; ou (3) emitidos pela instituição, em favor de um mesmo detentor, em valor inferior a R$5.000,00; e (b) recibos de depósito bancário (RDBs) em razão de prazo e de valores. Referido registro deve ser realizado até dois dias úteis da realização da respectiva operação; e
>
> (ii) Depósito centralizado: aplicável para títulos de crédito de obrigação de pagamento e valores mobiliários de emissão de instituições financeiras e demais instituições autorizadas a funcionar pelo BC, como condição para (a) negociação em plataforma eletrônica centralizada e multilateral administrada por entidade autorizada a funcionar pelo BC e pela Comissão de Valores Mobiliários (CVM); e (b) assunção da custódia por instituição custodiante distinta do emissor ou da instituição obrigada a realizar o pagamento.
>
> **A principal distinção adotada pelo CMN, no caso do registro, é de que referidos ativos não serão objeto de negociação em mercados organizados, razão pela qual inexiste a necessidade de transferir a guarda centralizada, o controle de titularidade efetiva e o tratamento de eventos para um terceiro, no caso, para um depositário central.** Resta claro, portanto, que o CMN diferencia os institutos do registro e do depósito centralizado, atendendo à necessidade real de suas entidades reguladas e evitando um incremento de custos desnecessários com depositários centrais. (grifos nossos)

Além das disposições da Resolução 4.593/2017, o regulamento anexo à Circular 3.743/2017 também trata do registro e depósito do ativo financeiro de forma distinta, dedicando os artigos 4º ao 9ª-A à atividade de depósito, e os artigos 10 à 15-D à atividade de registro, ressaltando a diferença entre as duas atividades, sendo que no depósito ocorre a transferência da titularidade fiduciária ao depositário para fins de negociação do ativo, enquanto que no registro não ocorre a transferência da titularidade e da custódia do ativo, a entidade registradora apenas armazena informações desses ativos e das transações e garantias a eles vinculadas.

Observe que o regulador proibiu a manutenção de registro e depósito do mesmo ativo simultaneamente, ou o registro simultâneo em entidades registradoras distintas, o que está alinhado com a necessidade de manter o controle da titularidade do ativo e centralização das informações do ativo no registro ou depósito realizado.

Sendo assim, cabe ao participante analisar a finalidade e condições do seu ativo financeiro para identificar se deverá ser registrado ou depositado à luz dos artigos 3º ao 6º da Resolução 4.593/2017 e 4º à 15-D do regulamento anexo à Circular 3.743/2017.

3.3. Celeridade e procedimentos de constituição de garantias

Em linhas gerais, vimos que o registro das garantias em cartório de Registro de Títulos e Documentos representava um procedimento burocrático, custoso e ineficiente para as operações de crédito, uma vez que as informações dos ônus e gravames que recaiam sobre a garantia não ficavam centralizadas e disponíveis para interessados. Desse modo, o legislador tratou de viabilizar a constituição de garantia sobre ativos financeiros por meio de centrais depositárias e entidades registradoras, sendo certo que um dos principais objetivos do regulador era dar celeridade e eficiência, com segurança jurídica, ao processo de constituição de garantias, especialmente nas operações de crédito para fomentar o crédito a pequenas e médias empresas.

Assim, cada central depositária e entidade registradora deverá aprovar seus regulamentos de procedimento do registro, depósito e constituição do ônus e gravame sobre ativo financeiro e valores mobiliários no Banco Central do Brasil, nos termos do artigo 2º da circular 3.743/2015.

Atualmente, a B3 já realiza a constituição de ônus e gravames sobre alguns ativos financeiros, inclusive já divulgou seu "Manual de Operações – Registro de Contrato de Garantia"[29], no qual ela esclarece os procedimentos para constituição de ônus e gravames sobre ativos financeiros que estejam registrados ou depositados em seus sistemas, divulga ainda lista com rol dos ativos financeiros e valores mobiliários admitidos para registro em seus sistemas.

Com efeito, o procedimento regulamentado pela B3 parece ser bastante célere e eficiente. Por exemplo, uma operação de empréstimo bancário com garantia de ativo financeiro, por exemplo uma LCA – Letra de Crédito Agrícola, já devidamente depositado em central depositária, de modo geral, bastaria que a instituição financeira credora procedesse com os seguintes passos para registro do instrumento de garantia e constituição do gravame sobre a LCA:

i) acessar o sistema NoMe da B3 e optar por Registro de Contrato de Garantia – Cadastro – Contrato de Garantia;
ii) inserir dados do instrumento de garantia na respectiva tela de registro;
iii) selecionar a opção "Ativo" no campo "Constituição do Gravame" ;
iv) informar dados do ativo financeiro objeto do Gravame, tais como "Tipo do Instrumento Financeiro", código desse ativo, a quantidade, a conta depositada, CPF/CNPJ do titular do ativo, entre outros solicitados;

[29] B3 BRASIL, BOLSA, BALCÃO. Manual de Operações – Registro de Contrato de Garantia (ônus e gravames), de 07 de dezembro de 2020. Disponível em: http://www.b3.com.br/pt_br/regulacao/estrutura-normativa/estrutura-normativa/manuais-de-operacoes-8ae490ca69088bf00169104ff0ad7417/acesso-e-servicos/. Acesso em: 27/10/2021.

v) confirmar os dados inseridos;
vi) realizar o upload do instrumento de garantia;

Realizados os procedimentos acima, a constituição do gravame está feita e o sistema notificará o custodiante do ativo financeiro objeto do gravame para aprovação do gravame, o que deverá se realizar em até 5 dias. Contudo, a aprovação que costuma ocorrer no mesmo dia a fim de permitir a liberação dos recursos ao tomador do empréstimo, especialmente porque que o regulador impôs ao custodiante o prazo de 2 dias úteis para tal aprovação, conforme parágrafo único do artigo 9º da Resolução 4.593/2017.

No que se refere a execução da garantia, o manual esclarece que deverá ser realizado pelo "Responsável pela Liberação da Garantia para Execução", conforme informado quando do registro do instrumento de garantia, e validado pelas partes na confirmação do registro.

O mencionado Manual de Operações divulgado pela B3, prevê ainda procedimento de solicitação de certidão de ônus e gravames ou de cópia do contrato, para fins de garantir a publicidade do registro e a eficácia erga omnes da garantia real.

Quanto aos ativos financeiros representados por recebíveis oriundos de arranjos de pagamentos, atualmente existem 3 (três) entidades registradoras de tais ativos, quais sejam, a Câmara Interbancária de Pagamentos – CIP, a CERC Central de Recebíveis S.A e a TAG Tecnologia para o Sistema Financeiro S.A, as quais assinaram em 25 de agosto de 2020 a "Convenção entre Entidades Registradoras – Recebíveis de Arranjos de Pagamentos", devidamente aprovada pelo BACEN, na qual constam os procedimentos para registro e constituição e desconstituição de ônus e gravames sobre tais ativos.

Portanto, tem-se que a constituição de ônus e gravames nas centrais depositárias e entidades registradores está atendendo a demanda de celeridade no processo de constituição de garantias para acompanhar o dinamismo do mercado, uma vez que todo o procedimento de constituição ocorre de forma eletrônica e quase que momentânea, com comandos coordenados entre os interessados na garantia. Além disso, apresenta eficiência e segurança jurídica, uma vez que consegue centralizar e consolidar as informações do ativo, bloqueia o ativo e permite que a informação sobre a existência de ônus ou gravame sobre o ativo seja conhecida por terceiros interessados que solicitem uma certidão de tal ativo, como ocorre com as garantias imobiliárias ou de veículos.

Os resultados da constituição da garantia por centrais depositárias e entidades registradoras serão melhor percebidos e discutidos após a adaptação dos sistemas das centrais depositárias e entidades registradoras para as operações de crédito com garantia de recebíveis, nos termos da Circular 3.952/2019 e a Resolução 4.734/2019, pois afetará operações de crédito do varejo e a expectativa é fomentar e desonerar as operações de crédito oferecidas às pequenas e médias empresas.

Conclusões

Pelo exposto, verifica-se que diante da necessidade de adequação do processo de constituição de garantias ao dinamismo das operações financeiras, de fomentar o mercado de crédito, de desburocratização e celeridade do processo de constituição de garantias, combinado com o movimento internacional, pós crise de 2008, de centralização das informações do ativos financeiros e valores mobiliários no ambiente das centrais depositárias a fim de garantir maior eficiência e segurança jurídica, o legislador alterou a forma de constituição de ônus e gravames sobre ativos financeiros e valores mobiliários e determinou que esta deve ser realizada, exclusivamente, nas entidades registradoras ou nas centrais depositárias em que os ativos ou valores mobiliários estiverem depositados, nos termos do artigo 26, da Lei 12.810/2013.

Tal alteração representou significativa mudança para o regime de constituição de garantias, na medida em que o legislador provocou o abandono de um sistema tradicional e já consolidado de registro de garantias, qual seja, o registro em cartório de Títulos e Documentos para o sistema eletrônico, por um sistema novo, comandado por centrais depositárias e entidades registradoras e regulado pelo BACEN. O avanço legislativo foi tão ousado que até mesmo os participantes do mercado ficaram com receio de dispensar o registro das suas garantias em Títulos e Documentos.

Sendo assim, foram necessárias diversas alterações legislativas para atender a demanda dos participantes por segurança jurídica na constituição de garantias de ativos financeiros pelas centrais depositária. O legislador conseguiu conferir a segurança jurídica da constituição da garantia através das centrais depositarias e entidades registradoras, uma vez que o "caput" do artigo 26, da Lei 12.810/2003, garante a publicidade e eficácia perante terceiros na hipótese de constituição de ônus e gravames pelas centrais depositárias e nas entidades registradoras, bem como determina a exclusividade da competência das centrais depositárias e depositários centrais na constituição de garantia sobre ativos financeiros e valores mobiliários.

Com efeito, desde 2011 o legislador vem tentando viabilizar a constituição das garantias pelas centrais depositárias ou entidades registradoras. Entretanto apenas em 2017, após a edição da MP 775, convertida na Lei 13.476/2017, com a alteração do artigo 26, da Lei 12.810/2003, foi quando conseguiu efetivamente incluir os ativos financeiros negociados no Sistema Financeiro Nacional no escopo da norma e, assim, estender às operações de créditos a constituição de garantias pelas centrais depositárias ou entidades registradoras.

Cumpre destacar que o BACEN teve um importante papel na criação do arcabouço regulatório, especialmente em razão da preocupação e interesse de fomentar o mercado de crédito para pequenas e médias empresas que possuem recebíveis para oferecer em garantia. Assim, o BACEN inseriu esse tema em sua agenda e enviou ao legislador o texto da Medida Provisória 775, expondo a importância e urgência da regulação do tema para o mercado financeiro e de capitais.

Nesse sentido, após a conversão da MP 775, na Lei 13.476/2017, o CMN editou a Resolução 4.593/2017, a qual tratou de estabelecer o conceito de ativo financeiro para fins de constituição de ônus e gravames pelas centrais depositárias e entidades registradoras, como sendo títulos de crédito, direitos creditórios, outros instrumentos financeiros, bens e direitos que atendam às condições dos inciso I e II do artigo 2º da referida Resolução.

O regulador estabeleceu um conceito amplo de ativo financeiro, mas com condições específicas, de modo que para definição do ativo financeiro é preciso analisar o título e se este se enquadra nas condições previstas.

Além disso, o CMN dispôs sobre as hipóteses de registro e depósito dos ativos financeiros nos artigos 3º e 4º da Resolução 4593/2017, estabelecendo que será devido o registro quando o ativo financeiro se referir a título de crédito ou contrato de depósito a prazo (i) de obrigação de pagamento das instituições autorizadas pelo BACEN; ou (ii) de coobrigação de pagamento das instituições autorizadas pelo BACEN, em operações como aceite e garantia; e aplicável o depósito quando o ativo financeiro se referir a título de crédito de obrigação de pagamento das instituições autorizadas pelo BACEN, sendo o depósito condição para sejam admitidos em (i) negociação em plataforma eletrônica; e (ii) custódia.

Importante lembrar que o regulador prevê a faculdade de registro ou depósito do ativo financeiro, excetuando apenas as situações de obrigatoriedade do registro ou depósito por disposição regulatória ou disposição legal.

Cabe destacar ainda, a inclusão dos "direitos creditórios" na definição de ativo financeiro, em linha com a intenção do regulador de viabilizar a utilização dos recebíveis das pequenas e médias empresas como garantia de operações de crédito, por meio da edição da Resolução 4.734/2019 pelo CMN e da Circular nº 3952/2019 pelo BACEN, as quais tratam especificamente das condições e procedimentos para a realização de operações de desconto de recebíveis de arranjo de pagamento, demonstrando a preocupação em regular a segurança das garantias de recebíveis para fins de fomentar o crédito às pequenas e médias empresas e até mesmo as condições dessas operações de crédito.

Ressalte-se que a eficiência da constituição de ônus e gravames sobre ativos financeiros pelas centrais depositárias ou entidade registradoras é evidente. Como visto acima, o manual de operações da B3 apresenta um procedimento de constituição de garantia inteiramente automatizado, em um sistema seguro, em que as próprias partes contratantes são os responsáveis pela aprovação das informações registradas. De fato, uma vez que a parte é participante da B3, basta acessar a plataforma, incluir as informações solicitadas pelo sistema para registro do contrato de garantia e do ativo financeiro e o gravame é realizado no mesmo momento, dependendo de aprovação da outra parte, o que também pode ser realizado no mesmo dia.

Apesar da evolução normativa e desenvolvimento dos sistemas das entidades registradoras e centrais depositárias para atender a demanda da constituição das garantias de ativos financeiros registrados ou depositados, é certo que estamos diante de um assunto recente e certamente surgirão inúmeros desafios e melhorias a serem tratadas pelas centrais depositárias e entidades registradoras, pelos participantes de mercado e até mesmo pelo BACEN para o aperfeiçoamento e expansão dos sistemas e procedimentos de constituição de garantias sobre ativos financeiros.

Por fim, deve-se reconhecer que o esforço do regulador em melhorar a segurança das garantias e eficiência das operações de crédito demonstra a consciência do regulador quanto a necessidade de a norma acompanhar os avanços tecnológicos e permitir o dinamismo de operações financeiras seguras.

Referências

ALMEIDA, Carlos Ferreira. **Publicidade e teoria dos registos**. Almedina. Coimbra, 1966.

ARAÚJO, Julia Souza Gonçalves de. **Constituição de ônus e gravames sobre ativos financeiros realizadas em operações no âmbito do mercado financeiro.** 2017. Monografia (LLM Mercado Financeiro e de Capitais) – INSPER, São Paulo. Disponível em: http://dspace.insper.edu.br/xmlui/handle/11224/1671. Acesso em: 27/07/2020.

BALDUCCINI, BRUNO et al. Cetip e BM&F Bovespa regulamentam o registro e constituição de ônus e gravames sobre valores mobiliários. 19/01/2016. **Pinheiro Neto Advogados.** Disponível em: http://www.pinheironeto.com.br/Pages/publicacoes-detalhes.aspx?nID=333. Acesso em: 20/07/2020.

BALDUCCINI, BRUNO et al. CMN aprova resolução sobre registro e depósito de ativos financeiros e valores mobiliários. 05/09/2017. **Pinheiro Neto Advogados.** Disponível em: http://www.pinheironeto.com.br/Pages/publicacoes-detalhes.aspx?nID=969. Acesso em: 28/07/2020.

BANCO CENTRAL DO BRASIL. Congresso aprova novas regras para registro de operações do mercado financeiro. 17/08/2017. Disponível em: https://www.bcb.gov.br/detalhenoticia/146/noticia. Acesso em: 27/07/2020.

COELHO, Fabio Ulhoa. **Curso de Direito Comercial. Volume 3: direito de empresa**. 16ª edição. São Paulo: Saraiva, 2015.

CRUZ, Leonardo Baptista Rodrigues Cruz et al. Nova regulamentação sobre registro de recebíveis de cartões e de garantias sobre tais recebíveis em operações de crédito. 22/07/2019. **Pinheiro Neto Advogados**. Disponível em: http://www.pinheironeto.com.br/pages/publicacoes-detalhes.aspx?nID=1700. Acesso em: 27/07/2020.

GUIMARÃES, Deoocleciano Torrieri. **Dicionário Técnico Jurídico**. 9ª edição. Editora Rideel. São Paulo. 2007.

MARTINS, Frans.Títulos de Crédito. 17ª edição. Editora Forense. Rio de Janeiro. 2016

PEREIRA FILHO, Valdir Carlos. Clearing houses: aspectos jurídicos relevantes e seu papel no mercado de capitais e no sistema de pagamentos brasileiro. **Revista de Direito Bancário e do Mercado de Capitais**. V. 27, 1 – 16, 2005. Disponível em: encurtador.com.br/jsEQR. Acesso em: 27/07/2020. (Paginação da versão eletrônica difere da versão impressa).

LESSA, Tiago Araújo Dias Themudo Lessa et al. MP 775 atualiza regras para constituição de ônus e gravames de ativos financeiros e valores mobiliários. 19/04/2017. **Pinheiro Neto Advogados.** Disponível em: http://www.pinheironeto.com.br/Pages/publicacoes-detalhes.aspx?nID=760. Acesso em: 28/07/2020.

PADILHA, Alexandre Garcia. A constituição de gravames pelos prestadores de serviço de depósito centralizado de valores mobiliários: construção do regime legal brasileiro aplicável. **Revista de Direito Empresarial.** V. 13, 217 – 248. Disponível em: encurtador.com.br/bzBQ4. Acesso em: 27/07/2020. (Paginação da versão eletrônica difere da versão impressa).

PADILHA, Alexandre Garcia. Os regimes jurídicos aplicáveis às garantias constituídas perante os depositários centrais: analise das diferenças entre o tratamento conferido pelas leis 10.214/2001 e 10.931/2004. **Revista de Direito Empresarial.** V. 15, 43 – 66. Disponível em: encurtador.com.br/citxX. Acesso em: 27/07/2020. (Paginação da versão eletrônica difere da versão impressa).

PINHEIRO, Juliano Lima. **Mercado de Capitais**. 8ª edição. São Paulo: Atlas. 2018.

NETO, Salomão. **Direito Bancário**. São Paulo: Atlas. 2005.

TORRES, Marcelo Krug Fachin. Ônus e dever de publicizar à luz da boa-fé registral. **Revista de Direito Empresarial.** V. 82, 15 – 52. Disponível em: encurtador.com.br/ejpBS. Acesso em: 25/07/2020. (Paginação da versão eletrônica difere da versão impressa).

VENOSA, Silvio de Salvo. **Direito civil: Direitos reais**. Volume 5. 10ª edição. São Paulo: Atlas, 2010.

YAZBEK, Otávio. **Regulação do mercado financeiro e de capitais**. 2ª edição. Rio de Janeiro: Elsevier, 2009.

YAZBEK, Otavio; PROENÇA, José Marcelo Martins; CRAVEIRO, Mariana Conti; FERREIRA, Renalto Luis Buelini; CAMINHA, Uinie; PRADO, Viviane Muller; PALMA, Juliana Bonacorsi de; SOUZA JUNIOR, Francisco Satiro (coordenador). **Direito, gestão e prática: mercado de capitais.** São Paulo. Saraiva. 2013.

Legislação

BRASIL. Lei 4.595, de 31 de dezembro de 1964. Dispõe sobre a Política e as Instituições Monetárias, Bancárias e Creditícias, Cria o Conselho Monetário Nacional e dá outras providência. Palácio do Planalto Presidência da República, Brasília, DF, 31 dez. 1964. Disponível em: http://www.planalto.gov.br/ccivil_03/leis/l4595.htm. Acesso em: 27/07/2020.

BRASIL. Lei 4.728, de 14 de julho de 1965. Disciplina o mercado de capitais e estabelece medidas para o seu desenvolvimento. Palácio do Planalto Presidência da República, Brasília, DF, 14 jul. 1965. Disponível em: http://www.planalto.gov.br/ccivil_03/leis/l4728.htm. Acesso em: 27/07/2020.

BRASIL. Lei 6.385, de 7 de dezembro de 1976. Disciplina sobre o mercado de valores mobiliários e cria a Comissão de Valores Mobiliários. Palácio do Planalto Presidência da República, Brasília, DF, 7 jul. 1976. Disponível em: http://www.planalto.gov.br/ccivil_03/leis/l6385.htm. Acesso em: 27/07/2020.

BRASIL. Lei 10.406, de 10 de janeiro de 2002. Institui o Código Civil. Palácio do Planalto Presidência da República, Brasília, DF, 10 jan. 2002. Disponível em: http://www.planalto.gov.br/ccivil_03/leis/2002/L10406compilada.htm. Acesso em: 27/07/2020.

BRASIL. Lei 10.931 de 02 de agosto de 2004. Dispõe sobre o patrimônio de afetação de incorporações imobiliárias, Letra de Crédito Imobiliário, Cédula de Crédito Imobiliário, Cédula de Crédito Bancário, altera o Decreto-Lei nº 911, de 1º de outubro de 1969, as Leis nº 4.591, de 16 de dezembro de 1964, nº 4.728, de 14 de julho de 1965, e nº 10.406, de 10 de janeiro de 2002, e dá outras providências. Palácio do Planalto Presidência da República, Brasília, DF, 02 de ago. 2004. Disponível em: http://www.planalto.gov.br/ccivil_03/_ato2004-2006/2004/lei/l10.931.htm. Acesso em: 27/07/2020.

BRASIL. Lei 12.810, de 15 de maio de 2013. Dispõe sobre o parcelamento de débitos com a Fazenda Nacional relativos às contribuições previdenciárias de responsabilidade dos Estados, do Distrito Federal e dos Municípios; altera as Leis nºs 8.212, de 24 de julho de 1991, 9.715, de 25 de novembro de 1998, 11.828, de 20 de novembro de 2008, 10.522, de 19 de julho de 2002, 10.222, de 9 de maio de 2001, 12.249, de 11 de junho de 2010, 11.110, de 25 de abril de 2005, 5.869, de 11 de janeiro de 1973 – Código de Processo Civil, 6.404, de 15 de dezembro de 1976, 6.385, de 7 de dezembro de 1976, 6.015, de 31 de dezembro de 1973, e 9.514, de 20 de novembro de 1997; e revoga dispositivo da Lei nº 12.703, de 7 de agosto de 2012. Palácio do Planalto Presidência da República, Brasília,

DF, 15 de maio 2013. Disponível em: http://www.planalto.gov.br/ccivil_03/_Ato2011-2014/2013/Lei/L12810.htm. Acesso em: 27/07/2020

BRASIL. Medida Provisória nº 775 de 6 de abril de 2017. Altera a Lei nº 12.810, de 15 de maio de 2013, para dispor sobre a constituição de gravames e ônus sobre ativos financeiros e valores mobiliários objeto de registro ou de depósito centralizado. Palácio do Planalto Presidência da República, Brasília, DF, 06 de abr. 2017. Disponível em: http://www.planalto.gov.br/ccivil_03/_ato2015-2018/2017/Mpv/mpv775.htm. Acesso em: 27/07/2020.

BRASIL. Lei 13.476, de 28 de agosto de 2017. Altera a Lei nº 12.810, de 15 de maio de 2013, para dispor sobre a constituição de gravames e ônus sobre ativos financeiros e valores mobiliários objeto de registro ou de depósito centralizado, e a Lei nº 13.097, de 19 de janeiro de 2015; e revoga dispositivo da Lei nº 10.931, de 2 de agosto de 2004. Palácio do Planalto Presidência da República, Brasília, DF, 28 de ago. 2017. Disponível em: http://www.planalto.gov.br/ccivil_03/_ato2015-2018/2017/lei/L13476.htm Acesso em: 27/07/2020.

BRASIL. Exposição de motivos da Medida Provisória nº 775/2017, de 31 de março de 2017. Disponível em: http://www.planalto.gov.br/ccivil_03/_ato2015-2018/2017/Exm/Exm-MP-775-17.pdf. Acesso em: 27/07/2020.

BANCO CENTRAL DO BRASIL. RESOLUÇÃO Nº 4.593, DE 28 DE AGOSTO DE 2017 Dispõe sobre o registro e o depósito centralizado de ativos financeiros e valores mobiliários por parte de instituições financeiras e demais instituições autorizadas a funcionar pelo Banco Central do Brasil, bem como sobre a prestação de serviços de custódia de ativos financeiros. Disponível em: https://www.bcb.gov.br/estabilidadefinanceira/exibenormativo?tipo=Resolu%C3%A7%C3%A3o&numero=4593. Acesso em: 27/07/2020.

BANCO CENTRAL DO BRASIL. RESOLUÇÃO Nº 4.734, DE 27 DE JUNHO DE 2019. Estabelece condições e procedimentos para a realização de operações de desconto de recebíveis de arranjo de pagamento integrante do Sistema de Pagamentos Brasileiro baseado em conta pós-paga e de depósito à vista e de operações de crédito garantidas por esses recebíveis, por parte das instituições financeiras; e altera o art. 2º da Resolução nº 4.593, de 28 de agosto de 2017. Disponível em: https://www.bcb.gov.br/estabilidadefinanceira/exibenormativo?tipo=Resolu%C3%A7%C3%A3o&numero=4734. Acesso em: 27/07/2020.

BANCO CENTRAL DO BRASIL. CIRCULAR Nº 3.952, DE 27 DE JUNHO DE 2019. Dispõe sobre o registro de recebíveis decorrentes de transações no âmbito de arranjo de pagamento baseado em conta pós-paga e de depósito à vista integrante do Sistema de Pagamentos Brasileiro. Disponível em: https://www.bcb.gov.br/estabilidadefinanceira/buscanormas?numero=3952&tipoDocumento=Circular. Acesso em: 27/07/2020.

BANCO CENTRAL DO BRASIL. CIRCULAR Nº 3.743, DE 8 DE JANEIRO DE 2015. Aprova o regulamento que disciplina as atividades de registro e de depósito centralizado de ativos financeiros e a constituição de ônus e gravames sobre ativos financeiros registrados ou depositados. Disponível em: https://www.bcb.gov.br/estabilidadefinanceira/buscanormas?numero=3743&tipoDocumento=Circular. Acesso em: 27/07/2020.

BANCO CENTRAL DO BRASIL. Convenção entre Entidades Registradoras. Recebíveis de Arranjos de Pagamento, de 25 de agosto de 2020. Disponível em: https://www.bcb.gov.br/content/estabilidadefinanceira/spb_docs/3952---Convencao-entre-Entidades-Registradoras---Recebiveis-de-Arranjos-de-Pagamentos---25-08-202-D4Sign.pdf

B3 BRASIL, BOLSA, BALCÃO. Ofício Circular 033/2018, de 06 de julho de 2018, emitido pela B3, ref: Resolução CMN 4.593: Regras de Adequação do Estoque de Ativos Financeiros ao Tipo de Regime – Registro e Depósito – e Outras Providências. Disponível em: http://www.b3.com.br/pt_br/regulacao/oficios-e-comunicados/oficios-e-comunicados/. Acesso em: 27/07/2020.

B3 BRASIL, BOLSA, BALCÃO. Ofício Circular 019/2019, de 19 de março de 2019, emitido pela B3, ref: Finalização da Adequação do Sistema Segmento Cetip UTVM conforme Resolução CNM 4593/17 e Disponibilização de Novas Versões de Normas do Segmento Cetip UTVM. Disponível em: http://www.b3.com.br/pt_br/regulacao/oficios-e-comunicados/oficios-e-comunicados/. Acesso em: 27/07/2020.

B3 BRASIL, BOLSA, BALCÃO. Ofício Circular 008/2019, de 15 de março de 2019, emitido pela B3, ref: Adequação do Sistema Segmento Cetip UTVM conforme Resolução CNM 4593/17- Relação de Ativos Financeiros. Disponível em: http://www.b3.com.br/pt_br/regulacao/oficios-e-comunicados/oficios-e-comunicados/. Acesso em: 27/07/2020.

B3 BRASIL, BOLSA, BALCÃO. Manual de Operações – Registro de Contrato de Garantia (ônus e gravames), de 07 de dezembro de 2020. Disponível em: http://www.b3.com.br/pt_br/regulacao/estrutura-normativa/estrutura-normativa/manuais-de-operacoes-8ae490ca-69088bf00169104ff0ad7417/acesso-e-servicos/. Acesso em: 27/10/2021.

RESPONSABILIDADE CIVIL AMBIENTAL DAS INSTITUIÇÕES INTERMEDIÁRIAS DE OFERTAS PÚBLICAS DE VALORES MOBILIÁRIOS

Henrique Takeda Kamoi

Introdução

O mercado de capitais brasileiro está em ascensão. Esta afirmação fundamenta-se em dados divulgados pela Comissão de Valores Mobiliários (CVM)[1] em janeiro de 2020, que indicaram que o volume de emissões de valores mobiliários no mercado de capitais brasileiro ao final de 2019 foi equivalente a R$ 450,7 bilhões, número este bastante expressivo se comparado ao ano de 2018, cujas emissões totalizaram o volume de R$ 277,2 bilhões. Em complemento, publicação da Associação Brasileira das Entidades dos Mercados Financeiro e de Capitais (ANBIMA)[2] indicou que as emissões de valores mobiliários no

[1] COMISSÃO DE VALORES MOBILIÁRIOS. Boletim de Mercado, ano 8, v. 75. CVM, 2020, 12 p. Disponível em: http://www.cvm.gov.br/export/sites/cvm/publicacao/boletimmercado/anexos/BoletimdeMercado_75_012020.pdf. Acesso em: 05 jun. 2020.

[2] ASSOCIAÇÃO BRASILEIRA DAS ENTIDADES DOS MERCADOS FINANCEIRO E DE CAPITAIS. Boletim de Mercado de Capitais. ANBIMA, 2020. Disponível em: https://www.anbima.com.br/pt_br/informar/relatorios/mercado-de-capitais/boletim-de-mercado-de-capitais/emissoes-domesticas-registram-aumento-de-59-3-em-2019.htm. Acesso em: 05 jun. 2020.

mercado doméstico registradas em 2019 totalizaram o volume de R$ 396,1 bilhões, apresentando um crescimento de 59,3% se comparado ao ano de 2018, com destaque para o aumento da colocação de ações, cotas de fundos de investimento imobiliário e debêntures. Outro dado que corrobora a ascensão do mercado de capitais brasileiro diz respeito ao número cada vez maior de investidores interessados na aquisição de valores mobiliários, conforme dados apresentados pela B3 S.A. – Brasil, Bolsa, Balcão (B3)[3].

Este crescimento leva-nos à necessidade de compreendermos melhor seu funcionamento, os principais agentes envolvidos e, objeto do presente artigo, algumas responsabilidades e obrigações assumidas por estes agentes durante sua atuação no mercado de valores mobiliários. Assim, para nos aprofundarmos no tema central deste trabalho, convém rememorarmos alguns temas e conceitos relevantes sobre o mercado de capitais brasileiro.

Preliminarmente, é fundamental relembrar que a emissão, a distribuição e a negociação de valores mobiliários[4] está atu-

[3] B3 S.A. – BRASIL, BOLSA, BALCÃO. Histórico de pessoas físicas. B3, 2020. Disponível em: http://www.b3.com.br/pt_br/market-data-e-indices/servicos-de-dados/market-data/consultas/mercado-a-vista/historico-pessoas-fisicas/. Acesso em 10 jul. 2020.

[4] Os valores mobiliários foram originalmente previstos de forma taxativa nos incisos I a VIII do artigo 2º da Lei nº 6.385/76, sendo que sua redação original foi alterada para ampliar o rol taxativo em atenção ao surgimento de títulos ou contratos comumente utilizados no mercado quando caracterizados como valores mobiliários. Além disso, as alterações em referido artigo incluíram um inciso adicional que, diferentemente dos anteriores, não designou, de forma taxativa, um contrato ou título como valor mobiliário, mas empregou uma redação conceitual que permite o enquadramento de títulos ou contratos não previstos nos demais incisos de referido artigo como valores mobiliários, dispensando-se, desta forma, uma reforma legislativa sempre que um novo título ou contrato seja considerado um valor mobiliário. São exemplos de valores mobiliários indicados de forma taxativa pela Lei nº 6.385/76 as ações, debêntures e cotas de

almente disciplinada pela Lei nº 6.385, de 07 de dezembro de 1976 (Lei nº 6.385/76), que também foi a norma criadora da CVM, autarquia responsável por, dentre outras funções previstas, regulamentar e fiscalizar as emissões públicas[5] de valores mobiliários[6]. Além disso, inseridas no rol dos participantes do

fundos de investimentos em valores mobiliários. Ao seu turno, são diversos os títulos ou contratos que atualmente podem atender plenamente os requisitos previstos em seu inciso IX, incluindo os Certificados de Recebíveis Imobiliários (CRI), os Certificados de Recebíveis do Agronegócio (CRA), os Certificados de Operações Estruturadas (COE), as Letras Financeiras (LF), dentre outros.

[5] O conceito de "emissões públicas" é alvo de controvérsia, conforme detalhado por Gabriel Saad Kik Buschinelli (BUSCHINELLI, Gabriel Saad Kik. *In*: CODORNIZ, Gabriela; PATELLA, Laura (coords.). **Comentários à Lei do Mercado de Capitais** – Lei nº 6.385/76. São Paulo: Quartier Latin, 2015, p. 379.).

[6] Sobre os requisitos para caracterização de títulos ou contratos como valores mobiliários nos termos de referido inciso IX, Nelson Eizirik et al assim examina: *"Além dos títulos expressamente previstos no artigo 2º da Lei nº 6.385/1976, também deverão ser considerados 'valores mobiliários' aqueles incluídos no conceito de contrato de investimento coletivo, a que se refere o inciso IX do artigo 2º da Lei nº 6.385/1976 – os títulos ou contratos que apresentem as seguintes características: (a) que caracterizem modalidade de investimento coletivo; (b) em que haja fornecimento de recursos (dinheiro ou outros bens suscetíveis de avaliação econômica) por parte do investidor; (c) em que haja gestão dos recursos por parte de terceiros, não controlando o investidor o negócio no qual seus recursos foram empregados; (d) que tratem de um empreendimento comum, cujo sucesso é almejado tanto pelo investidor quanto pelo gestor, havendo entre ambos uma comunhão de interesses econômicos interligados juridicamente; (e) em que exista uma expectativa de obter lucros, ou seja, o investidor, ao decidir pela alocação de seus recursos em um valor mobiliário, visa à obtenção de algum tipo de ganho, benefício ou vantagem econômica, em função do contrato de investimento de risco realizado – esses lucros podem ser auferidos através de participação, parceria ou remuneração, inclusive resultante de prestação de serviços; e (f) em que o investidor assuma os riscos de financiador do negócio (ou os riscos do empreendimento), que são diversos dos riscos comuns comerciais, ou seja, os riscos poderão resultar na perda total ou parcial dos recursos investidos."* (EIZIRIK, Nelson. et al. **Mercado de capitais** – regime jurídico. 4. ed. São Paulo: Quartier Latin, 2019, p. 95-96.). Com isso, referido inciso IX, cuja redação definiu de forma genérica e ampla o conceito de valor mobiliário, permitiu a inclusão imediata, no âmbito da CVM, de novas formas de investimento que são criadas periodicamente pelo mercado, tornando-se desnecessária uma alteração le-

mercado de capitais estão as instituições financeiras e demais sociedades que tenham por objeto a distribuição de valores mobiliários, também conhecidas como instituições intermediárias de ofertas, atualmente amparadas pelo artigo 15, inciso I da Lei nº 6.385/76, e responsáveis pela colocação de valores mobiliários junto a potenciais investidores.

A oferta pública de distribuição de valores mobiliários está regulamentada pela Instrução da CVM nº 400, de 29 de dezembro de 2003 (Instrução CVM nº 400/03) ou pela Instrução da CVM nº 476, de 16 de janeiro de 2009 (Instrução CVM nº 476/09), dependendo principalmente do investidor que será acessado, e pode ser classificada em oferta primária ou secundária. As ofertas públicas primárias são regulamentadas pela Lei nº 6.385/76, Lei nº 6.404, de 15 de dezembro de 1976 (Lei nº 6.404/76) e Instrução CVM nº 400/03, sendo caracterizadas pela emissão de novos valores mobiliários por determinada companhia, de modo que os recursos angariados serão destinados à própria companhia emissora. Estas ofertas devem ser registradas junto à CVM para sua distribuição junto ao público investidor, visto que as companhias emissoras e demais envolvidos nas ofertas públicas assumem a obrigação de transparência com as informações constantes na divulgação e venda dos valores mobiliários ofertados.

Excepcionalmente, o registro dos valores mobiliários junto à CVM poderá ser dispensado caso sejam cumpridos os requisitos previstos na Instrução CVM nº 476/09, notadamente se distribuídos junto a investidores considerados profissionais ou qualificados, nos termos da Instrução da CVM nº 539, de 14 de novembro de 2013 (Instrução CVM nº 539/13). A dispensa deste

gislativa para inclusão deste novo investimento no rol dos valores mobiliários descritos no artigo 2º da Lei nº 6.385/76 e, mais importante, permitindo que a regulamentação deste valor mobiliário, por parte da CVM, ocorra de forma ágil e de forma específica, quando necessário.

registro, todavia, não dispensa que a oferta dos valores mobiliários seja comunicada à CVM, para que esta possa realizar o controle e eventual fiscalização sobre a companhia emissora e sobre os valores mobiliários em si.

As ofertas secundárias, ao seu turno, são realizadas com a negociação de valores mobiliários já emitidos e, de forma geral, entre os próprios investidores, tendo de um lado o detentor de determinado valor mobiliário na qualidade de vendedor e, de outro, um interessado na aquisição deste valor mobiliário na qualidade de comprador. Na oferta secundária, os recursos envolvidos na transação não são destinados à companhia emissora dos valores mobiliários.

As ofertas públicas primárias realizadas sob a regulamentação da Instrução CVM nº 400/03 ou da Instrução CVM nº 476/09, conforme o caso, devem contar com a participação de instituições integrantes do sistema de distribuição de valores mobiliários[7], conforme previsto no artigo 15 da Lei nº 6.385/76 e no parágrafo 2º, do artigo 3º da Instrução CVM nº 400/03. Estas instituições intermediárias devem, necessariamente, (a) ter em seu objeto social a distribuição de valores mobiliários, (b) possuir autorização de funcionamento pelo Banco Central do Brasil (BACEN), (c) ter autorização para realizar a distribuição de valores mobiliários pela CVM, e (d) observar a Lei nº 6.385/76, a Instrução CVM nº 400/03 ou a Instrução CVM nº 476/09, conforme o caso, e a Instrução da CVM nº 505, de 27 de setembro de 2011 (Instrução CVM nº 505/11), que estabeleceu determinadas obrigações e deveres que referidas instituições devem observar no exercício de suas atividades.

A contratação de instituição integrante do sistema de distribuição de valores mobiliários é essencial para a interligação

[7] As ofertas públicas secundárias não necessitam da presença deste participante de mercado, visto que não há interação entre a companha emissora e os investidores.

entre a companhia emissora e os investidores interessados na aquisição dos valores mobiliários ofertados publicamente, além de ser fundamental para o equilíbrio do mercado de capitais, visto que suas atividades estão sujeitas à regulamentação e fiscalização do BACEN e da CVM e, portanto, garantem maior segurança ao mercado e aos investidores.

Mais ainda, as companhias emissoras de valores mobiliários, em regra, não possuem capacitação profissional ou experiência para acessar a poupança popular e não desejam assumir determinados riscos inerentes à distribuição de valores mobiliários no mercado de capitais, o que corrobora, ainda mais, para a contratação das instituições integrantes do sistema de distribuição de valores mobiliários na intermediação de ofertas de valores mobiliários. Dentre os riscos que as companhia emissoras buscam evitar, Nelson Eizirik et al destacam: (a) risco de preço, referente à fixação do preço quando da emissão dos valores mobiliários, que deve ser objeto de uma análise técnica e complexa levando em consideração fatores como condições econômicas do país, apetite de risco dos investidores e valor que estes investidores aceitariam pagar pelo valor mobiliário; e (b) risco da distribuição pública dos valores mobiliários, referente às dificuldades de colocação dos valores mobiliários no mercado diante da inexistência, dentro da companhia emissora, de estrutura especializada para realizar esta atividade[8].

Contudo, nem todos os riscos estão eliminados com a contratação destas instituições intermediárias de ofertas. Conforme continua Nelson Eizirik et al, as companhias emissoras ainda estarão sujeitas ao risco de espera, referente ao período entre a decisão da emissão dos valores mobiliários, o projeto da operação, o atendimento de exigências legais e regulatórias e a data de efetiva venda dos valores mobiliários junto a investidores, de

[8] Conforme: EIZIRIK, Nelson. et al. Op. cit., p. 254-255.

modo que, durante este período, as condições de mercado podem ser alteradas e dificultar a venda destes valores mobiliários[9].

Seja por exigência legal ou para mitigação dos riscos inerentes às ofertas públicas, a contratação de instituições intermediárias mostra-se imprescindível para viabilizar a colocação dos valores mobiliários junto aos investidores no mercado de capitais brasileiro e, com isso, o aprofundamento na análise de suas responsabilidades torna-se cada vez mais necessário. Neste sentido, o presente artigo buscará examinar uma responsabilidade específica que poderá, ou não, ser atribuída às instituições integrantes do sistema de distribuição de valores mobiliários: a responsabilidade civil ambiental, de forma solidária com as companhias emissoras de valores mobiliários.

Além da presente introdução, o presente artigo está estruturado da seguinte forma: em seu capítulo segundo, analisamos a caracterização e responsabilidades assumidas pelas instituições intermediárias no exercício de suas atividades, fundamental para, posteriormente, delimitarmos a abrangência de responsabilidade dessas instituições no âmbito ambiental; o terceiro capítulo, por sua vez, examinará o atual entendimento doutrinário, jurisprudencial e legislativo da responsabilidade civil ambiental por danos causados ao meio ambiente, o qual possibilitará a ligação entre a análise realizada no segundo capítulo e a responsabilização ambiental das instituições intermediárias; o quarto capítulo possui a cerne deste artigo, pelo qual interligaremos as instituições intermediárias com a responsabilidade civil ambiental, levando em consideração todo o exposto no capítulos anteriores. Ao final do presente artigo, concluiremos se é possível atribuir a responsabilidade civil ambiental às instituições intermediárias de ofertas de forma solidária com os emissores de valores mobiliários.

[9] Ibidem, p. 254.

Contudo, antes de iniciar este artigo, vale apontar as delimitações e premissas utilizadas na elaboração deste artigo.

Será considerado que os danos ambientais foram causados pela companhia emissora após a distribuição dos valores mobiliários e com os recursos decorrentes de sua integralização. Não será considerado, desta forma, os danos ambientais causados antes ou durante o período de distribuição, pois será usado como premissa que, nestas situações, as instituições intermediárias poderiam se aprofundar no conhecimento das atividades geradoras deste dano ambiental e, eventualmente, interromper a estruturação e distribuição dos valores mobiliários. Em último caso, a instituição intermediária deveria dar amplo conhecimento do dano ambiental aos investidores para que estes tenham o poder decisório de investir ou não em uma companhia que possa estar infringindo a legislação ou princípios ambientais.

Também será utilizado como premissa que as instituições intermediárias atuaram em conformidade com as normas em vigor, em especial aquelas que lhes atribuem obrigações de verificar a veracidade, consistência, correção e suficiência das informações disponibilizadas aos investidores. Assim, será considerado que houve uma atuação de boa-fé das instituições intermediárias durante a fase de estruturação e distribuição dos valores mobiliários, agindo sempre de forma diligente e ativa na obtenção de informações junto às companhias emissoras e, principalmente, não omitindo qualquer informação ao investidor.

1. Instituições intermediárias: caracterização e responsabilidades

A contratação de instituições intermediárias para a distribuição pública de valores mobiliários é obrigatória em virtude do disposto no parágrafo único do artigo 16 da Lei nº 6.385/76 e no parágrafo 2º, do artigo 3º da Instrução CVM nº 400/03. Salvo em casos expressamente permitidos pela CVM para a realização de oferta pública sem necessidade de contratação de instituições intermediárias[10][11], como nos casos envolvendo securitização[12]

[10] Uma das exceções em relação à regra geral de contratação de instituições intermediárias ocorre quando da incidência do artigo 4º da Instrução CVM nº 400/03, pelo qual a CVM poderá dispensar o registro ou requisitos, inclusive de procedimentos, em determinadas ofertas de valores mobiliários.

[11] Recentemente, a CVM admitiu outras exceções em relação à contratação de instituições intermediárias por meio da Instrução CVM nº 600/18, em que referida contratação ficou dispensada quando se tratar de oferta pública de Certificados de Recebíveis do Agronegócio (CRA) e Certificados de Recebíveis Imobiliários (CRI), caso em que a própria companhia securitizadora poderá realizar a distribuição destes valores mobiliários desde que cumpridos os seguintes requisitos, de forma cumulativa: (i) a captação seja inferior a R$100.000.000,00 (cem milhões de reais); (ii) a distribuição seja realizada pela própria companhia securitizadora; (iii) sejam observadas determinadas normas impostas pela CVM; e (iv) a companhia securitizadora possua um diretor responsável pelo cumprimento de referidas normas estabelecidas pela CVM. Esta exceção, contudo, justifica-se pelo fato do CRA e do CRI serem emitidos exclusivamente por companhias securitizadoras, que possuem em seu objeto social a atividade de securitização de recebíveis e, portanto, realizam a emissão destes valores mobiliários de forma recorrente. Assim, estas companhias possuem um conhecimento maior sobre o funcionamento do mercado de capitais tornam-se habilitadas a assumir os riscos de distribuição destes valores mobiliários. A recorrência de emissão do CRA e do CRI por companhias securitizadoras foi inclusive objeto de preocupação da CVM, que concedeu-lhes isenção ao período de *lock-up* previsto no artigo 9º da Instrução CVM nº 476/09, assim entendido como o período de 4 (quatro) meses em que emissores de valores mobiliários não poderão realizar ofertas públicas de valores mobiliários de uma espécie.

[12] Sobre o conceito de securitização inerente aos CRA e CRI, Luiz Ferreira Xavier Borges assim leciona: "é o termo utilizado para identificar aquelas operações em que o valor mobiliário emitido, de alguma forma, está lastreado ou vinculado a um direito de crédito, também denominado direito creditório ou simplesmente recebível. [...] Outra forma de definir securitização é chamar assim o processo pelo qual o fluxo de caixa gerado por recebíveis ou bens é transferido para uma outra empresa (neste caso mais voltado para as operações de giro), criada para esse fim, suportando uma emissão pública ou privada de títulos

de recebíveis imobiliários[13] ou do agronegócio[14], a ausência de contratação destas instituições pela companhia emissora será considerada uma infração, conforme estabelecido no artigo 59 da Instrução CVM nº 400/03, sujeitando os infratores às penalidades previstas no artigo 11 da Lei nº 6.385/76, incluindo a aplicação de advertências e multas. A indicação das instituições integrantes do sistema de valores mobiliários está indicada no artigo 15 da Lei nº 6.385/76, porém, para os fins do presente artigo, serão abordadas apenas as instituições com maior participação no segmento de intermediação de ofertas, quais sejam, as instituições financeiras, os bancos de investimento, as corretoras e as distribuidoras de títulos e valores mobiliários.

1.1. Caracterização das principais instituições intermediárias

Nos termos do artigo 15 da Lei nº 6.385/76, integram o sistema de distribuição de valores mobiliários as instituições financeiras e demais sociedades que tenham por objeto distribuir emissão de valores mobiliários. As instituições financeiras estão definidas no artigo 17 da Lei nº 4.595, de 31 de dezembro de 1964 (Lei nº 4.595/64), norma esta fundamental ao desenvolvimento

(ou valores mobiliários), que representam uma fração ideal do total dos ativos." (BORGES, Luiz Ferreira Xavier. Securitização como parte da segregação do risco empresarial. **Revista de Direito Bancário, do Mercado de Capitais e da Arbitragem**, n. 10, p. 258, out./dez., 2000.).

[13] Os CRIs são os títulos representativos dos créditos imobiliários que os lastreiam. Nos termos do art. 6º da Lei nº 9.514/97, são caracterizados como títulos de crédito nominativos, de livre negociação, lastreados em créditos imobiliários, constituindo promessa de pagamento em dinheiro e emitidos apenas por companhias securitizadoras de créditos imobiliários.

[14] De forma semelhante aos CRI, os CRA são títulos representativos dos créditos do agronegócio que os lastreiam, sendo também títulos de crédito nominativos, de livre negociação, representativos de promessa de pagamento em dinheiro, de emissão exclusiva das companhias securitizadoras de direitos creditórios do agronegócio. Uma mesma companhia securitizadora poderá ter em seu objeto social a securitização de créditos imobiliários e de créditos do agronegócio.

do país pela criação do Conselho Monetário Nacional. Assim, são consideradas instituições financeiras as pessoas jurídicas de natureza pública ou privada que exerçam as atividades de coleta, intermediação ou aplicação de recursos financeiros próprios ou de terceiros e a custódia de valores de propriedade de terceiros dentro do Sistema Financeiro Nacional, atividades estas consideradas privativas de instituições financeiras[15][16] e sujeitas à fiscalização do BACEN.

Para que que sejam integrantes do sistema de distribuição de valores mobiliários nos termos do artigo 15 da Lei nº 6.385/76, é necessário que as instituições financeiras tenham em seu objeto social a distribuição de títulos e valores mobiliários. A partir

[15] A definição destas atividades privativas de instituições financeiras, contudo, é motivo de críticas por parte da doutrina nacional, que a considerou demasiadamente ampla e, mediante uma interpretação literal de sua redação, englobaria, de forma equivocada, outras atividades desenvolvidas por sociedades não caracterizadas como instituições financeiras. Sobre este tema, Ivo Waisberg assim se posicionou: "O texto do artigo lido puramente indica que qualquer pessoa física ou jurídica que colete, ou intermedeie, ou aplique recursos próprios ou de terceiros de forma eventual ou permanente como atividade principal ou acessória está praticando ato privativo de instituição financeira. Isto é, qualquer um que colete, intermedeie ou aplique recursos sem autorização do Bacen está infringindo a lei. Obviamente, não pode ser assim sob pena de inviabilizar-se o mercado financeiro e as atividades empresariais." (WAISBERG, Ivo. **Responsabilidade civil dos administradores de bancos comerciais**: regimes especiais: intervenção, liquidação extrajudicial e regime de administração temporária – RAET. São Paulo: Revista dos Tribunais, 2002, p. 34.).

[16] Ainda neste sentido, buscando esclarecer este tema, Eduardo Salomão Neto se posicionou: "Em vista disso, deve-se interpretar o artigo 17 da Lei nº 4.959/64, que define as instituições financeiras em função de suas atividades privativas, como exigindo, cumulativamente, (i) a captação de recursos de terceiros em nome próprio, (ii) seguida de repasse financeiro através de operações de mútuo, (iii) com o intuito de auferir lucro derivado da maior remuneração dos recursos repassados em relação à dos recursos coletados, (iv) desde que a captação seguida de repasse se realize em caráter habitual" (NETO, Eduardo Salomão. **Direito Bancário**. 2. ed. São Paulo: Atlas, 2014, p. 29.)

deste momento, estas instituições financeiras estarão associadas ao mercado de capitais e se tornam sujeitas também à regulamentação e fiscalização da CVM, sem prejuízo da fiscalização do BACEN anteriormente mencionada.

Além das instituições financeiras tradicionais acima aludidas, inserem-se no sistema de distribuição de valores mobiliários os bancos de investimento, que diferem das instituições financeiras tradicionais por sua especialização em operações estruturadas para empresas. Regulamentados pela Resolução nº 2.624/99 do BACEN, os bancos de investimento têm como características a ausência de contas correntes, sendo que a captação de recursos ocorre, de forma geral, por meio de depósitos a prazo, venda de cotas de fundos de investimento por eles administrados ou, ainda, pelo repasse de recursos externos e internos. Dentre suas funções, os bancos de investimento são responsáveis pela organização e administração de fundos de investimentos e carteiras de valores mobiliários, bem como pela intermediação de ofertas públicas de valores mobiliários de companhias emissoras[17].

São também personagens principais do sistema de distribuição de valores mobiliários as distribuidoras e corretoras de títulos e valores mobiliários[18]. Ambas as sociedades são con-

[17] Thiago Saddi Tannous bem explica a relevância dos bancos de investimentos: "Não obstante, no contexto do mercado de capitais brasileiro, verifica-se que os bancos de investimento são, na prática, as instituições que efetivamente predominam na realização de distribuições de valores mobiliários emitidos por companhias." (TANNOUS, Thiago Saddi. *In*: CODORNIZ, Gabriela; PATELLA, Laura (coords.). **Comentários à Lei do Mercado de Capitais** – Lei nº 6.385/76. São Paulo: Quartier Latin, 2015, p. 350.)

[18] Até o ano de 2009, as sociedades corretoras tinham autorização para operar em bolsas de valores, enquanto as distribuidoras não possuíam tal autorização. Atualmente, em função da Decisão-Conjunta BACEN/CVM nº 17 de 2009, as sociedades distribuidoras ficaram autorizadas a operar diretamente em ambientes e sistemas de negociação dos mercados organizados de bolsas

sideradas instituições financeiras e, portanto, devem possuir autorização de funcionamento pelo BACEN. Por sua atuação na intermediação de títulos e valores mobiliários, estão sujeitas à fiscalização da CVM, tal como os bancos de investimento e instituições financeiras integrantes do sistema de distribuição de valores mobiliários. De forma resumida, suas principais funções são a execução de ordens de compra e venda de valores mobiliários e outros ativos de seus clientes, bem como a prestação de serviços de administração e custódia de carteiras de títulos e valores mobiliários.

As instituições intermediárias servem, principalmente, para aproximar investidores de companhias interessadas na emissão de valores mobiliários, mediante a prestação de determinados serviços, tais como a realização de estudos de viabilidade econômica para a emissão dos valores mobiliários, auxílio na estruturação da operação, assessoria ao cumprimento de normas e regulamentos e, objetivo final, a distribuição de valores mobiliários. Diante da amplitude de suas atividades, as instituições intermediárias assumem determinadas responsabilidades inerentes ao exercício de suas atividades[19], conforme abordadas a seguir.

de valores. Assim, suas funções se equipararam às funções das sociedades corretoras e, portanto, não existe mais distinção entre elas.

19 Em uma análise das instituições intermediárias de ofertas em Portugal, Paulo Câmara assim atribuiu a importância a tais instituições: "A importância da intermediação em instrumentos financeiros pode medir-se em três dimensões distintas. De um lado, ante a crescente sofisticação dos mercados e instrumentos financeiros, os intermediários financeiros apresentam-se como elementos coadjuvantes decisivos na tomada de decisões esclarecidas de investimento: avultam, a este propósito, os deveres de informação ao cliente e o dever de adequação dos intermediários, adiante referidos. Acresce que o acesso aos mercados e sistemas de negociação multilateral é necessariamente intermediado (art. 206º, nº 1), o mesmo sucedendo com o acesso aos sistemas de liquidação (art. 267º): a transmissão de ordem relativa a instrumentos financeiros faz-se, assim,

1.2. Análise das responsabilidades das instituições intermediárias

Como bem pontuado por Nelson Eizirik et al, as instituições intermediárias são, em geral, as únicas instituições com experiência e conhecimento suficiente para diligenciar sobre a veracidade e consistência das informações prestadas pela companhia emissora dos valores mobiliários, tornando-as responsáveis, portanto, pelas informações relevantes fornecidas pela companhia emissora e pelos valores mobiliários em si[20].

Atualmente, o principal dispositivo que trata sobre a responsabilidade assumida pelas instituições intermediárias é o artigo 56 da Instrução CVM nº 400/03, em que atribuiu a elas a obrigação de tomar todas as cautelas e agir com elevados padrões de diligência, de modo a assegurar que as informações prestadas pela companhia emissora dos valores mobiliários sejam verdadeiras, corretas, consistentes e suficientes. Assim, por força do dispositivo supracitado, as instituições intermediárias de ofertas tornaram-se obrigadas a agir ativamente na divulgação de informações do emissor dos valores mobiliários, sendo responsável pela investigação, principalmente no sentido qualitativo, das informações disponibilizadas pelo emissor junto aos investidores.

Na medida em que o artigo 56 da Instrução CVM nº 400/03 atribuiu tais responsabilidades e, portanto, tornaram-nas responsáveis pelos dados divulgados ao público quando da colocação dos valores mobiliários no mercado de capitais, o amplo acesso às informações da companhia emissora dos valores mobi-

necessariamente perante intermediário financeiro habilitado à sua recepção ou execução (arts. 290º, nº 1 a) e 325º, nº 1). Por fim, os intermediários financeiros estão ligados à própria organização e exercício da titularidade mobiliária na prestação de serviços de registro e depósito relativos a valores mobiliários (arts. 291º, a) e 325º, nº 1)" (CÂMARA, Paulo. **Manual de Direito dos Valores Mobiliários**. Coimbra: Almedina, 2009, p. 353-354.).

20 Conforme: EIZIRIK, Nelson. et al. Op. cit., p. 253-254.

liários tornou-se imprescindível para a prestação dos serviços pelas instituições intermediárias. Assim, a partir do recebimento e acesso às informações fornecidas pelas companhias emissoras, as instituições intermediárias assumem a responsabilidade pelas informações divulgadas ao mercado e por revisá-las de forma ativa e diligente, garantindo a transparência nas informações disponibilizadas aos investidores referentes à oferta e à companhia emissora.

A transparência nas informações está inserida no princípio do *full disclosure*[21], pelo qual o Poder Público brasileiro deve assegurar que os investidores tenham acesso a informações corretas, claras e completas para que, por conta própria, possam tomar sua decisão de investimento de forma fundamentada e, com isso, assumir os riscos decorrentes deste investimento[22]. Este princípio foi abordado por Aline de Menezes Santos[23-24]:

[21] "De forma mais específica, a divulgação de informações de uma determinada companhia ao mercado está diretamente relacionada à eficiência do mercado de capitais, na medida em que quanto mais completas e exatas forem as informações divulgadas ao mercado, maior credibilidade tal empresa terá perante os investidores." (VIANNA, Guilherme Debeuz de Brito. **Período de silêncio**: o artigo da Instrução CVM n. 400/2003 e o princípio do full disclosure. 2019. 44 f. Artigo (Pós-graduação em Direito dos Mercados Financeiro e de Capitais) – LL.M dos Mercados Financeiro e de Capitais, Insper, São Paulo, 2019. Disponível em: http://dspace.insper.edu.br/xmlui/handle/11224/2322. Acesso em: 08 jul. 2020.).

[22] RENTERIA, Pablo. O contrato de underwriting de valores mobiliários. **Migalhas Contratuais**, 17 fev. 2020. Disponível em: https://www.migalhas.com.br/coluna/migalhas-contratuais/320556/o-contrato-de-underwriting-de-valores-mobiliarios. Acesso em: 15 jul. 2020.

[23] SANTOS, Aline de Menezes. Regulação e estruturas de supervisão do mercado financeiro. *In*: SARDENBERG, Amarílis Prado (org.). **Desenvolvimento do mercado de capitais no Brasil**: temas para reflexão. São Paulo: Editora Sociologia e Política, 2015, p. 102.

[24] O princípio do *full disclosure* também foi objeto de análise minuciosa de Ingryd Danielle de Jesus Villar, em que atribuiu a este princípio a "obrigatoriedade da divulgação de todas as informações que sejam de interesse de terceiros,

Nessa modalidade de estratégia regulatória, a alocação de riscos é feita a partir da obrigatoriedade, imposta pelo Estado, de divulgação de informações. Tornada pública a informação, cabe ao investidor analisar os riscos envolvidos e decidir ou não aceitá-los. A regulação de mercado de valores da maior parte das jurisdições nasce dessa abordagem, ainda que hoje já não a adote com exclusividade.

Mello, Junqueira e Bercito entendem que as instituições intermediárias assumem uma responsabilidade complementar àquela atribuída ao emissor do valor mobiliário, na medida em que cabe a referidas instituições "utilizar todos os meios razoavelmente a seu alcance para fazer com que o ofertante cumpra a contento com o seu devedor de *full disclosure*"[25]. Além disso, discorrem sobre a relevância assumida pelas instituições intermediárias na obtenção da transparência e ampla divulgação das informações no mercado de capitais brasileiro[26]:

> A informação e o princípio da ampla divulgação são os mais valiosos ativos do público investidor e do mercado em geral.

não se limitando apenas a divulgação de informações impostas pela legislação ou por regulamentos. A transparência deve ser ampla e abordar também aspectos econômico-financeiros e gerenciais que impactem no desempenho da companhia." (Villar, Ingryd Danielle de Jesus. ***Disclosure***: O impacto da divulgação de informações sobre as companhias abertas brasileiras. 2016. 50 f. Monografia (Pós-graduação em Direito Societário) – LL.M. em Direito Societário., Insper. São Paulo, 2016. Disponível em: http://dspace.insper.edu.br/xmlui/handle/11224/1472. Acesso em 10 jul. 2020.)

25 Mello, Carlos Barbosa; Junqueira, Rodrigo Azevedo; Bercito, Bruno Rodrigues. A Responsabilidade Civil das Instituições Financeiras em Ofertas Públicas de Valores Mobiliários – *Due Diligence Defense* na Prática. *In*: Cantidiano, Luiz Leonardo; Muniz, Igor (org.). **Temas de Direito Bancário e do Mercado de Capitais**. Rio de Janeiro: Renovar, 2014, p. 123.

26 Ibidem, p. 114.

A posição que assumem as instituições intermediárias, no contexto das ofertas públicas de valores mobiliários, é a de verdadeiros guardiões do princípio da ampla divulgação.

O papel da instituição intermediária, desta forma, se torna peculiar quando da colocação dos valores mobiliários. Isto porque ela deve auxiliar a companhia emissora dos valores mobiliários em toda a estruturação da oferta, desde a verificação das condições adequadas de mercado até o interesse do investidor na aquisição deste valor mobiliário. Por outro lado, a instituição intermediária deverá fiscalizar e analisar toda a informação disponibilizada ao público, de modo que eventual inconsistência ou falsidade nas informações prestadas pela companhia emissora dos valores mobiliários poderá se tornar um motivo relevante para a instituição intermediária deixar de prestar o serviço de intermediação e, com isso, a oferta poderá ser alterada ou até mesmo cancelada.

Ao atuar na intermediação de uma oferta pública, a instituição intermediária assume obrigações e responsabilidades perante a companhia emissora e perante os investidores. Em relação às companhias emissoras, as instituições intermediárias assumem uma obrigação de meio[27], independente da modalidade de distribuição a ser contratada[28]. Esta obrigação fica bastante evidente quando a distribuição ocorre na modalidade de melhores esforços, pois não há comprometimento com o sucesso

[27] Eizirik, Nelson. et al. Op. cit., p. 264-277.

[28] A distribuição de valores mobiliários pode ser realizada em duas principais modalidades: garantia firme e de melhores esforços. Na modalidade de garantia firme, a instituição financeira compromete-se a subscrever a totalidade dos valores mobiliários ofertados para posterior revenda ao público. Já na modalidade de melhores esforços, a instituição financeira compromete-se apenas a envidar seus melhores esforços para a colocação dos valores mobiliários junto a investidores, não se comprometendo a adquiri-los em caso de insucesso na distribuição.

da operação e um eventual insucesso nesta atividade não acarretará consequências à instituição intermediária.

Em se tratando de distribuição na modalidade de garantia firme, poderia se argumentar que se trata de uma obrigação de resultado, uma vez que existe uma obrigação de subscrição dos valores mobiliários pela instituição intermediária. Contudo, a obrigação principal decorrente do contrato de distribuição é a colocação dos valores mobiliários junto a investidores e, para o cumprimento deste objetivo, a instituição intermediária deverá observar uma série de procedimentos, inclusive a procura de investidores interessados nos valores mobiliários ofertados. Ao analisar este assunto, Nelson Eizirik et al esclarecem que a obrigação de meio ou de resultado não se define pelo modo de adimplemento contratual, mas sim pelo ânimo das partes quando da contratação[29].

Considerando que a companhia emissora dos valores mobiliários realiza a contratação objetivando, precipuamente, a distribuição de seus valores mobiliários no mercado, consoante as exigências legal e regulatória supracitadas, tem-se configurado uma obrigação de meio, inclusive na modalidade de garantia firme de colocação. Sobre este tema, Nelson Eizirik e David Schechtman[30] fazem uma excelente análise:

> Tratando das consequências materiais, a adoção do posicionamento sugerido permite uma solução mais estável para os casos relacionados. Imagina-se o caso extremo de uma instituição intermediária com contrato de *underwriting* firme que, por dolo, deixou de sequer exercer qualquer esforço de venda para a emissão, adquirindo-a toda para si. Se tratada como obrigação de resul-

[29] EIZIRIK, Nelson. et al. Op. cit., p. 265-266.

[30] EIZIRIK, Nelson. SCHECHTMAN, David. Notas sobre o "underwriting" firme. *In*: HANSZMANN, Felipe. **Atualidades em direito societário e mercado de capitais**. v. II. Rio de Janeiro: Lumen Juris, 2017, p. 354.

tado o *underwriting* firme, em estrito senso, estaria o *underwriter* isento de qualquer responsabilidade, uma vez que o contrato estaria cumprido, porém, seria possível aplicar a doutrina de boa-fé para resolver o caso e decidir pelo inadimplemento da obrigação.

Já no contexto da assunção de responsabilidades perante investidores, convém realçar que a Instrução CVM nº 400/03 atribuiu às instituições intermediárias a obrigação de agir com elevados padrões de diligências para certificar que as informações transmitidas pelas companhias emissoras de valores mobiliários sejam verdadeiras, consistentes, corretas e suficientes. Além disso, nos termos de referida regulamentação, as instituições intermediárias deverão também assegurar a precisão e a conformidade das informações fornecidas a investidores.

Desta forma, observa-se que a CVM impôs às instituições intermediárias a obrigação de utilizar toda sua estrutura profissional para proteger o investidor e garantir o cumprimento do *full disclosure* das informações disponibilizadas pelas companhias emissoras, conforme conceito abordado anteriormente. A CVM, ao estabelecer o dever de agir com elevado grau de diligência, fez com que as instituições intermediárias passassem a empregar todos os seus esforços para assegurar que as informações prestadas pelas companhias emissoras atendam aos preceitos estabelecidos em referida instrução, passando a agir, portanto, com habilidade e perícia que se espera de profissionais de negócios competentes em suas funções[31]. Atuando

[31] Neste mesmo sentido, Handemba Mutana Poli dos Santos se posiciona: "O dever de agir com elevado padrão de diligência para assegurar a qualidade das informações, de divulgar essas informações de forma que permita o investidor tomar uma decisão fundamentada e de atuar em conformidade com o princípio da boa-fé constituem elementos do dever de informar." (SANTOS, Handemba Mutana Poli dos. **A responsabilização do coordenador líder de ofertas públicas de ações por infração ao dever de informar**: como indenizar os danos dos investidores?. 2011. 217 f. Dissertação (Mestrado em Direito e

desta forma e, principalmente, comprovando que tomou todas as diligências necessárias em relação às informações recebidas durante o período de estruturação da oferta, a instituição intermediária isenta-se da responsabilidade de eventual falsidade ou inexatidão das informações eventualmente verificadas após a distribuição dos valores mobiliários.

Não obstante o recebimento de informações, é dever da instituição intermediária investigar e analisar criticamente se as informações contidas nos documentos da oferta são verdadeiras, consistentes, corretas e suficientes. Para tanto, a instituição intermediária poderá contratar prestadores de serviços específicos para esta investigação, como auditores independentes. Não pode esta instituição, portanto, receber a informação da companhia emissora e se sustentar nela, sendo fundamental que haja uma análise profissional e detalhada da informação recebida para verificar se condiz com a realidade.

Finalmente, importa destacar que a companhia emissora de valores mobiliários também assume uma relevante responsabilidade na oferta destes valores mobiliários. Por se tratar de informações próprias divulgadas ao público investidor e, portanto, ser a única com acesso amplo e irrestrito às suas próprias informações, a companhia emissora deve garantir que os documentos divulgados refletem, de forma confiável e verdadeira, a atual situação da empresa, os riscos envolvidos em suas operações e na emissão do valor mobiliário, bem como as perspectivas de rentabilidade da empresa, inclusive mediante a divulgação de suas informações financeiras ao público[32].

Desenvolvimento) – Escola de Direito de São Paulo, Fundação Getúlio Vargas, São Paulo, 2011, p. 50. Disponível em: https://direitosp.fgv.br/publicacoes/responsabilizacao-coordenador-lider-de-ofertas-publicas-de-acoes-por-infracao-ao-dever-d. Acesso em: 13 jul. 2020.).

32 MELLO, Carlos Barbosa; JUNQUEIRA, Rodrigo Azevedo; BERCITO, Bruno Rodrigues. Op. cit., p. 122-123.

2. Responsabilidade ambiental no ordenamento jurídico brasileiro

Entendidas as responsabilidades assumidas pelas instituições intermediárias em conformidade com o arcabouço normativo vigente, uma eventual vinculação à responsabilidade ambiental no exercício de suas atividades somente será admissível após a análise da legislação e do posicionamento doutrinário e jurisprudencial acerca da atribuição de responsabilidade ambiental aos agentes causadores de danos ambientais. Para tanto, se torna fundamental a análise de alguns dos princípios e conceitos aplicáveis ao Direito Ambiental, bem como a obrigação de reparação dos danos causados ao meio ambiente, além de entender as diferentes esferas de responsabilidade atribuídas aos poluidores.

No que diz respeito à parte legislativa, nossa análise se restringirá à Constituição Federal e leis complementares e ordinárias vigentes no ordenamento jurídico brasileiro, diante da prevalência destas em detrimento das demais normas infraconstitucionais, não compreendendo, portanto, a análise de decretos, resoluções, instruções, portarias e demais normativos que possam versar sobre o assunto que, apesar de relevantes, ficam submissas às disposições da Constituição Federal e das leis complementares e ordinárias.

2.1. Princípios e conceitos aplicáveis ao Direito Ambiental e a obrigação de reparar o dano ambiental

O estudo sobre a responsabilidade ambiental no ordenamento jurídico brasileiro merece um exame específico sobre os princípios aplicáveis ao Direito Ambiental que, como será notado ao longo do presente artigo, será fundamental para a análise sobre a eventual responsabilização de instituições intermediárias de ofertas na esfera ambiental. Para os fins deste artigo, os principais princípios aplicáveis ou originários do Direito Ambiental serão: princípio da legalidade, princípio do desenvolvimento sustentável, princípio do poluidor-pagador, princípio da prevenção e princípio da participação[33].

O princípio da legalidade, previsto expressamente no artigo 5º, inciso II da Constituição Federal, é essencial para a interpretação e aplicação das normas de Direito Ambiental. Este princípio estabelece que nenhuma pessoa, brasileira ou estrangeira, pode ser compelida a fazer, deixar de fazer ou tolerar que se faça algo senão em virtude de lei. Aplicado ao Direito Ambiental, este princípio impõe que este ramo do Direito seja interpretado principalmente com base na legislação em detrimento a normas infralegais, tais como resoluções e portarias. Por este motivo, os demais princípios objeto de análise neste artigo também se encontram positivados no direito brasileiro, em especial na Constituição Federal.

O princípio do desenvolvimento sustentável surgiu na Conferência Mundial de Meio Ambiente realizada em Estocolmo em 1972[34] e encontra-se previsto no *caput* do artigo 225 da Constituição Federal. Este princípio impõe a manutenção de uma relação sustentável entre as atividades humanas e o meio ambiente natural para que as futuras gerações possam usufruir dos mesmos recursos disponíveis atualmente. Importante destacar este princípio não deve ser entendido de maneira conflitante com o desenvolvimento econômico de determinados

[33] Muitos princípios não estão positivados em nosso ordenamento jurídico e são decorrentes de construções doutrinárias. Neste sentido, outros autores poderão defender a aplicabilidade de outros princípios além dos aqui abordados ou, eventual, ter um entendimento diverso sobre os conceitos aqui detalhados.

[34] A Conferência Mundial de Meio Ambiente foi realizada entre os dias 05 de 16 de junho de 1972, em Estocolmo, na Suécia, sendo o primeiro evento organizado pela Organização das Nações Unidas (ONU) para debater temas relacionados ao meio ambiente, em especial as consequências decorrentes da degradação ao meio ambiente.

setores produtivos, tendo em vista que não objetiva a cessação de atividades consideradas degradantes ou poluidoras, mas sim a minimização de seus efeitos sobre o meio ambiente.

O princípio do poluidor-pagador, por sua vez, está previsto no artigo 225, parágrafo 3º da Constituição Federal, e se apresenta como um dos mais relevantes para o presente estudo e para o Direito Ambiental em si, diante de sua íntima ligação com a responsabilidade civil objetiva que será tratada adiante. Para Celso Antonio Pacheco Fiorillo[35], este princípio apresenta duas órbitas de alcance: evitar a ocorrência de danos ambientais (caráter preventivo) e reparar o dano ambiental (caráter repressivo). Assim, este princípio impõe ao poluidor o dever de tomar todas as medidas necessárias à prevenção do dano ambiental[36], inclusive arcando com todos os custos e despesas envolvidas para referida prevenção[37], além de atribuir ao poluidor a responsabilidade por reparar todo dano ambiental causado, ainda que tenha tomado todas as medidas preventivas para evitar ou mitigar este dano.

É de fundamental relevância destacar que este princípio não deve ser considerado como uma permissão, licença ou autorização para as pessoas poluírem ou degradarem o meio ambiente mediante o pagamento de uma multa ou indenização. Com

[35] FIORILLO, Celso Antonio Pacheco. **Curso de Direito Ambiental Brasileiro.** 17. ed. São Paulo: Saraiva, 2017, p. 71.

[36] Cristiane Derani possui entendimento semelhante: "O custo a ser imputado ao poluidor não está exclusivamente vinculado à imediata reparação do dano. O verdadeiro custo está numa atuação preventiva." (DERANI, Cristiane. **Direito Ambiental Econômico.** São Paulo: Max Limonad, 1997, p. 297.).

[37] Neste mesmo sentido: "O poluidor-que-deve-pagar é aquele tem o poder de controle (inclusive poder tecnológico e econômico) sobre as condições que levam à ocorrência da poluição, podendo, portanto, preveni-las ou tomar precauções para evitar que ocorram." (ARAGÃO, Maria Alexandra de Souza. **O Princípio do Poluidor Pagador** – Pedra angular da Política Comunitária do Ambiente. Coimbra: Coimbra Editora, 1997, p. 139.)

efeito, trata-se de um princípio com caráter punitivo e educacional, para que novas atividades poluidoras ou degradantes não sejam realizadas novamente e o agente poluidor passe a ter consciência que o ato de poluição ou degradação não será tolerado pelo Poder Público[38].

Já o princípio da prevenção está consagrado no *caput* do artigo 225 da Constituição Federal e também foi amplamente debatido na Conferência Mundial de Meio Ambiente realizada em Estocolmo em 1972, o que demonstra toda sua importância dentro do Direito Ambiental. A atividade humana pode causar danos ambientais irreparáveis e irreversíveis, incluindo a extinção de espécies de plantas e animais ou, ainda, tornar ambientes inóspitos, dificultando ou inviabilizando a manutenção das formas de vida originalmente existentes nestes ambientes. Assim, na maior parte das vezes, a simples reparação do dano não é suficiente para a plena recuperação do meio ambiente e da vida ali existente.

Neste sentido, o princípio da prevenção propõe garantir que o meio ambiente seja minimamente afetado pela atividade humana por meio de uma conscientização da sociedade sobre os problemas e consequências causados pela degradação e poluição, danos estes causados não somente aos seres humanos, mas aos demais seres vivos. Com base neste princípio, a correta e severa punição a poluidores se torna uma das principais medidas preventivas devido seu caráter educacional, desestimulando a prática de novas atividades poluidoras pelos agentes poluidores. Destaque-se que a aplicação deste princípio pelo Poder

[38] Paulo Affonso Leme Machado assim pontua sobre este princípio: "O investimento efetuado para prevenir o dano ou o pagamento do tributo, da tarifa ou do preço público não isentam o poluidor ou predador de ter examinada e aferida sua responsabilidade residual de reparar o dano." (MACHADO, Paulo Affonso Leme. **Direito Ambiental Brasileiro**. 24 ed., rev., ampl. e atual. São Paulo: Malheiros, 2016, p. 87.)

Público pode ocorrer não somente por meio do caráter punitivo aqui mencionado, mas também pela concessão de incentivos fiscais a atividades ambientalmente sustentáveis e benefícios a tecnologias que preservem ou mitiguem os danos causados ao meio ambiente[39].

Finalmente, o princípio da participação se encontra igualmente positivado no *caput* do artigo 225 da Constituição Federal, que qualificou o Estado e a sociedade civil como participantes na proteção e preservação do meio ambiente. Com isso, não somente o Poder Público é responsável por zelar pela preservação ambiental, mas as demais pessoas e entidades, públicas ou privadas, também possuem este dever. Este princípio atribuiu, portanto, uma responsabilidade de preservação ambiental a toda sociedade e, independentemente da pessoa que exercer uma atividade de degradação ou poluição ambiental, seja pública ou privada, incidirá uma responsabilidade pelos danos causados ao meio ambiente.

Assim, os princípios aplicáveis ao Direito Ambiental, em especial o princípio da participação, atribuem à toda sociedade a responsabilidade em preservar e reparar os danos causados ao meio ambiente. A reparação destes danos deve ser realizada pelo agente poluidor que, nos termos do artigo 225 da Constituição Federal, é definido como a coletividade, assim compreendidas todas as pessoas, físicas ou jurídicas, públicas ou privadas. Em

[39] "A aceitação do princípio da prevenção não para somente no posicionamento mental a favor de medidas ambientais acautelatórias. O princípio da prevenção deve levar à criação e à prática de política pública ambiental, através de planos obrigatórios. A Convenção sobre o Direito Relativo à Utilização dos Custos de Água Internacionais para Fins Diversos dos de Navegação, de 1997, aponta os fatores relevantes para a utilização equitativa e razoável dos cursos de água (art. 6º). A legislação brasileira prevê a realização de planos em diversos setores ambientais, tais como: hídrico (lei 9.433/1997), saneamento básico (Lei 11.445/2007), resíduos sólidos (Lei 12.305/2010), segurança e barragem (Lei 12.334/2010)" (Ibidem, p. 121.)

complemento, o artigo 3º da Lei nº 6.938, de 31 de agosto de 1981 (Lei da Política Nacional do Meio Ambiente), em seu inciso IV, classifica o agente poluidor como "*a pessoa física ou jurídica, de direito público ou privado, responsável, direta ou indiretamente, por atividade causadora de degradação ambiental*". Neste sentido, depreende-se, pela legislação em vigor, que o conceito de poluidor abrange todas as pessoas físicas ou jurídicas de direito público ou privado, sem exceções, que causem ou tenham o potencial de causar um dano ambiental.

O dano ambiental, ao seu turno, deve ser interpretado como uma lesão a um bem jurídico vinculado ao meio ambiente[40], resultante de uma atividade praticada por uma pessoa física ou jurídica de direito público ou privado (poluidor), que, a partir do momento em que efetivamente causa o dano, torna-se responsável por indenizar o Poder Público.

Celso Antonio Pacheco Fiorillo[41] classifica o dano ambiental em três esferas: dano material, dano moral e dano à imagem. Assim, considera-se dano material aquele que causa uma lesão e afeta determinado interesse relativo a bens materiais, representada pela perda ou deterioração de bens corpóreos. O dano moral, por sua vez, consiste na lesão causada a um bem incorpóreo e que gera uma ofensa a valores imateriais da pessoa humana, protegida pela Constituição Federal. Por fim, o dano à imagem configura-se pela ofensa de valores tutelados pela Constituição Federal e que possam afetar a representação da forma ou do aspecto de qualquer pessoa, física ou jurídica, brasileira ou estrangeira. Dentre as três vertentes de danos ambientais aqui indicadas, o presente artigo se restringirá à análise dos

[40] Nos termos do inciso I do artigo 3º da Lei da Política Nacional do Ambiente, considera-se meio ambiente "o conjunto de condições, leis, influências e interações de ordem física, química e biológica, que permite, abriga e rege a vida em todas as suas formas".

[41] Conforme: FIORILLO, Celso Antonio Pacheco. Op. cit., p. 83-84.

danos materiais decorrentes da poluição ou deterioração do meio ambiente, como, por exemplo, qualquer forma de devastação florestal ou marítima.

Os conceitos aqui abordados são fundamentais para entendermos a obrigação de reparar os danos ambientais insculpida pela Constituição Federal, especificamente em seu artigo 225[42].

[42] Art. 225. Todos têm direito ao meio ambiente ecologicamente equilibrado, bem de uso comum do povo e essencial à sadia qualidade de vida, impondo-se ao Poder Público e à coletividade o dever de defendê-lo e preservá-lo para as presentes e futuras gerações.
§ 1º Para assegurar a efetividade desse direito, incumbe ao Poder Público:
I – preservar e restaurar os processos ecológicos essenciais e prover o manejo ecológico das espécies e ecossistemas;
II – preservar a diversidade e a integridade do patrimônio genético do País e fiscalizar as entidades dedicadas à pesquisa e manipulação de material genético;
III – definir, em todas as unidades da Federação, espaços territoriais e seus componentes a serem especialmente protegidos, sendo a alteração e a supressão permitidas somente através de lei, vedada qualquer utilização que comprometa a integridade dos atributos que justifiquem sua proteção;
IV – exigir, na forma da lei, para instalação de obra ou atividade potencialmente causadora de significativa degradação do meio ambiente, estudo prévio de impacto ambiental, a que se dará publicidade;
V – controlar a produção, a comercialização e o emprego de técnicas, métodos e substâncias que comportem risco para a vida, a qualidade de vida e o meio ambiente;
VI – promover a educação ambiental em todos os níveis de ensino e a conscientização pública para a preservação do meio ambiente;
VII – proteger a fauna e a flora, vedadas, na forma da lei, as práticas que coloquem em risco sua função ecológica, provoquem a extinção de espécies ou submetam os animais a crueldade.
§ 2º Aquele que explorar recursos minerais fica obrigado a recuperar o meio ambiente degradado, de acordo com solução técnica exigida pelo órgão público competente, na forma da lei.
§ 3º As condutas e atividades consideradas lesivas ao meio ambiente sujeitarão os infratores, pessoas físicas ou jurídicas, a sanções penais e administrativas, independentemente da obrigação de reparar os danos causados.
§ 4º A Floresta Amazônica brasileira, a Mata Atlântica, a Serra do Mar, o Pantanal Mato-Grossense e a Zona Costeira são patrimônio nacional, e sua utilização

Sobre esta obrigação, Paulo Affonso Leme Machado assim se posiciona[43]:

> No §3º do art. 225 consta a obrigação de reparar o dano ambiental causado ao meio ambiente. Acentua este parágrafo que a obrigação de reparar é independente da aplicação de sanções penais e administrativas. O Direito Ambiental, na Constituição, valorizou a prevenção mas não esqueceu da reparação. De tal magnitude estava a degradação causada pela exploração dos recursos minerais, que a Constituição Federal precisou entrar especificamente na aplicação do princípio da reparação. Diz o §2º do art. 225: "Aquele que explorar recursos minerais fica obrigado a recuperar o meio ambiente degradado, de acordo com a solução técnica exigida pelo órgão público competente, na forma da lei". A recuperação do meio ambiente passou, constitucionalmente, a fazer parte do processo de exploração de recursos minerais. Nenhum órgão público poderá autorizar qualquer pesquisa ou lavra mineral em que não esteja prevista a recuperação ambiental. Diante da obrigação do §2º do art. 225, a legislação infraconstitucional não poderá ser complacente ou omissa com os que deixarem de efetuar a referida recuperação.

far-se-á, na forma da lei, dentro de condições que assegurem a preservação do meio ambiente, inclusive quanto ao uso dos recursos naturais.
§ 5º São indisponíveis as terras devolutas ou arrecadadas pelos Estados, por ações discriminatórias, necessárias à proteção dos ecossistemas naturais.
§ 6º As usinas que operem com reator nuclear deverão ter sua localização definida em lei federal, sem o que não poderão ser instaladas.
§ 7º Para fins do disposto na parte final do inciso VII do § 1º deste artigo, não se consideram cruéis as práticas desportivas que utilizem animais, desde que sejam manifestações culturais, conforme o § 1º do art. 215 desta Constituição Federal, registradas como bem de natureza imaterial integrante do patrimônio cultural brasileiro, devendo ser regulamentadas por lei específica que assegure o bem-estar dos animais envolvidos.

[43] MACHADO, Paulo Affonso Leme. Op. cit., p. 174.

Denota-se, desta forma, que o legislador se preocupou em mencionar expressamente a obrigação de reparação pelos danos ambientais diante da redação constante no parágrafo 3º do artigo 225 da Constituição Federal. Da mesma forma, a Lei da Política Nacional do Meio Ambiente dispõe sobre esta mesma obrigação no inciso VII de seu artigo 4º: "à imposição, ao poluidor e ao predador, da obrigação de recuperar e/ou indenizar os danos causados e, ao usuário, da contribuição pela utilização de recursos ambientais com fins econômicos". Assim, conclui-se, de forma inequívoca, que qualquer pessoa física ou jurídica, de direito público ou privado (poluidor), que pratique um ato comissivo ou omissivo lesivo ao meio ambiente (dano ambiental), ficará obrigado a repará-lo, em conformidade com o previsto na Constituição Federal e na Lei da Política Nacional do Meio Ambiente.

2.2. Da tríplice responsabilização ambiental

Uma vez que o poluidor é obrigado a reparar o dano ambiental consoante os conceitos acima previstos, impõe-nos examinar a tríplice responsabilidade ambiental que poderá ser atribuída ao poluidor.

O primeiro e mais importante dispositivo que versa sobre a responsabilidade ambiental é o artigo 225, §3º da Constituição Federal, pelo qual foram imputadas sanções aos agentes causadores de danos ambientais nos âmbitos administrativo, cível e penal, e que, apesar de relacionadas à uma antijuridicidade – assim entendida como a prática de um ato contrário às normas do ordenamento jurídico –, distinguem-se entre si por suas penalidades. Assim, torna-se necessário o entendimento da natureza da sanção (administrativa, cível ou penal) para identificar a correta penalidade ao agente poluidor.

A sanção administrativa ficará caracterizada quando o objeto de tutela for os interesses da Administração Pública, de modo que esta modalidade de sanção será incidente somente em caso de descumprimento de regra ou norma administrativa. Ao seu turno, caso a antijuridicidade venha a ser apurada por meio de um processo judicial, estaremos diante de uma sanção cível ou penal. A distinção entre a sanção cível ou penal reside no fato de que a sanção cível buscará, em geral, uma limitação patrimonial do agente causador do dano ambiental, enquanto a sanção penal perquirirá uma limitação de liberdade, perda de bens, multa, dentre outras penalidades[44].

Adentrando em seus respectivos conceitos, a responsabilidade administrativa, prevista no parágrafo 3º do artigo 225 da Constituição Federal, estabelece que as condutas e atividades consideradas lesivas ao meio ambiente sujeitarão os infratores a sanções administrativas. De tal modo, os infratores poderão sofrer penalidades impostas por órgãos vinculados de forma direta ou indireta a entes estatais, observados os limites de sua competência, destacando-se, atualmente, o Instituto Nacional de Colonização e Reforma Agrária (INCRA) e o Instituto Brasileiro do Meio Ambiente e dos Recursos Naturais Renováveis (IBAMA), que poderão aplicar sanções em caso de verificação de danos ambientais e desde que haja expressa previsão legal[45]. Estas sanções podem variar entre advertência, multa, apreensão de bens, embargo de área, suspensão de venda ou de fabricação de produtores ou restrição de direitos. A responsabilidade administrativa ambiental é subjetiva[46], conforme entendimento consolidado da Primeira Seção do Superior Tribunal de Jus-

[44] Fiorillo, Celso Antonio Pacheco. Op. cit., p. 102-103.

[45] SUPERIOR TRIBUNAL DE JUSTIÇA. Jurisprudência em teses, 30 ed.: direito ambiental. Disponível em: https://scon.stj.jus.br/SCON/jt/toc.jsp?edicao=EDI%C7%C3O%20N.%2030:%20DIREITO%20AMBIENTAL. Acesso em 28 jul. 2020.

[46] SUPERIOR TRIBUNAL DE JUSTIÇA. 2019. Disponível em: http://www.stj.jus.br/sites/portalp/Paginas/Comunicacao/Noticias/Primeira-Secao-consolida-

tiça (STJ), de modo que, para a aplicação da penalidade, será necessária a demonstração que a conduta causadora do dano ambiental tenha sido cometida pelo agente, haja comprovação do nexo causal entre o ato poluidor e o dano ambiental, bem como exista culpa ou dolo do poluidor.

A responsabilidade civil, ao seu turno, impõe ao poluidor a obrigação de reparar o dano que causou a outrem, resultante de uma conduta antijurídica decorrente de uma ação ou de uma omissão[47]. Este tipo de responsabilidade está previsto tanto na Constituição Federal, na parte final do parágrafo 3º de seu artigo 225, quanto na Lei da Política Nacional do Meio Ambiente, em seu artigo 14, parágrafo 1º. Deste modo, as pessoas que exercerem uma atividade poluidora, ou potencialmente poluidora, ou ainda que envolva risco a terceiros, passarão a assumir a responsabilidade pelos danos decorrentes deste risco ou pela degradação ocasionada. Diante de sua importância para o presente artigo, a responsabilidade civil ambiental será detalhada no próximo subcapítulo.

Finalmente, a responsabilidade criminal será atribuída em virtude de um mesmo dano ambiental que possa ter gerado uma responsabilidade civil, porém devido à gravidade do dano, o Estado poderá atribuir uma sanção penal em vez de uma sanção civil. A sanção penal (e responsabilidade penal), portanto, poderá ser decorrente de um mesmo ato danoso que tenha gerado uma sanção civil.

entendimento-de-que-responsabilidade-administrativa-ambiental-e-subjetiva.aspx. Acesso em 18 abr. 2020.

[47] COLOMBO, Silvana Raquel Brendler. A responsabilidade civil no Direito Ambiental. **Âmbito Jurídico**, 05 jun. 2006. Disponível em: https://ambitojuridico.com.br/cadernos/direito-ambiental/a-responsabilidade-civil-no-direito-ambiental/. Acesso em 28 jul. 2020.

2.3. Responsabilidade civil ambiental

No contexto geral, a responsabilidade civil caracteriza-se como o dever de indenizar um dano moral ou patrimonial decorrente do inadimplemento de uma obrigação legal, contratual ou imposta por lei[48]. Aplicando este conceito ao Direito Ambiental e levando em consideração as previsões constantes na Constituição Federal e na Lei da Política Nacional do Meio Ambiente, conclui-se que a responsabilidade civil ambiental restará caracterizada pelo dever do poluidor indenizar (ou recuperar, conforme o caso) eventuais danos patrimoniais (de caráter ambiental) causados em decorrência de inadimplemento (comissivo ou omissivo) de determinada imposição legal relacionada a proteção do meio ambiente. Romeu Thomé[49] disserta sobre este tipo de responsabilidade:

> Ao poluidor será imposta, portanto, a obrigação de recuperar os danos causados, na maior medida possível, restaurando o bem lesão ao status quo ante. Caso o dano seja irrecuperável, caberá ao poluidor indenizar os danos causados por meio do pagamento de um montante em dinheiro, que deverá ser revertido à preservação do meio ambiente. O intuito do legislador é possibilitar a integral reparação do meio ambiente degradado.

Ao contrário do caráter subjetivo inerente à responsabilidade administrativa ambiental, a jurisprudência do STJ consolidou o entendimento de que a responsabilidade civil ambiental é objetiva, tornando-se desnecessário demonstrar se o poluidor agiu com dolo ou culpa[50]. Diante disso, observa-se de forma cris-

48 Azevedo, Álvaro Villaça. **Teoria Geral das Obrigações e Responsabilidade Civil**. 11. ed. São Paulo: Atlas, 2008, p. 244.

49 Thomé, Romeu. **Manual de Direito Ambiental**. Bahia: Editora JusPODIVM, 2011, p. 492.

50 Rui Stoco possui entendimento diverso, no sentido que "não sendo proibida determinada atividade e tendo agido a pessoa segundo o comportamento

talina a aplicação do princípio do poluidor-pagador na caracterização desta responsabilidade objetiva. Paulo Affonso Leme Machado[51] é assertivo quanto ao tema:

> A responsabilidade objetiva ambiental significa que quem danificar o ambiente tem o dever jurídico de repará-lo. Presente, pois, o binômio dano/reparação. Não se pergunta a razão da degradação para que haja o dever de indenizar e/ou reparar. A responsabilidade sem culpa tem incidência na indenização ou na reparação dos "danos causados ao meio ambiente e aos terceiros afetados por sua atividade" (art. 14, §1º, Lei 6.938/1981). Não interessa que tipo de obra ou atividade seja exercida pelo que degrada, pois não há necessidade de que ela apresente risco ou seja perigosa. Procura-se quem foi atingido e, se for o meio ambiente e o homem, inicia-se o processo lógico-jurídico da imputação civil objetiva ambiental. Só depois é que entrará na fase do estabelecimento do nexo de causalidade entre a ação ou omissão e o dano. É contra o Direito enriquecer-se ou ter lucro à custa da degradação do meio ambiente.

Ainda neste sentido, Celso Antonio Pacheco Fiorillo[52] assim discorre:

> Vale observar que na órbita repressiva do princípio do poluidor-pagador há incidência da responsabilidade civil, porquanto o próprio pagamento resultante da poluição não possui caráter de pena, nem de sujeição à infração administrativa, o que, por evi-

normal, sem intenção de causar dano ao meio ambiente, mostra-se equívoco invocar a Lei nº 6.938/81 para afirmar, com base nela, a responsabilidade objetiva em matéria de direito ambiental". (STOCO, Rui. **Tratado de responsabilidade civil**. 5. ed. São Paulo: Revista dos Tribunais, 2001, p. 658.)

[51] MACHADO, Paulo Affonso Leme. Op. cit., p. 409-410.

[52] FIORILLO, Celso Antonio Pacheco. Op. cit., p. 75.

dente, não exclui a cumulatividade destas, como prevê a Constituição Federal no referido §3º do art. 225. Com isso, é correto afirmar que o princípio do poluidor-pagador determina a incidência e aplicação de alguns aspectos do regime jurídico da responsabilidade civil aos danos ambientais: a) a responsabilidade civil objetiva; b) prioridade da reparação específica do dano ambiental; e c) solidariedade para suportar os danos causados ao meio ambiente.

A responsabilidade civil objetiva fundamenta-se na teoria do risco integral[53], conforme entendimento sedimentado pelo STJ, teoria esta que determina que qualquer pessoa que praticar uma atividade assume o risco de causar danos a terceiros, independentemente da existência de culpa na realização desta atividade:

> RECURSO ESPECIAL. PROCESSUAL CIVIL, CIVIL E AMBIENTAL. RESPONSABILIDADE CIVIL. EMBARGOS DE DECLARAÇÃO. OMISSÃO, CONTRADIÇÃO OU OBSCURIDADE. NÃO OCORRÊNCIA. DANO AMBIENTAL. TEORIA DO RISCO INTEGRAL. PRINCÍPIO DO POLUIDOR-PAGADOR. EXONERAÇÃO DA RESPONSABILIDADE. NEXO CAUSAL. ROMPIMENTO. ALEGAÇÃO. IMPOSSIBILI-

53 "Uma das teorias que procuram justificar a responsabilidade objetiva é a teoria do risco. Para esta teoria, toda pessoa que exerce alguma atividade cria um risco de dano para terceiros. E deve ser obrigada a repará-lo, ainda que sua conduta seja isenta de culpa. A responsabilidade civil desloca-se da noção de culpa para a ideia de risco, ora encarada como risco proveito, que se funda no princípio segundo o qual é reparável o dano causado a outrem em consequência de uma atividade realizada em benefício do responsável (ubi emolumentum, ibi onus); ora mais genericamente como risco criado, a que se subordina todo aquele que, sem indagação de culpa, expuser alguém a suporta-lo." (GONCALVES, Carlos Roberto. **Direito Civil Brasileiro:** Responsabilidade Civil. 5. ed. São Paulo: Saraiva, 2010, p. 49).

DADE. PREQUESTIONAMENTO. AUSÊNCIA. SÚMULA 211/STJ. MATA ATLÂNTICA. VEGETAÇÃO PRIMÁRIA, SECUNDÁRIA. GRAUS MÉDIO E AVANÇADO DE REGENERAÇÃO. DEFINIÇÃO. RESOLUÇÃO CONAMA Nº 2 DE MARÇO DE 1994. OFENSA REFLEXA. DESCABIMENTO. INTERESSE SOCIAL E UTILIDADE PÚBLICA. REEXAME DE FATOS E PROVAS. SÚMULA 7/STJ. VALOR DA INDENIZAÇÃO. DEFICIÊNCIA DA FUNDAMENTAÇÃO RECURSAL. SÚMULA 284/STF. (...) **6. Os danos ambientais são regidos pela teoria do risco integral, colocando-se aquele que explora a atividade econômica na posição de garantidor da preservação ambiental, sendo sempre considerado responsável pelos danos vinculados à atividade, descabendo questionar sobre a exclusão da responsabilidade pelo suposto rompimento do nexo causal (fato exclusivo de terceiro ou força maior). Precedentes.** 7. Na hipótese concreta, mesmo que se considere que a instalação do posto de combustíveis somente tenha ocorrido em razão de erro na concessão da licença ambiental, é o exercício dessa atividade, de responsabilidade da recorrente, que gera o risco concretizado no dano ambiental, razão pela qual não há possibilidade de eximir-se da obrigação de reparar a lesão verificada [...]. (grifo nosso)[54]

Torna-se, desta forma, irrelevante se a atividade do poluidor é lícita ou ilícita, ou ainda se decorrente de falha humana ou técnica, ou ainda de caso fortuito ou força maior[55]. Verificado

[54] BRASIL. Superior Tribunal de Justiça. Responsabilidade Civil, dano ambiental. REsp 1612887/PR. Relator: Ministra Nancy Andrighi. Órgão Julgador: Terceira Turma. Disponível em: https://ww2.stj.jus.br/processo/pesquisa/?tipoPesquisa=tipoPesquisaNumeroRegistro&termo=201601778772&totalRegistrosPorPagina=40&aplicacao=processos.ea. Acesso em 28 jul. 2020

[55] Sobre a teoria do risco integral, Meire Lopes Montes assim pontua: "desimporta e é irrelevante a força maior e o caso fortuito como excludentes de responsabilidade. Aplica-se, pois, a teoria do risco integral, na qual o dever de reparar independe da análise da subjetividade do agente e é fundamentado pelo

um dano ambiental, o poluidor terá a obrigação de indenizar. Nelson Nery Júnior[56] assim exemplifica esta teoria:

> [..] ainda que a indústria tenha tomado todas as precauções para evitar acidentes danosos ao meio ambiente, se, por exemplo, explode um reator controlador da emissão de agentes químicos poluidores (caso fortuito), subsiste o dever de indenizar. Do mesmo modo, se por um fato da natureza ocorrer derramamento de substância tóxica existente no depósito de uma indústria (força maior), pelo simples fato de existir a atividade há o dever de indenizar.

Com isso, a aplicação da teoria do risco integral leva ao entendimento que o agente assumiu o risco ao exercer uma atividade de grande potencial lesivo a outrem e ao meio ambiente.[57]. Logo, independentemente do exercício de uma atividade lícita ou ilícita, se um poluidor causar qualquer forma de degra-

só fato de existir a atividade de onde adveio o prejuízo. O poluidor deve assumir integralmente todos os riscos que advêm de sua atividade, desimportando se o acidente ecológico foi provocado por falha humana ou técnica ou se foi obra do acaso ou de força maior". (MONTES, Meire Lopes. Responsabilidade civil pelo dano ambiental. *In*: **10 anos da ECO-92: o direito e o desenvolvimento sustentável** – Ten years after rio 92: sustainable development and law. São Paulo: IMESP, 2002.)

56 NERY JÚNIOR, Nélson. Responsabilidade civil por dano ecológico e a ação civil pública. **Revista Justitia**, n. 126, jul./set. 1984, p. 168-189.

57 Neste sentido: "Em matéria de direito ambiental a responsabilidade é objetiva, orientando-se pela teoria do risco integral, segundo a qual, quem exerce uma atividade da qual venha ou pretende fruir um benefício, tem que suportar os riscos dos prejuízos causados pela atividade, independentemente da culpa. Com sua atividade, ele torna possível a ocorrência do dano (potencialmente danosa). Fala-se em risco criado, responsabilizando o sujeito pelo fato de desenvolver uma atividade que implique em risco para alguém, mesmo que aja dentro mais absoluta normalidade" (ROCHA, Maria Isabel de Matos. Reparação de danos ambientais. **Revista de Direito Ambiental**, n.19, ano 5, jul./set. 2000, p. 140).

dação ao meio ambiente ficará sujeito às consequências decorrentes desta prática[58]. Considerando a aplicação da teoria do risco integral e, portanto, do caráter objetivo da responsabilidade civil ambiental, importante também destacar que o STJ uniformizou entendimento que, para haver indenização no âmbito cível, faz-se necessário não apenas o dano ambiental, mas também a demonstração do nexo causal entre o dano e a conduta do agente poluidor, conforme abaixo destacado:

> A responsabilidade por dano ambiental é objetiva, informada pela teoria do risco integral, sendo o nexo de causalidade o fator aglutinante que permite que o risco se integre na unidade do ato, sendo descabida a invocação, pela empresa responsável pelo dano ambiental, de excludentes de responsabilidade civil para afastar sua obrigação de indenizar.[59]

Assim, a responsabilidade civil ambiental será atribuída ao causador do dano ambiental e o dever indenizatório demandará a demonstração do nexo causal entre a ação (ou omissão) do agente e o dano ocasionado. O Ministro Ricardo Villas Bôas

[58] José Rubens Morato Leite assim pontua sobre a necessidade de se proteger o meio ambiente: "A tarefa da elaboração de mecanismos que visam à proteção ambiental diz respeito, portanto, a uma discussão transdisciplinar, e tal atitude acarreta imensa dificuldade. Em sua configuração, o dano ambiental tem um perfil multidimensional, atingindo concomitantemente o bem jurídico ambiental e outros interesses jurídicos. O sistema jurídico brasileiro protege o bem jurídico ambiental com finalidade dúplice: (a) no que diz respeito à proteção e capacidade funcional do ecossistema; e (b) visando a conservar a sua capacidade de aproveitamento humano." (LEITE, José Rubens Morato. **Dano ambiental do individual ao coletivo extrapatrimonial.** Teoria e prática. 6. ed. São Paulo: Revista dos Tribunais, 2014, p. 21.)

[59] SUPERIOR TRIBUNAL DE JUSTIÇA. Disponível em: https://scon.stj.jus.br/SCON/jt/toc.jsp?edicao=EDI%C7%C3O%20N.%2030:%20DIREITO%20AMBIENTAL. Acesso em: 28 jul. 2020.

Cueva, do STJ, em julgamento do Recurso Especial 1.602.106/PR[60], seguiu este mesmo entendimento:

> Em que pese a responsabilidade por dano ambiental seja objetiva (e lastreada pela teoria do risco integral), faz-se imprescindível, para a configuração do dever de indenizar, a demonstração da existência de nexo de causalidade apto a vincular o resultado lesivo efetivamente verificado ao comportamento (comissivo ou omissivo) daquele a quem se repute a condição de agente causador.

Inobstante a imprescindibilidade da demonstração do nexo causal, outra característica importante da responsabilidade civil ambiental é seu caráter solidário. De acordo com o artigo 264 da Lei nº 10.406, de 10 de janeiro de 2002 (Código Civil)[61], configura-se a solidariedade quando uma obrigação pode ser exigida por mais de um credor ou caso exista mais de um devedor obrigado a cumpri-la. A solidariedade passiva será caracterizada quando houver um vínculo jurídico entre os devedores da obrigação assumida perante terceiros, permanecendo cada devedor responsável pela execução da totalidade da obrigação e permitindo ao credor demandar a integralidade da dívida em face de qualquer dos devedores, de forma individual ou conjunta.

Em se tratando de responsabilidade civil ambiental por danos causados ao meio ambiente, abordaremos, por conseguinte, a solidariedade passiva entre mais de um agente poluidor ou cau-

[60] BRASIL. Superior Tribunal de Justiça. Direito administrativo e outras matérias de direito público. Responsabilidade civil, dano ambiental. REsp 1602106/PR. Relator: Ministro Ricardo Villas Bôas Cueva. Disponível em: https://ww2.stj.jus.br/processo/pesquisa/?tipoPesquisa=tipoPesquisaNumeroRegistro&termo=201601376794&totalRegistrosPorPagina=40&aplicacao=processos.ea. Acesso em 28 jul. 2020.

[61] Art. 264. Há solidariedade, quando na mesma obrigação concorre mais de um credor, ou mais de um devedor, cada um com direito, ou obrigado, à dívida toda.

sador de dano ambiental. Na esfera do Direito Ambiental, a responsabilidade solidária decorre da aplicação subsidiária do artigo 942 do Código Civil[62], do parágrafo 1º do artigo 14 da Lei da Política Nacional do Meio Ambiente, bem como do conceito relacionado à teoria do risco integral. Mencionado dispositivo do Código Civil prescreve que a solidariedade pela reparação de um dano atinge a todos, independentemente de uma ação em conjunto. Esta solidariedade advém da lei e, portanto, independente de ajuste ou acordo entre os agentes poluidores.

Uma vez que o dano ambiental causa uma restrição ou violação aos direitos de terceiros, aplica-se a responsabilidade solidária na esfera ambiental calcada neste preceito. É de se notar também que o parágrafo 1º do artigo 14 da Lei da Política Nacional do Meio Ambiente correlaciona-se ao princípio do poluidor-pagador, tal como detalhado anteriormente neste artigo, e, associado à aplicação da teoria do risco integral, afasta qualquer excludente de responsabilidade em caso de danos ao meio ambiente e, com isso, passa a afetar quaisquer pessoas que possam ter correlação com o dano ambiental. Este é o entendimento consolidado do STJ, que assim concluiu: "Os responsáveis pela degradação ambiental são coobrigados solidários, formando-se, em regra, nas ações civis públicas ou coletivas litisconsórcio facultativo"[63]. Confere-se também julgados deste tribunal que corroboram este entendimento[64]:

[62] Art. 942. Os bens do responsável pela ofensa ou violação do direito de outrem ficam sujeitos à reparação do dano causado; e, se a ofensa tiver mais de um autor, todos responderão solidariamente pela reparação.

[63] SUPERIOR TRIBUNAL DE JUSTIÇA. Disponível em: https://scon.stj.jus.br/SCON/jt/toc.jsp?edicao=EDI%C7%C3O%20N.%2030:%20DIREITO%20AMBIENTAL. Acesso em: 28 jul. 2020.

[64] Neste mesmo sentido: PROCESSUAL CIVIL E AMBIENTAL. AÇÃO CIVIL PÚBLICA. LITISCONSÓRCIO PASSIVO FACULTATIVO. AUSÊNCIA DE NULIDADE. COMPROVAÇÃO DOS DANOS. SÚMULA 7/STJ. ANÁLISE DE LEI LOCAL. IMPOSSIBILIDADE. SÚMULA 280/STF. (...) **3. A tese recursal**

AGRAVO INTERNO NO AGRAVO EM RECURSO ESPECIAL. RESPONSABILIDADE CIVIL. AÇÃO DE INDENIZAÇÃO POR DANOS MATERIAIS E MORAIS. DANO AMBIENTAL. RESPONSABILIDADE OBJETIVA. ACÓRDÃO EM CONSONÂNCIA COM A JURISPRUDÊNCIA DESTA CORTE SUPERIOR. SÚMULA 83 DO STJ. MATÉRIA QUE DEMANDA REEXAME DE FATOS E PROVAS. SUMULA 7 DESTA CORTE. AGRAVO INTERNO NÃO PROVIDO. 1. Não se viabiliza o recurso especial pela indicada violação do art. 1.022 do CPC/2015. Isso porque, embora rejeitados os embargos de declaração, todas as matérias foram devidamente enfrentada pelo Tribunal de origem, que emitiu pronunciamento de forma fundamentada, ainda que em sentido contrário à pretensão da parte recorrente. 2. É firme a jurisprudência do STJ no sentido de que, nos danos ambientais, incide a teoria do risco integral, advindo daí o caráter objetivo da responsabilidade, com expressa previsão constitucional (art. 225, § 3º, da CF) e legal (art. 14, § 1º, da Lei n. 6.938/1981), sendo, por conseguinte, descabida a alegação de excludentes de responsabilidade, bastando, para tanto, a ocorrência de resultado prejudicial ao homem e ao ambiente advindo de uma ação ou omissão do responsável. Precedentes. **3. Esta Corte possui firme o entendimento de que: "Tendo em vista a natureza solidária do dano ambiental, nos termos dos artigos 3°, IV e 14, § 1°, da Lei 3.938/1981, obtempera-se que essa situação jurídica autoriza o ajuizamento da ação em face de qualquer**

não prospera, tendo em vista que a responsabilidade por danos ambientais é solidária entre o poluidor direto e o indireto, o que permite que a ação seja ajuizada contra qualquer um deles, sendo facultativo o litisconsórcio. Precedentes do STJ. (...) (grifo nosso) (BRASIL. Superior Tribunal de Justiça. Direito Administrativo e Outras Matérias de Direito Público, Meio Ambiente. REsp nº 1079713/SC. Relator: Minitro Herman Benjamin. Órgão Julgador: Segunda turma. Disponível em: https://ww2.stj.jus.br/processo/pesquisa/?tipoPesquisa=tipoPesquisaNumeroRegistro&termo=200801696780&totalRegistrosPorPagina=40&aplicacao=processos.ea. Acesso em: 15 jul. 2020.).

um dos supostos causadores do dano, assegurada sempre a via de regresso (RESP 1.056.540/GO, Segunda Turma, Min. Eliana Calmon, Dje 14/9/2009). (...) (grifo nosso)[65]

Último adendo sobre a responsabilidade civil ambiental diz respeito ao posicionamento do STJ possibilitando a cumulação da obrigação de reparação do dano com eventual indenização[66], conforme se denota do julgado abaixo transcrito:

> PROCESSUAL CIVIL. AMBIENTAL. AÇÃO CIVIL PÚBLICA. AMBIENTAL. OCUPAÇÃO E CONSTRUÇÃO EM ÁREA DE PRESERVAÇÃO PERMANENTE. HIPÓTESE QUE NÃO SE AMOLDA A QUAISQUER DAS SITUAÇÕES QUE AUTORIZAM A EXCEPCIONAL INTERVENÇÃO NESSE ESPAÇO TERRITORIAL ESPECIALMENTE PROTEGIDO. IMPERIOSA A DEMOLIÇÃO DA CONSTRUÇÃO NA ÁREA DE PRESERVAÇÃO PERMANENTE. PRECEDENTES. A REPARAÇÃO INTEGRAL DO DANO AMBIENTAL ENVOLVE, ALÉM DAS MEDIDAS PARA SUA RECUPERAÇÃO, A COMPENSAÇÃO PELO PERÍODO EM QUE FORAM DESRESPEITADAS AS NORMAS AMBIENTAIS. PROTEÇÃO DAS ÁREAS DE PRESERVAÇÃO PERMANENTE PARA AS PRESENTES E FUTURAS GERAÇÕES. (...) **VIII – Também conforme entendimento pacífico desta Corte, é cabível a cumulação da obrigação de reparação com indenização, estando o acór-**

[65] BRASIL. Superior Tribunal de Justiça. Direito Civil, Responsabilidade Civil, Direito Ambiental. AgInt no AREsp 1515490/RJ. Relator: Ministro Luis Felipe Salomão. Órgão Julgador: Quarta Turma. Disponível em: https://ww2.stj.jus.br/processo/pesquisa/?tipoPesquisa=tipoPesquisaNumeroRegistro&termo=201901567714&totalRegistrosPorPagina=40&aplicacao=processos.ea. Acesso em: 28 jul. 2020.

[66] SUPERIOR TRIBUNAL DE JUSTIÇA. Disponível em: https://scon.stj.jus.br/SCON/jt/toc.jsp?edicao=EDI%C7%C3O%20N.%2030:%20DIREITO%20AMBIENTAL. Acesso em 28 jul. 2020.

dão também neste ponto em confronto com a jurisprudência desta Corte. Nesse sentido: AgInt no REsp 1581257/SC, Rel. Ministro BENEDITO GONÇALVES, PRIMEIRA TURMA, julgado em 07/02/2019, DJe 12/02/2019; REsp 1676459/RS, Rel. Ministro HERMAN BENJAMIN, SEGUNDA TURMA, julgado em 08/02/2018, DJe 08/03/2019. (...) (grifo nosso)[67]

Diante de todo o exposto, conclui-se que a responsabilidade civil é objetiva e solidária, sendo permitida a cumulação entre a obrigação de reparação e indenização. Esta conclusão será fundamental para prosseguirmos com a análise do objeto do presente artigo, que será explorado no capítulo seguinte.

3. Responsabilidade civil ambiental no mercado de capitais

Superada a fase de análise conceitual abordada nos capítulos anteriores, a seguir examinaremos se as instituições intermediárias de ofertas públicas de valores mobiliários poderão ser responsabilizadas solidariamente por danos ambientais causados por companhias emissoras de valores mobiliários. Para isto, convém entendermos sucintamente a responsabilidade ambiental das instituições financeiras na concessão de crédito e, com isso, traçarmos um paralelo com as instituições intermediárias de ofertas. Julgamos relevante seguirmos este roteiro por dois motivos: (a) o recorrente debate sobre a responsabilidade ambiental de instituições financeiras e (b) pelo fato de as instituições financeiras poderem atuar concomitantemente no mercado financeiro e no mercado de capitais, dependendo

[67] BRASIL. Superior Tribunal de Justiça. Direito administrativo e outras matérias de direito público, meio ambiente. REsp 1768207/SP. Relator: Ministro Francisco Falcão. Órgão Julgador: Segunda Turma. Disponível em: https://ww2.stj.jus.br/processo/pesquisa/?termo=1768207&aplicacao=processos.ea&tipoPesquisa=tipoPesquisaGenerica&chkordem=DESC&chkMorto=MORTO. Acesso em: 28 jul. 2020.

da atividade desempenhada, existindo uma transferência de conhecimento e experiência entre estes mercados.

3.1. Responsabilidade civil ambiental no mercado financeiro

Dentre as atividades recorrentes realizadas pelas instituições financeiras encontra-se a concessão de crédito, em que há disponibilização de recursos aos seus clientes, comumente denominados tomadores de crédito, para a aquisição de bens ou para o exercício das atividades. Aqui nos interessa o eventual emprego desses recursos em atividades poluidoras ou potencialmente poluidoras, caso em que existe o questionamento se a instituição financeira poderia ser responsabilizada de forma solidária com o tomador do crédito. De face, cabe ressaltar que este tema ainda é debatido pelos operadores de Direito e, portanto, não há uma conclusão específica. Como o presente artigo não pretende entrar no mérito desta discussão, a seguir nos ateremos a apresentar os fundamentos que levam a possível condenação ou isenção de responsabilidade das instituições financeiras, visto que serão relevantes para compararmos com uma responsabilização ambiental no mercado de capitais.

O primeiro fundamento para se perseguir a responsabilização ambiental de instituições financeiras decorre do artigo 12[68] da Lei da Política Nacional do Meio Ambiente, que estabeleceu que entidades e órgãos de financiamento e incentivos governamentais devem observar as normas, padrões e critérios estabelecidos pelo Conselho Nacional do Meio Ambiente (CONAMA)[69].

[68] Art 12 – As entidades e órgãos de financiamento e incentivos governamentais condicionarão a aprovação de projetos habilitados a esses benefícios ao licenciamento, na forma desta Lei, e ao cumprimento das normas, dos critérios e dos padrões expedidos pelo CONAMA.

[69] "A obrigação legal imposta às instituições financeiras em relação ao cumprimento da legislação ambiental não se restringe à exigência da licença ambiental. A Lei 6.938 de 1981 é clara ao estabelecer que tais instituições devem verificar

A análise deste dispositivo por Humberto Adami[70] nos auxilia a entender este contexto:

> A exegese desse dispositivo legal deve ser no sentido de que os financiamentos, principalmente aqueles de incentivo governamental, deverão incorporar a componente ambiental quando de seu deferimento, a partir da realização de estudos de impacto ambiental prévios à análise dos projetos e ao deferimento do crédito, tal como já vem ocorrendo no âmbito do Banco Mundial. Entidades de financiamento são as instituições que lidam com dinheiro, sem qualquer subterfúgio ou filigrana jurídica, como pretendem alguns, ou outras interpretações destituídas de fundamento.

Adicionalmente, parte da doutrina entende que uma eventual responsabilização ambiental se sustentaria na inobservância de três princípios[71]: (a) princípio do desenvolvimento sustentável, diante da inobservância, pela instituição financeira, da manutenção de uma relação sustentável entre as atividades humanas e o meio ambiente natural, (b) princípio da prevenção, pelo fato de a instituição financeira não ter se preocupado

o cumprimento das normas, padrões e critérios ambientais estabelecidos pelo Conama – Conselho Nacional do Meio Ambiente, órgão com poderes normativos na área ambiental." (SANTILLI, Juliana. A Co- Responsabilidade das Instituições Financeiras por Danos Ambientais e o Licenciamento Ambiental. *In*: NERY JUNIOR, Nelson; NERY, Rosa Maria de Andrade. **Doutrinas Essenciais Responsabilidade Civil**. v. 7. São Paulo: Revista dos Tribunais, 2011, p. 742.)

[70] SANTOS JÚNIOR, Humberto Adami. A responsabilidade ambiental dos bancos. Disponível em: https://www.mma.gov.br/estruturas/a3p/_arquivos/respamb_bancos.pdf. Acesso em: 18 jul. 2020.

[71] MESQUITA, Alebe Linhares; SILVA, Jana Maria Brito. Instituições financeiras, meio ambiente e responsabilidade civil do financiador: o papel do financiador para a indução de condutas sustentáveis. **Revista de Direito e Sustentabilidade**, v. 1, n. 2, jul./dez. 2015, p. 172-173.

e/ou fiscalizado que o projeto ou atividade financiada não causaria degradação e/ou poluição e consequentes danos ao meio ambiente, e (c) princípio do poluidor-pagador, em virtude de sua possível qualificação como poluidora indireta ao realizar o financiamento de um projeto ou de uma atividade poluidora ou potencialmente poluidora.

Sobre sua possível qualificação como poluidora indireta, destaque-se que este argumento defende que, apesar de não degradarem diretamente o meio ambiente, as instituições financeiras, ao realizar a concessão do crédito, colaboram para que o tomador do crédito possa degradar ou poluir o meio ambiente[72]. Neste caso, leva-se em consideração um acórdão do STJ[73] que reconheceu existir responsabilidade solidária entre os poluidores direto e indireto na ocorrência de um dano ambiental, com fundamento no artigo 3°, inciso IV, da Lei da Política Nacional do Meio Ambiente.

Um terceiro fundamento utilizado para defender a responsabilização ambiental das instituições financeiras seria decorrente da interpretação dos artigos 2º, 3º e 4º da Lei nº 9.605, de 12 de fevereiro de 1998 (Lei de Crimes Ambientais), na medida em

[72] Neste sentido: (i) MIRRA, Álvaro Luiz Valery. **Responsabilidade civil ambiental e a jurisprudência do STJ**. Disponível em: http://www.tjsp.jus.br/download/EPM/Publicacoes/CadernosJuridicos/48.03%20valerymirra.pdf?d=636970733448306078. Acesso em: 05 jul. 2020; e (ii) MACHADO, Maira Virgínia Dutra. A responsabilidade civil das instituições financeiras no dano ambiental. **Conteúdo Jurídico**, 18 nov. 2019. Disponível em: http://www.conteudojuridico.com.br/consulta/Artigos/53781/a-responsabilidade-civil-das-instituies-financeiras-no-dano-ambiental. Acesso em: 05 jul. 2020.

[73] BRASIL. Superior Tribunal de Justiça. Ação Civil Pública, responsável direto e indireto pelo dano causado ao meio ambiente. REsp 37.354-9/SP. Relator: Ministro Antônio de Pádua Ribeiro. Disponível em: https://ww2.stj.jus.br/processo/pesquisa/?tipoPesquisa=tipoPesquisaNumeroRegistro&termo=199300212508&totalRegistrosPorPagina=40&aplicacao=processos.ea. Acesso em: 24 jul. 2020.

que, respectivamente, (a) o artigo 2º estabeleceu que concorre para a prática dos crimes previstos em referida lei as pessoas que, sabendo da conduta criminosa de outrem, deixam de impedir a sua prática quando podiam agir para evitá-la; (b) o artigo 3º possibilitou que pessoas jurídicas sejam ambientalmente responsabilizadas nas esferas administrativa, civil e penal; e (c) o artigo 4º admitiu a possibilidade de desconsideração da pessoa jurídica sempre que sua personalidade for obstáculo ao ressarcimento de prejuízos causados à qualidade do meio ambiente.

Finalmente, uma decisão proferida pelo Ministro Herman Benjamin, do STJ, fortaleceu o argumento de responsabilização ambiental de instituições financeiras, na medida em que, verificado o dano ambiental, seria possível atribuir a obrigação de recuperação e indenização de área degradada a quem tenha financiado este dano ambiental[74]:

> PROCESSUAL CIVIL E AMBIENTAL. NATUREZA JURÍDICA DOS MANGUEZAIS E MARISMAS. TERRENOS DE MARINHA. ÁREA DE PRESERVAÇÃO PERMANENTE. ATERRO ILEGAL DE LIXO. DANO AMBIENTAL. RESPON-

[74] Também neste sentido: "As instituições financeiras estão expostas indiretamente ao risco ambiental nas operações de crédito, porque de forma global a legislação ambiental, tanto de países desenvolvidos quanto de países em desenvolvimento, aplica o Princípio do Poluidor-Pagador, obrigando o poluidor à prevenção, reparação e repressão do dano ambiental, medidas com reflexo sobre a situação econômico-financeira dos tomadores de crédito, pois comprometem sua capacidade de pagamento. Aquilo que é risco financeiro para o tomador de crédito torna-se também risco para o emprestador. Assim, o risco ambiental, ao afetar a saúde financeira do tomador de crédito, consequentemente torna-se risco para a instituição bancária." (TOSINI, Maria de Fátima Cavalcanti. **Risco Ambiental para as Instituições Financeiras Bancárias**. Dissertação (Mestrado) – Instituto de Economia da Universidade Estadual de Campinas, Campinas, 2005. Disponível em: http://repositorio.unicamp.br/jspui/handle/REPOSIP/286305. Acesso em: 15 jul. 2020.)

> SABILIDADE CIVIL OBJETIVA. OBRIGAÇÃO PROPTER REM. NEXO DE CAUSALIDADE. AUSÊNCIA DE PREQUESTIONAMENTO. PAPEL DO JUIZ NA IMPLEMENTAÇÃO DA LEGISLAÇÃO AMBIENTAL. ATIVISMO JUDICIAL. MUDANÇAS CLIMÁTICAS. DESAFETAÇÃO OU DESCLASSIFICAÇÃO JURÍDICA TÁCITA. SÚMULA 282/STF. VIOLAÇÃO DO ART. 397 DO CPC NÃO CONFIGURADA. ART. 14, § 1º, DA LEI 6.938/1981. [...] **13. Para o fim de apuração do nexo de causalidade no dano ambiental, equiparam-se quem faz, quem não faz quando deveria fazer, quem deixa fazer, quem não se importa que façam, quem financia para que façam, e quem se beneficia quando outros fazem.** 14. Constatado o nexo causal entre a ação e a omissão das recorrentes com o dano ambiental em questão, surge, objetivamente, o dever de promover a recuperação da área afetada e indenizar eventuais danos remanescentes, na forma do art. 14, § 1º, da Lei 6.938/81. (grifo nosso)[75]

Por outro lado, visando mitigar os riscos de responsabilização ambiental e assegurar maior segurança jurídica às instituições financeiras, o Conselho Monetário Nacional editou a Resolução nº 4.327, de 25 de abril de 2014, obrigando as instituições financeiras a adotarem políticas de responsabilidade socioambiental e estabelecendo princípios e diretrizes que deveriam ser observados por referidas instituições na elaboração de suas respectivas políticas. Esta resolução foi fundamental por delinear uma governança corporativa objetivando o gerenciamento de riscos socioambientais pelas instituições finan-

[75] BRASIL. Superior Tribunal de Justiça. Direito Administrativo e Outras Matérias de Direito Público, Meio Ambiente. REsp 650728/SC. Relator: Ministro Herman Benjamin. Órgão Julgador: Segunda Turma. Disponível em: https://ww2.stj.jus.br/processo/pesquisa/?tipoPesquisa=tipoPesquisaNumeroRegistro&termo=200302217860&totalRegistrosPorPagina=40&aplicacao=processos.ea. Acesso em: 10 jul. 2020.

ceiras[76]. Em complemento, a Federação Brasileira de Bancos (FEBRABAN) editou o Normativo Sistema de Autorregulação Bancária (SARB) nº 14, de 28 de agosto de 2014, que indicou critérios e mecanismos a serem observados pelas instituições financeiras quando da avaliação e gestão dos riscos socioambientais dos projetos a serem financiados.

Para tanto, existe também o entendimento que as instituições financeiras devem atuar de forma preventiva para evitar danos ambientais causados pelos tomadores de crédito, devendo exigir todas as licenças ambientais aplicáveis às atividades da companhia[77] e, além disso, inserir cláusulas específicas em seus contratos de financiamento, como, por exemplo, que a liberação de recursos somente ocorrerá após a verificação de adequação e regularidade ambiental do respectivo projeto, devendo estar em linha com o princípio do desenvolvimento sustentável abordado anteriormente. Mais ainda, existem correntes que defendem que as instituições financeiras não podem ser carac-

[76] MORAIS, Aparecida Teixeira de. et. al. **Responsabilidade Socioambiental das Instituições Financeiras e Governança Corporativa**. Disponível em: http://www.mpf.mp.br/atuacao-tematica/ccr4/dados-da-atuacao/projetos/qualidade-da-agua/material-pedagogico-e-suplementar-do-curso-a-distancia-estrategias-para-a-revitalizacao-de-bacias-qualidade-hidrica-e-saneamento/bibliografia-iso-complaince-e-responsabilidade-empresarial/responsabilidade-socioambiental-das-instituicoes-financeiras-e-governanca-corporativa. Acesso em: 24 jul. 2020.

[77] Humberto Adami assim dispõe: "[...] ainda que seja deferida a licença ambiental, persiste o dever de verificação, por parte das instituições financeiras, de cumprimento das normas do Conselho Nacional de Meio Ambiente, sob pena de responsabilização das mesmas em caso de dano ambiental. Este é um dos motivos pelo qual uma pequena unidade de meio ambiente dentro dos bancos torna-se indispensável de molde a poder fornecer ao administrador a correta avaliação de posição de risco a que o projeto a ser financiado está exposto." (SANTOS JÚNIOR, Humberto Adami. **Responsabilidade das instituições financeiras frente ao dano ambiental de projetos por elas financiados**. Dissertação (Mestrado) – Universidade Federal do Rio de Janeiro, 1997, p. 45-46.)

terizadas como poluidoras indiretas, diante da dificuldade e distanciamento do nexo causal entre o financiamento e o dano ambiental[78].

Apesar da mitigação do risco e da tentativa de desqualificação da instituição financeira como poluidora indireta, não há, até o momento, uma isenção da responsabilidade ambiental das instituições financeiras na concessão de crédito. Isto fez com que, pelos fundamentos acima expostos, as instituições financeiras buscassem se proteger da responsabilização ambiental e, mais ainda, temer que o judiciário atribuísse uma responsabilidade solidária nos casos de financiamento de projetos que pudessem ou tivessem o potencial de poluir ou degradar o meio ambiente. Aliada à atuação simultânea nos mercados financeiro e de capitais, isto fez com que as instituições intermediárias de ofertas públicas de valores mobiliários receassem uma eventual responsabilização por danos ambientais causados por companhias emissoras com os recursos decorrentes da integralização dos valores mobiliários.

Este receio, apesar de legítimo, não nos parece ser oportuno.

3.2. Responsabilidade civil ambiental no mercado de capitais

Diferentemente da situação verificada no mercado financeiro, conforme abordado anteriormente, as instituições intermediárias não deveriam ser responsabilizadas solidariamente por eventuais danos ambientais causados por companhias emissoras de valores mobiliários pelos motivos abaixo expostos.

As instituições intermediárias possuem uma atividade distinta das instituições financeiras e assumem uma obrigação de

[78] Neste sentido: GUILHARDI, Pedro. Responsabilidade civil dos Bancos por Dano Ambiental em Projetos Financiados. **Lex Magister**. Disponível em: http://www.lex.com.br/doutrina_27088858_RESPONSABILIDADE_CIVIL_DOS_BANCOS_POR_DANO_AMBIENTAL_EM_PROJETOS_FINANCIADOS.aspx. Acesso em: 16 jul. 2020.

meio perante a companhia emissora, na medida em que possuem obrigações de estruturação da oferta, análise de viabilidade econômica e distribuição dos valores mobiliários junto a investidores, dentre outras atividades anteriormente relacionadas neste artigo. Em regra, os recursos obtidos pela companhia emissora não são concedidos pela instituição intermediária e, portanto, não deveria ser equiparada às instituições financeiras concedentes de crédito[79].

Partindo da premissa que a instituição intermediária agiu em conformidade com a legislação e normativos em vigor, em especial com o dever de diligência que lhe é requerida quando da estruturação e oferta dos valores mobiliários, esta instituição terá agido no alcance que lhe é exigido, nada mais sendo requerido no escopo de suas atividades. As informações obtidas quando da estruturação da oferta são fornecidas pela própria companhia emissora, e levando em consideração a boa-fé presumida nas relações contratuais, a instituição intermediária não poderia ter ciência da destinação incorreta dos recursos obtidos com a integralização dos valores mobiliários. A instituição intermediária, como o próprio nome faz referência, atua apenas como intermediária no processo de captação de recursos pela companhia emissora e não possui qualquer ingerência ou influência na destinação destes recursos.

Se os documentos da operação possuem a informação que os recursos serão utilizados para determinado projeto, e tendo a instituição intermediária verificado que referido projeto não afronta o meio ambiente, inclusive por meio da solicitação de licenças e autorizações ambientais, não há de se falar em responsabilidade desta instituição caso a companhia emissora

[79] O subcapítulo seguinte apontará uma ressalva em relação a esta afirmação, especificamente em se tratando de distribuição de valores sob regime de garantia firme de colocação.

utilize os recursos para um projeto ou atividade poluidora ou potencialmente poluidora. É certo que a instituição intermediária possui um relacionamento com a companhia emissora, porém a prática ou omissão de qualquer atividade desta companhia emissora que acarrete um dano ambiental não poderia ser suficiente para demonstrar um nexo de causalidade entre a intermediação da oferta pela instituição intermediária e o dano ambiental ocasionado pela companhia emissora.

O dever indenizatório somente será atribuído a uma pessoa quando verificado não somente a atividade poluidora ou potencialmente poluidora e o dano ambiental, mas também quando comprovadamente existir um nexo de causalidade entre ambos. O nexo causal caracteriza-se justamente por fazer a interligação entre o ato (ou omissão) e o dano, sendo este vínculo um dos pressupostos da responsabilidade civil, juntamente com a conduta e o dano. Sem o nexo de causalidade, ao julgador restará prejudicada a apuração se o dano gerado foi resultado da conduta (comissiva ou omissiva) praticada por determinada pessoa.

O dano ambiental e a atividade que causou este dano deve possuir uma vinculação cristalina, que seja evidente. O nexo causal não pode ser presumido, sob pena de responsabilizar um agente que pode não ter tido qualquer relação com o dano ambiental. Aqui se destaca decisão do STJ[80] que reforçou este entendimento:

[80] BRASIL. Superior Tribunal de Justiça. Direito Administrativo e Outras Matérias de Direito Público, Responsabilidade Civil, Dano Ambiental, Responsabilidade Civil, Indenização por Dano Moral. REsp 1.602.106/PR. Relator: Ministro Ricardo Villas Bôas Cueva. Disponível em: https://ww2.stj.jus.br/processo/pesquisa/?tipoPesquisa=tipoPesquisaNumeroRegistro&termo=201601376794&totalRegistrosPorPagina=40&aplicacao=processos.ea. Acesso em: 18 jul. 2020.

> RECURSOS ESPECIAIS REPETITIVOS. NEGATIVA DE PRESTAÇÃO JURISDICIONAL. NÃO OCORRÊNCIA. RESPONSABILIDADE CIVIL AMBIENTAL. AÇÃO INDENIZATÓRIA. DANOS EXTRAPATRIMONIAIS. ACIDENTE AMBIENTAL. EXPLOSÃO DO NAVIO VICUÑA. PORTO DE PARANAGUÁ. PESCADORES PROFISSIONAIS. PROIBIÇÃO TEMPORÁRIA DE PESCA. EMPRESAS ADQUIRENTES DA CARGA TRANSPORTADA. AUSÊNCIA DE RESPONSABILIDADE. NEXO DE CAUSALIDADE NÃO CONFIGURADO. [...] **4. Em que pese a responsabilidade por dano ambiental seja objetiva (e lastreada pela teoria do risco integral), faz-se imprescindível, para a configuração do dever de indenizar, a demonstração da existência de nexo de causalidade apto a vincular o resultado lesivo efetivamente verificado ao comportamento (comissivo ou omissivo) daquele a quem se repute a condição de agente causador.** 5. No caso, inexiste nexo de causalidade entre os danos ambientais (e morais a eles correlatos) resultantes da explosão do navio Vicuña e a conduta das empresas adquirentes da carga transportada pela referida embarcação. [...] (grifo nosso)

Diante do exposto, concluímos que um dos principais elementos para atribuição da responsabilidade civil ambiental a determinado sujeito, qual seja, o nexo de causalidade, não é constatado na prestação dos serviços de distribuição de valores mobiliários pelas instituições intermediárias. Em que pese eventuais alegações de que os recursos somente ingressaram na companhia emissora em virtude da integralização dos valores mobiliários ofertados publicamente, não enxergamos qualquer responsabilidade ambiental solidária das instituições intermediárias pois estas agiram em conformidade com as normas aplicáveis e não financiaram diretamente eventuais atividades poluidoras ou potencialmente poluidoras. Se todas as precauções foram tomadas pela instituição intermediária, não há se falar em monitoramento do direcionamento dos recursos pela companhia emissora dos valores mobiliários.

É importante também debatermos sobre a decisão proferida pelo Ministro Herman Benjamin, conforme mencionado anteriormente, que determinou que, na apuração do nexo de causalidade de dano ambiental, "equiparam-se quem faz, quem não faz quando deveria fazer, quem deixa fazer, quem não se importa que façam, quem financia para que façam, e quem se beneficia quando outros fazem"[81]. Aqui também não nos parece que a instituição intermediária se enquadra em qualquer uma das situações elencadas pelo Ministro, justamente pelo fato de esta instituição ter agido com elevado grau de diligência na prestação de seu serviço de distribuição de valores mobiliários – em outras palavras, realizou tudo que estava ao seu alcance -, e também por não se enquadrar como financiadora da companhia emissora. Neste sentido:

> É com essa margem de tolerabilidade – e não equiparando "quem faz, quem não faz quando deveria fazer, quem deixa fazer, quem não se importa que façam, quem financia para que façam e quem se beneficia quando outros fazem"(58) – que se espera que seja avaliada a ocorrência do nexo causal entre a conduta do banco que financia projetos e o dano ambiental causado pelo tomador do crédito, sob pena de não só penalizar aquele que cumpre importante papel de desenvolvimento econômico no elo produtivo, mas também de se exigir de terceiro – o banco – ingerência indevida

[81] BRASIL. Superior Tribunal de Justiça. Direito Administrativo e Outras Matérias de Direito Público, Meio Ambiente. REsp 650728/SC. Relator: Ministro Herman Benjamin. Órgão Julgador: Segunda Turma. Disponível em: https://ww2.stj.jus.br/processo/pesquisa/?tipoPesquisa=tipoPesquisaNumeroRegistro&termo=200302217860&totalRegistrosPorPagina=40&aplicacao=processos.ea. Acesso em: 10 jul. 2020.

sobre a tomada de decisões e política ambiental de pessoa jurídica que não se confunde com a da instituição financeira.[82]

Ainda, é de fundamental relevância desqualificar as instituições intermediárias como poluidoras indiretas. O conceito de poluidor indireto possui estreita ligação com o princípio do poluidor-pagador e, considerando algumas decisões judiciais[83], abrangeria todos aqueles que atuaram para a realização do dano ambiental, bem como aqueles que se beneficiaram da atividade que produziu, de forma direta, o dano ambiental, ou ainda as pessoas que poderiam evitar que o dano ocorresse[84].

Tendo a instituição intermediária atuado de forma diligente na prestação de seus serviços, não nos parece cabível alegar que houve uma participação ou contribuição no dano ambiental. Inclusive, realizada análise criteriosa do projeto ou atividade a ser desenvolvida pela companhia emissora e estando referido projeto ou atividade regularizada perante os órgãos ambientais competentes, a instituição intermediária terá agido nos limites que lhe são exigidos e não terá qualquer participação caso os

[82] GUILHARDI, Pedro. Op. cit. Acesso em: 16 jul. 2020.

[83] Neste sentido: "o direito ambiental brasileiro é regido pelo princípio do poluidor-pagador, o qual aponta a natureza da responsabilidade pela reparação dos danos ecológicos aos que tenham praticado qualquer atividade que, direta ou indiretamente, exerçam influência na ocorrência da lesão ambiental discutida." (BRASIL. Tribunal de Justiça de Santa Catarina. Apelação Cível 2014011932-6. Relator: Ministro João Batista Góes Ulysséa. Disponível em: https://tj-sc.jusbrasil.com.br/jurisprudencia/25023016/apelacao-civelac-20140119326-sc 2014011932-6-acordao-tjsc. Acesso em: 30 jul. 2020). Ainda, vide decisão do Ministro Herman Benjamin anteriormente mencionada neste artigo.

[84] JORGE, Priscila Gabriely. **A solidariedade nos casos de responsabilidade civil por dano ambiental**. Trabalho (Bacharelado em Direito) – Faculdade de Direito, Setor de Ciências Jurídicas, Universidade Federal do Paraná, Curitiba, 2017, p. 118. Disponível em: https://acervodigital.ufpr.br/bitstream/handle/1884/58056/PRISCILA%20GABRIELY%20JORGE.pdf?sequence=1&isAllowed=y. Acesso em: 25 jul. 2020.

recursos sejam destinados a projetos ou atividades poluidoras – que, reforce-se, a instituição financeira não possui qualquer ingerência na administração da companhia emissora para obrigar, aconselhar ou até mesmo solicitar que os recursos sejam destinados na forma inicialmente intentada.

Mais ainda, a instituição intermediária não terá qualquer benefício com o dano ambiental. Afinal, sua obrigação de estruturação da operação e distribuição dos valores mobiliários foi realizada anteriormente ao dano ambiental e terá sido encerrada imediatamente após a integralização dos valores mobiliários pelos investidores. Isto é corroborado pelo fato de a instituição intermediária receber uma comissão pela prestação dos serviços prestados que não possui qualquer relação com o sucesso do projeto ou da atividade desenvolvida pela companhia emissora. Logo, inexiste um benefício econômico usufruído pela instituição intermediária em decorrência do dano ambiental.

Não há de se falar também em dever fiscalizatório da instituição intermediária. Uma vez que os documentos da operação tenham previsão de uma destinação específica e, novamente, tendo a instituição intermediária verificado de forma diligente a adequação ambiental do projeto ou da atividade, seu dever de diligência encerra-se nesta fase. A instituição intermediária, muitas vezes, sequer terá conhecimento suficiente ou profissionais habilitados a acompanhar se os recursos foram destinados de forma correta. Especificamente em relação a este ponto, vale destacar a decisão do STJ[85] que esclareceu que a omissão somente gera responsabilidade ambiental para aqueles que

[85] BRASIL. Superior Tribunal de Justiça. Direito administrativo e outras matérias de direito público. Responsabilidade civil, dano ambiental. REsp 1602106/PR. Relator: Ministro Ricardo Villas Bôas Cueva. Disponível em: https://ww2.stj.jus.br/processo/pesquisa/?tipoPesquisa=tipoPesquisaNumeroRegistro&termo=201601376794&totalRegistrosPorPagina=40&aplicacao=processos.ea. Acesso em 28 jul. 2020.

tinham o dever de agir, ou seja, que tinham o dever de impedir uma degradação ou poluição e, mesmo assim, não o fizeram:

> [...] Não se revela razoável afirmar também que a responsabilização das recorrentes seria resultado lógico de eventual comportamento omissivo de sua parte, pois este, como consabido, só se verifica nas hipóteses em que o agente (suposto poluidor), tendo o dever de impedir a degradação, deixa mesmo assim de fazê-lo, beneficiando-se, ainda que de forma indireta, do comportamento de terceiro diretamente responsável pelo dano causado ao meio ambiente.

Sobre a identificação de poluidores indiretos, Erika Bechara[86] faz uma análise precisa:

> Não nos parece que a Lei 6.938/1981 tenha exagerado na amplitude do conceito, a ponto de apontar a existência de uma contribuição para o dano ambiental em toda e qualquer ação que tenha alguma ligação, mínima e periférica que seja, com a atividade poluidora de terceiros. Fosse assim, o consumidor de produtos industrializados seria considerado poluidor indireto por dar uma contribuição significativa para a atividade poluidora direta, já que é para atender às suas necessidades que a indústria de bens de consumo existe. De igual forma, o fornecedor de matéria-prima do processo industrial também seria considerado poluidor indireto, haja vista sua contribuição para o pleno desenvolvimento da indústria causadora de poluição. Por isso, sem medo de reduzir a proteção do meio ambiente contra atividades degradadoras, é necessário apurar o significado de poluidor indireto para evitar injustiça, insegurança jurídica e balizar a boa aplicação da legislação ambiental.

86 BECHARA, Erika. A responsabilidade civil do poluidor indireto e a obrigação propter rem dos proprietários de imóveis ambientalmente degradados. **Cadernos Jurídicos**, São Paulo, ano 20, n. 48, mar./abr. 2019, p. 142-143.

Também neste sentido, Talden Queiroz Farias e Eduardo Fortunato Bim[87] fazem uma excelente colocação:

> O conceito de poluidor indireto, no Direito Ambiental, não pode ser esticado ao sabor do intérprete para responsabilizar quem ele acha que é justo. Deve-se ter cautela extrema no manejo desse conceito, sob pena de transformar o requisito do nexo de causalidade em um conceito indeterminado, amplo, fazendo com o que o direito perca certeza e segurança jurídicas por um padrão de justiça sob o entendimento do intérprete de plantão.

A contratação de uma instituição intermediária para o acesso ao mercado de capitais decorre de exigência legal, caso contrário a companhia emissora não poderia acessar os investidores com a emissão de valores mobiliários. Esta contratação justifica-se pelo fato de a instituição intermediária ter um maior conhecimento sobre este mercado, e não pelo fato de ser um guardião do cumprimento das normas ambientais pela companhia emissora. Como dito anteriormente, a instituição intermediária assume uma obrigação de meio, qual seja, a prestação dos serviços necessários à distribuição dos valores mobiliários no mercado de capitais. Esta instituição não é a financiadora direta das atividades da companhia, apenas uma facilitadora deste processo. Portanto, não cabe enquadrá-la no conceito de poluidor indireto, sob pena de qualquer pessoa, inclusive consumidores e investidores, serem qualificados deste mesmo modo.

Reforçamos que as atividades das instituições intermediárias de ofertas se encerram imediatamente após a distribuição

[87] FARIAS, Talden Queiroz; BIM, Eduardo Fortunato. O poluidor indireto e a responsabilidade civil ambiental por dano precedente. **Veredas do Direito**: Direito Ambiental e desenvolvimento sustentável, v. 14, n. 28, 2017, p. 140-141. Disponível em: http://revista.domhelder.edu.br/index.php/veredas/article/view/915/583. Acesso em: 28 jul. 2020.

dos valores mobiliários junto aos investidores. Uma eventual atividade causadora de dano ambiental pela companhia emissora dos valores mobiliários, ainda que utilizando os recursos obtidos com esta emissão, não poderá ter qualquer efeito à instituição intermediária, uma vez que sequer haverá uma relação formal entre a companhia e a instituição justamente pelo fato de a prestação dos serviços terem se encerrado. Como já exposto, a instituição intermediária não possui qualquer controle ou ingerência sobre as atividades desenvolvidas pela companhia, logo não se mostra cabível uma responsabilização ambiental.

Finalmente, para afastarmos a responsabilização civil ambiental das instituições intermediárias, impõe-nos analisar sob a ótica estritamente civil. O parágrafo único do artigo 927 do Código Civil impõe a obrigação de reparar o dano independentemente de culpa nos casos específicos em lei ou caso a atividade usualmente desenvolvida pelo causador do dano implicar risco para os direitos de terceiros. Destaca-se de plano que a análise das atividades desenvolvidas pelas instituições intermediárias serão o cerne para afastar esta responsabilidade civil.

As legislações ambientais anteriormente estudadas, relacionadas à análise das funções desenvolvidas pelas instituições intermediárias de ofertas, nos levam à conclusão de que referidas regras não devem ser aplicadas a referidas instituições justamente pelas atividades exercidas por referidas instituições – atividade meio – e por toda diligência realizada para a consecução da oferta dos valores mobiliários, ainda que a responsabilidade civil ambiental independa de culpa – afastando, assim, a primeira parte do parágrafo único anteriormente citado. O mesmo serve para a segunda parte deste dispositivo: sendo uma atividade meio, desempenhada por exigência legal e cujos efeitos se encerram imediatamente após a distribuição dos valores mobiliários junto a investidores, não há de se falar em atividade que possa causar risco a terceiros.

Desta forma, atribuir uma responsabilidade solidária às instituições intermediárias não nos parece cabível, seja pela impossibilidade jurídica (inexistência de nexo causal), seja pela consequência econômica desta responsabilização (assunção de riscos ambientais de terceiros), de modo que tal situação poderia causar um colapso ao mercado de capitais brasileiro.

3.3. Análise sob a ótica dos diferentes regimes de colocação dos valores mobiliários

Tema final deste artigo será a análise de eventual responsabilização decorrente dos distintos regimes de colocação de valores mobiliários. Conforme discorrido anteriormente, a distribuição de valores mobiliários pelas instituições intermediárias poderá ocorrer sob dois regimes distintos de colocação: garantia firme e melhores esforços[88]. Apesar de já abordado, convém repassarmos novamente estes conceitos, ainda que de forma breve, para entendermos se existe uma diferença na atribuição de respon-

[88] Algumas distribuições realizadas sob o regime de garantia firme de colocação são, na realidade, uma terceira modalidade distinta: regime residual ou com garantia de sobras. Neste regime a instituição intermediária se compromete a subscrever os valores mobiliários que sobrarem após sua colocação junto a investidores. Assim, caso uma oferta de determinada quantidade de valores mobiliários não seja inteiramente absorvida pelo mercado, a instituição intermediária realizaria a subscrição e integralização destas sobras. Sobre este conceito, Nelson Eizirik et. al. nos ensina: "Além dessas duas modalidades básicas, também se costuma mencionar o *underwriting* residual (*stand by* ou 'com garantia de sobras'), no qual o *underwriter* assume a obrigação de subscrever as sobras, após a colocação dos títulos junto aos acionistas da companhia ou no mercado. Ou seja, o *underwriter* faz um esforço de colocação, subscrevendo posteriormente os valores mobiliários não vendidos ao público. O *underwriting* 'residual' constitui, em verdade, uma espécie de *underwriting* com garantia firme, com a única diferença de que, no caso, o *underwriter* primeiro procede a um esforço de colocação junto ao público para, ao final do período de distribuição pública, subscrever os valores mobiliários que não logrou vender." (EIZIRIK, Nelson. et al. Op. cit., p. 258-259.)

sabilidade dependendo do regime de distribuição adotado pela instituição intermediária.

O regime de garantia firme caracteriza-se pelo compromisso da instituição intermediária em subscrever e integralizar a totalidade, ou a quantidade acordada com a companhia emissora, de valores mobiliários objeto da oferta pública, existindo, neste caso, uma transferência de recursos da instituição intermediária à companhia emissora, diante da assunção de titularidade dos valores mobiliários ofertados[89]. Nesta modalidade, portanto, os valores mobiliários adquiridos pela instituição intermediária são negociados no mercado secundário junto a investidores, diante de sua atuação no mercado primário. Esta modalidade de colocação confere maior segurança à companhia emissora, que tem assegurado que seus valores mobiliários serão subscritos e integralizados mesmo em caso de pouca procura de investidores.

Por sua vez, o regime de melhores esforços de colocação, como o próprio nome adianta, caracteriza-se como aquele em que a instituição intermediária se compromete a apenas empregar seus melhores esforços na distribuição dos valores mobiliários, sem qualquer obrigação de subscrição e integralização por parte dela. Assim, em caso de insucesso na colocação junto ao mercado, a instituição intermediária não precisará aportar recursos para complementar a quantidade faltante de valores mobiliários não subscritos, de modo que a companhia emissora deverá suportar as consequências deste insucesso, notadamente o não recebimento da integralidade dos recursos inicialmente previstos.

[89] Sobre este tema, Nelson Eizirik et. al. asseveram: "Na prática do nosso mercado, o 'firme' tem consistido na obrigação do *underwriter* de garantir a liquidação das subscrições dos títulos realizadas por investidores previamente determinados por meio de *bookbuilding*." (Ibidem, p. 258-259.)

Em ambas as situações a instituição intermediária assume uma obrigação de meio e, tal como tratado anteriormente, em nenhum caso nos parece que a instituição intermediária assumiria qualquer responsabilidade solidária por danos ambientais causados por empresa emissora de valores mobiliários.

Poder-se-ia indagar se a prestação de garantia firme não alteraria este cenário, visto que a instituição intermediária se torna a primeira investidora do valor mobiliário ofertado.

Também nesta hipótese não nos parece que a instituição intermediária seria legitimada a responder civil e solidariamente a qualquer dano ambiental causado pela companhia emissora dos valores mobiliários. Afinal, neste caso a instituição intermediária seria equiparada a uma investidora como outra pessoa qualquer, que adquiriu os valores mobiliários e assumiu os riscos decorrentes deste investimento. Os investidores, ao adquirirem os valores mobiliários, poderiam ser considerados financiadores de um projeto que tenha causado danos ambientais? Este pensamento nos parece inconcebível e, se levado a cabo pelo Poder Judiciário, causaria uma enorme insegurança jurídica ao mercado de capitais. Poucos investidores estariam dispostos a assumir uma possível responsabilidade solidária em decorrência de danos ambientais causados pela companhia investida, e certamente haveria um enfraquecimento do mercado de capitais brasileiro. Portanto, a instituição intermediária também não poderia ser responsabilizada pelos danos ambientais.

Os investidores e a instituição intermediária de oferta que tenha exercido a garantia firme de colocação não possuem qualquer nexo de causalidade com o dano ambiental. Reforçando o entendimento anteriormente previsto, o nexo causal deve estabelecer uma relação, um vínculo entre determinado comportamento e um evento para, somente então, concluir se referido comportamento causou ou não um dano. Nesta situação, ambos não possuem qualquer ingerência na administração da companhia, sequer possuem poder de determinar a alocação dos recursos. No limite, os investidores teriam o conhecimento de onde os recursos serão alocados, porém, partindo da premissa que as instituições intermediárias atuaram de forma diligente na estruturação da oferta para impedir que os documentos contivessem cláusulas permitindo a alocação de recursos em atividades degradantes ou poluidoras do meio ambiente, eles não teriam qualquer responsabilidade na destinação prática dos recursos.

O nexo causal entre a ação ou omissão e o dano causado ao meio ambiente é fundamental para atribuir a responsabilidade ambiental. Investir recursos em valores mobiliários emitidos por uma companhia não é suficiente para demonstrar este nexo causal, muito pelo fato da total inexistência de controle da destinação de recursos pelos investidores e pela instituição intermediária.

Nos parece que o único caso em que a responsabilidade civil ambiental poderá ser atribuída às instituições intermediárias ocorrerá quando, de forma cumulativa, houver prestação de garantia firme de distribuição e seja comprovado que não houve esforço de venda dos valores mobiliários junto a investidores. Nesta hipótese específica restaria descaracterizada uma oferta pública de valores mobiliários diante da ausência de procura de investidores interessados no investimento, travestindo-se esta operação como um financiamento similar ao praticado no mercado financeiro. A diferença, neste caso, estaria no título de dívida da companhia emissora, que poderia ser caracterizado como valor mobiliário nos termos da Lei nº 6.385/76, enquanto o mercado financeiro utiliza-se de outros títulos bastante usuais em seu financiamento, como a Cédula de Crédito Bancário.

Ora, se não houve esforço de venda dos valores mobiliários por parte da instituição intermediária e ela prestou garantia firme ciente disso, ou seja, que não haveria procura de investidores, a operação não poderia ser considerada uma oferta pública e, portanto, o entendimento acima previsto acerca da isenção de responsabilidade civil ambiental às instituições intermediárias não seria aplicável, sendo mais cabível o atual entendimento jurisprudencial incidente às instituições financeiras no âmbito de financiamentos realizados no mercado financeiro.

A oferta pública de valores mobiliários caracteriza-se justamente pela procura de investidores, qualificados ou profissionais nos termos da Instrução CVM nº 539/16 ou investidores em geral, passíveis de aquisição dos valores mobiliários nos termos da Instrução CVM nº 400/03. Fábio Ulhoa Coelho[90] realiza excepcional análise em relação ao conceito de oferta pública:

> Na oferta pública, o sujeito ofertante emite a declaração de vontade ("quero vender" ou "quero comprar") endereçada a um *conjunto* de potenciais contratantes, aos quais assegura igualdade de preço e condições. Este conjunto pode ser de pessoas determinadas (oferta de aquisição de ações) ou indeterminadas (oferta de distribuição de ações). Quando o sujeito visado pelo ofertante emite a declaração de vontade convergente ("concordo"), verifica-se a "adesão" à oferta. [...] A oferta pública, portanto, é a declaração de vontade de quem deseja realizar um dos contratos em que se baseia o mercado de valores mobiliários (compra e venda ou subscrição), ou eventualmente os dois, cujo destinatário é um conjunto determinado ou indeterminado de potenciais contratantes, aos quais se assegura a igualdade de preço e condições. (grifo do autor)

Como bem destacado, a oferta pública restará caracterizada quando endereçada a um conjunto de potenciais investidores, determinados ou indeterminados. Logo, se a oferta é endere-

[90] COELHO, Fábio Ulhoa. O que é oferta pública?. **Capital Aberto**, 14 nov. 2018. Disponível em: https://capitalaberto.com.br/secoes/explicando/o-que-e-oferta-publica/. Acesso em: 28 jul. 2020.

çada a apenas um investidor (no caso a instituição intermediária) e sequer há esforço de venda dos valores mobiliários, em nosso entendimento esta operação não poderia ser considerada uma oferta pública, mas sim uma colocação privada a determinado investidor.

Também neste sentido, Gabriel Saad Kik Buschinelli assim pontua: "Com a oferta pública, o ofertante acessa a poupança popular, justificando-se a intervenção regulatória."[91] Depreende-se deste entendimento que a oferta pública tem o condão de acesso à poupança popular. Desta forma, quando uma instituição intermediária sequer procura investidores interessados no valor mobiliário e, com isso, não buscar acessar a poupança popular, não caberia dizer se tratar de uma oferta pública de valores mobiliários. Em virtude de todo o exposto, restaria configurada uma colocação privada a determinado investidor e, portanto, esta oferta de valores mobiliários não precisaria de fiscalização da CVM. Logo, todo o racional por trás da não responsabilização de instituições intermediárias na esfera ambiental cairia por terra. Como anteriormente ressaltado, aplicar-se-ia, nesta situação, a responsabilidade ambiental de instituições financeiras no âmbito do mercado financeiro.

Apenas buscando corroborar com esta conclusão, utilizemos de forma análoga o entendimento exposto no julgado abaixo transcrito do STJ:

> AMBIENTAL E PROCESSUAL CIVIL. AÇÃO CIVIL PÚBLICA. GRAVE DANO AMBIENTAL. RESPONSABILIDADE SOLIDÁRIA DAS EMPRESAS. INEXISTÊNCIA DE OMISSÃO, ART. 535, II, DO CPC. FALTA PARCIAL DE PREQUESTIONAMENTO. SÚMULA 211 DO STJ. (...) 4. A Petrobras interpôs Agravo de Instrumento para impugnar a decisão

[91] BUSCHINELLI, Gabriel Saad Kik. Op. cit., p. 382.

do magistrado que "afastou as alegações preliminares lançadas na contestação (ilegitimidade de parte, inépcia da inicial, falta de interesse e impossibilidade jurídica) e determinou a produção de prova pericial, oral e documental, nomeando perito e facultando às partes indicar assistentes e ofertar quesitos". 5. O debate recursal refere-se, de imediato, a questão processual: a presença da recorrente no polo passivo da demanda. Apenas mediatamente se discute a matéria ambiental de fundo. O lastro para a inclusão da recorrente é a responsabilidade solidária dos poluidores por eventuais danos ambientais perpetrados. **6. A Corte Estadual foi enfática em enaltecer a participação da recorrente na "fase de planejamento do Plano Diretor de Dutos do Estado de São Paulo (PDD/SP), o que culminou na expedição da licença prévia nº 1378 pela Secretaria de Estado do Meio Ambiente (SMA/SP) em seu nome". Além disso, "será ela a principal beneficiada com a operação de transporte de gás após a conclusão da obra". 7. Dito de outra forma, os danos causados, concernentes à causa de pedir da ACP, são imediata e diretamente imputáveis a Petrobras, por conta de sua responsabilidade solidária no empreendimento.** (...) (grifo nosso)[92]

Observa-se da decisão acima dois elementos fundamentais levados em consideração na análise do tribunal: a empresa (Petrobrás) ter participado do planejamento da operação e ser a principal beneficiária da operação. Estes dois elementos se assemelham à situação em que a instituição intermediária presta garantia firme de colocação e não realiza busca de investidores.

[92] BRASIL. Superior Tribunal de Justiça. Direito Administrativo e Outras Matérias de Direito Público, Meio Ambiente. REsp 1799578/SP. Relator: Ministro Herman Benjamin. Órgão Julgador: Segunda Turma. Disponível em: https://ww2.stj.jus.br/processo/pesquisa/?termo=1799578&aplicacao=processos.ea&tipoPesquisa =tipoPesquisaGenerica&chkordem=DESC&chkMorto=MORTO. Acesso em: 15 jun. 2020.

Isto porque ela participará de toda a estruturação da operação envolvendo a emissão de valores mobiliários por determinada companhia e, diante da inequívoca e profunda ciência de todas as informações constantes desta emissão, a própria instituição intermediária faria a aquisição destes valores mobiliários.

A responsabilidade solidária atribuída na esfera ambiental poderia, desta forma, ser aplicada à hipótese acima ventilada, uma vez que a instituição intermediária teria uma condição similar ao papel desempenhado pela Petrobrás na decisão acima indicada. Neste sentido, caso a companhia emissora, de alguma forma, cause danos ambientais após o recebimento dos recursos decorrentes da integralização dos valores mobiliários emitidos, a instituição intermediária, pelos fundamentos aqui indicados, teria uma responsabilidade solidária em relação aos danos ambientais causados, levando em consideração principalmente o entendimento do Ministro Herman Benjamin exposto anteriormente.

Desta forma, pelos motivos acima expostos, é do nosso entendimento que, especificamente na hipótese aqui discorrida (prestação de garantia firme sem procura de investidores), a instituição intermediária poderá se sujeitar à responsabilidade civil ambiental justamente pelo fato de esta operação se travestir de um financiamento bancário.

Conclusões

As instituições intermediárias possuem a obrigação de utilizar uma estrutura profissional para proteção ao investidor e garantia do cumprimento do *full disclosure* das informações disponibilizadas pelas companhias emissoras, sendo que, atuando desta forma e comprovando que as diligências necessárias foram devidamente observadas, ficam referidas instituições isenta de responsabilidade de eventual falsidade ou inexatidão de informações eventualmente verificadas após a distribuição dos valores mobiliários. Deve-se considerar, todavia, que a instituição intermediária deve analisar as informações contidas nos documentos da oferta para atestar sua veracidade, consistência, correção e suficiência, seja por meio próprio, seja mediante a contratação de prestadores de serviços específicos.

Em relação à responsabilização civil ambiental, verificamos que, independentemente do exercício de uma atividade lícita ou ilícita, um poluidor sujeita-se às consequências decorrentes de qualquer forma de degradação ao meio ambiente e, aplicando-se a teoria do risco integral, no âmbito cível é necessário não apenas o dano ambiental, mas também a demonstração do nexo causal entre o dano e a conduta do agente poluidor.

Desta forma, ligando-se os fatos acima narrados, concluímos que as instituições intermediárias não podem ser responsabilizadas, no âmbito civil e de forma solidária, por danos ambientais ocasionados por companhias emissoras de valores mobiliários que tenham contratado referidas instituições para a prestação de serviço de distribuição de valores mobiliários junto a investidores.

A atuação das instituições intermediárias no mercado de capitais distingue-se da atuação das instituições financeiras no mercado financeiro, notadamente pelo fato de não se caracterizar como financiadora direta de uma atividade ou projeto poluidor ou potencialmente poluidor. Assim, o recorrente debate sobre a responsabilidade ambiental de instituições financeiras não deve ser estendido às instituições intermediárias de ofertas.

A única situação extraordinária em que poderia existir uma equiparação entre as instituições intermediárias e as instituições financeiras seria em caso de prestação de garantia firme para a distribuição de valores mobiliário sem que haja a busca de investidores interessados em adquiri-los. Em nosso entendimento, trata-se da única hipótese em que a instituição intermediária poderia ser responsabilizada solidariamente por danos ambientais, visto que, neste caso, seria uma operação muito similar a um financiamento bancário. Ressalva-se, contudo, que inexiste um entendimento uniforme sobre a responsabilidade ambiental das instituições financeiras, motivo pelo qual, nesta situação específica aqui tratada, as instituições intermediárias poderiam ou não ser responsabilizadas, a depender do tratamento a ser consolidado às instituições financeiras.

É importante, contudo, que as instituições intermediárias adotem as melhores práticas durante a prestação dos serviços de distribuição de valores mobiliários, principalmente atuar com elevado grau de diligência para averiguar as informações fornecidas pela companhia emissora dos valores mobiliários, bem como transmitir referidas informações de forma correta e precisa aos investidores.

Referências

ASSOCIAÇÃO BRASILEIRA DAS ENTIDADES DOS MERCADOS FINANCEIRO E DE CAPITAIS. Boletim de Mercado de Capitais. ANBIMA, 2020. Disponível em: https://www.anbima.com.br/pt_br/informar/relatorios/mercado-de-capitais/boletim-de-mercado-de-capitais/emissoes-domesticas-registram-aumento-de-59-3-em-2019.htm. Acesso em: 05 jun. 2020.

ARAGÃO, Maria Alexandra de Souza. **O Princípio do Poluidor Pagador** – Pedra angular da Política Comunitária do Ambiente. Coimbra: Coimbra Editora, 1997.

AZEVEDO, Álvaro Villaça. **Teoria Geral das Obrigações e Responsabilidade Civil**. 11. ed. São Paulo: Atlas, 2008.

B3 S.A. – BRASIL, BOLSA, BALCÃO. Histórico de pessoas físicas. B3, 2020. Disponível em: http://www.b3.com.br/pt_br/market-data-e-indices/servicos-de-dados/market-data/consultas/mercado-a-vista/historico-pessoas-fisicas/. Acesso em 10 jul. 2020.

BECHARA, Erika. A responsabilidade civil do poluidor indireto e a obrigação propter rem dos proprietários de imóveis ambientalmente degradados. **Cadernos Jurídicos**, São Paulo, ano 20, n. 48, mar./abr. 2019.

BORGES, Luiz Ferreira Xavier. Securitização como parte da segregação do risco empresarial. **Revista de Direito Bancário, do Mercado de Capitais e da Arbitragem**, n. 10, out./dez., 2000.

BUSCHINELLI, Gabriel Saad Kik. *In*: CODORNIZ, Gabriela; PATELLA, Laura (coords.). **Comentários à Lei do Mercado de Capitais** – Lei nº 6.385/76. São Paulo: Quartier Latin, 2015.

CÂMARA, Paulo. **Manual de Direito dos Valores Mobiliários**. Coimbra: Almedina, 2009.

COELHO, Fábio Ulhoa. O que é oferta pública?. **Capital Aberto**, 14 nov. 2018. Disponível em: https://capitalaberto.com.br/secoes/explicando/o-que-e-oferta-publica/. Acesso em: 28 jul. 2020.

COLOMBO, Silvana Raquel Brendler. A responsabilidade civil no Direito Ambiental. **Âmbito Jurídico**, 05 jun. 2006. Disponível em: https://ambitojuridico.com.br/cadernos/direito-ambiental/a-responsabilidade-civil-no-direito-ambiental/. Acesso em 28 jul. 2020.

COMISSÃO DE VALORES MOBILIÁRIOS. Boletim de Mercado, ano 8, v. 75. CVM, 2020, 12 p. Disponível em: http://www.cvm.gov.br/export/sites/cvm/publicacao/boletimmercado/anexos/BoletimdeMercado_75_012020.pdf. Acesso em: 05 jun. 2020.

DERANI, Cristiane. **Direito Ambiental Econômico**. São Paulo: Max Limonad, 1997.

EIZIRIK, Nelson. et al. **Mercado de capitais** – regime jurídico. 4. ed. São Paulo: Quartier Latin, 2019.

EIZIRIK, Nelson. SCHECHTMAN, David. Notas sobre o "underwriting" firme. *In*: HANSZMANN, Felipe. **Atualidades em direito societário e mercado de capitais**. v. II. Rio de Janeiro: Lumen Juris, 2017.

FARIAS, Talden Queiroz; BIM, Eduardo Fortunato. O poluidor indireto e a responsabilidade civil ambiental por dano precedente. **Veredas do Direito**: Direito Ambiental e desenvolvimento sustentável, v. 14, n. 28, 2017. Disponível em: http://revista.domhelder.edu.br/index.php/veredas/article/view/915/583. Acesso em: 28 jul. 2020.

FIORILLO, Celso Antonio Pacheco. **Curso de Direito Ambiental Brasileiro**. 17. ed. São Paulo: Saraiva, 2017.

GONCALVES, Carlos Roberto. **Direito Civil Brasileiro:** Responsabilidade Civil. 5. ed. São Paulo: Saraiva, 2010

GUILHARDI, Pedro. Responsabilidade civil dos Bancos por Dano Ambiental em Projetos Financiados. **Lex Magister**. Disponível em: http://www.lex.com.br/doutrina_27088858_RESPONSABILIDADE_CIVIL_DOS_BANCOS_POR_DANO_AMBIENTAL_EM_PROJETOS_FINANCIADOS.aspx. Acesso em: 16 jul. 2020.

JORGE, Priscila Gabriely. **A solidariedade nos casos de responsabilidade civil por dano ambiental**. Trabalho (Bacharelado em Direito) – Faculdade de Direito, Setor de Ciências Jurídicas, Universidade Federal do Paraná, Curitiba, 2017. Disponível em: https://acervodigital.ufpr.br/bitstream/handle/1884/58056/PRISCILA%20GABRIELY%20JORGE.pdf?sequence=1&isAllowed=y. Acesso em: 25 jul. 2020.

LEITE, José Rubens Morato. **Dano ambiental do individual ao coletivo extrapatrimonial.** Teoria e prática. 6. ed. São Paulo: Revista dos Tribunais, 2014.

MACHADO, Maira Virgínia Dutra. A responsabilidade civil das instituições financeiras no dano ambiental. **Conteúdo Jurídico**, 18 nov. 2019. Disponível em: http://www.conteudojuridico.com.br/consulta/Artigos/53781/a-responsabilidade-civil-das-instituies-financeiras-no-dano-ambiental. Acesso em: 05 jul. 2020.

MACHADO, Paulo Affonso Leme. **Direito Ambiental Brasileiro**. 24 ed., rev., ampl. e atual. São Paulo: Malheiros, 2016.

MELLO, Carlos Barbosa; JUNQUEIRA, Rodrigo Azevedo; BERCITO, Bruno Rodrigues. A Responsabilidade Civil das Instituições Financeiras em Ofertas Públicas de Valores Mobiliários – *Due Diligence Defense* na Prática. *In*: CANTIDIANO, Luiz Leonardo; MUNIZ, Igor (org.). **Temas de Direito Bancário e do Mercado de Capitais**. Rio de Janeiro: Renovar, 2014.

MESQUITA, Alebe Linhares; SILVA, Jana Maria Brito. Instituições financeiras, meio ambiente e responsabilidade civil do financiador: o papel do financiador para a indução de condutas sustentáveis. **Revista de Direito e Sustentabilidade**, v. 1, n. 2, jul./dez. 2015.

MIRRA, Álvaro Luiz Valery. **Responsabilidade civil ambiental e a jurisprudência do STJ**. Disponível em: http://www.tjsp.jus.br/download/EPM/Publicacoes/CadernosJuridicos/48.03%20valerymirra.pdf?d=636970733448306078. Acesso em: 05 jul. 2020.

MONTES, Meire Lopes. Responsabilidade civil pelo dano ambiental. *In*: **10 anos da ECO-92: o direito e o desenvolvimento sustentável** – Ten years after rio 92: sustainable development and law. São Paulo: IMESP, 2002.

MORAIS, Aparecida Teixeira de. et. al. **Responsabilidade Socioambiental das Instituições Financeiras e Governança Corporativa**. Disponível em: http://www.mpf.mp.br/atuacao-tematica/ccr4/dados-da-atuacao/projetos/qualidade-da-agua/material-pedagogico-e-suplementar-do-curso-a-distancia-estrategias-para-a-revitalizacao-de-bacias-qualidade-hidrica-e-saneamento/bibliografia-iso-complaince-e-responsabilidade-empresarial/responsabilidade-socioambiental-das-instituicoes-financeiras-e-governanca-corporativa. Acesso em: 24 jul. 2020.

NERY JÚNIOR, Nélson. Responsabilidade civil por dano ecológico e a ação civil pública. **Revista Justitia**, n. 126, jul./set. 1984

NETO, Eduardo Salomão. **Direito Bancário**. 2. ed. São Paulo: Atlas, 2014.

RENTERIA, Pablo. O contrato de underwriting de valores mobiliários. **Migalhas Contratuais**, 17 fev. 2020. Disponível em: https://www.migalhas.com.br/coluna/migalhas-contratuais/320556/o-contrato-de-underwriting-de-valores-mobiliarios. Acesso em: 15 jul. 2020.

ROCHA, Maria Isabel de Matos. Reparação de danos ambientais. **Revista de Direito Ambiental**, n.19, ano 5, jul./set. 2000.

SANTILLI, Juliana. A Co- Responsabilidade das Instituições Financeiras por Danos Ambientais e o Licenciamento Ambiental. *In:* NERY JUNIOR, Nelson; NERY, Rosa Maria de Andrade. **Doutrinas Essenciais Responsabilidade Civil**. v. 7. São Paulo: Revista dos Tribunais, 2011.

SANTOS, Aline de Menezes. Regulação e estruturas de supervisão do mercado financeiro. *In*: SARDENBERG, Amarílis Prado (org.). **Desenvolvimento do mercado de capitais no Brasil**: temas para reflexão. São Paulo: Editora Sociologia e Política, 2015.

SANTOS, Handemba Mutana Poli dos. **A responsabilização do coordenador líder de ofertas públicas de ações por infração ao dever de informar**: como indenizar os danos dos investidores?. 2011. 217 f. Dissertação (Mestrado em Direito e Desenvolvimento) – Escola de Direito de São Paulo, Fundação Getúlio Vargas, São Paulo, 2011, p. 50. Disponível em: https://direitosp.fgv.br/publicacoes/responsabilizacao-coordenador-lider-de-ofertas-publicas-de-acoes-por-infracao-ao-dever-d. Acesso em: 13 jul. 2020.

SANTOS JÚNIOR, Humberto Adami. **A responsabilidade ambiental dos bancos**. Disponível em: https://www.mma.gov.br/estruturas/a3p/_arquivos/respamb_bancos.pdf. Acesso em: 18 jul. 2020.

SANTOS JÚNIOR, Humberto Adami. **Responsabilidade das instituições financeiras frente ao dano ambiental de projetos por elas financiados**. Dissertação (Mestrado) – Universidade Federal do Rio de Janeiro, 1997.

STOCO, Rui. **Tratado de responsabilidade civil**. 5. ed. São Paulo: Revista dos Tribunais, 2001.

SUPERIOR TRIBUNAL DE JUSTIÇA. Jurisprudência em teses, 30 ed.: direito ambiental. Disponível em: https://scon.stj.jus.br/SCON/jt/toc.jsp?edicao=EDI%C7%C3O%20N.%2030:%20DIREITO%20AMBIENTAL. Acesso em 28 jul. 2020.

SUPERIOR TRIBUNAL DE JUSTIÇA. 2019. Disponível em: http://www.stj.jus.br/sites/portalp/Paginas/Comunicacao/Noticias/Primeira-Secao-

-consolida-entendimento-de-que-responsabilidade-administrativa--ambiental-e-subjetiva.aspx. Acesso em 18 abr. 2020.

TANNOUS, Thiago Saddi. *In*: CODORNIZ, Gabriela; PATELLA, Laura (coords.). **Comentários à Lei do Mercado de Capitais** – Lei nº 6.385/76. São Paulo: Quartier Latin, 2015.

THOMÉ, Romeu. **Manual de Direito Ambiental**. Bahia: Editora JusPODIVM, 2011.

TOSINI, Maria de Fátima Cavalcanti. **Risco Ambiental para as Instituições Financeiras Bancárias**. Dissertação (Mestrado) – Instituto de Economia da Universidade Estadual de Campinas, Campinas, 2005. Disponível em: http://repositorio.unicamp.br/jspui/handle/REPOSIP/286305. Acesso em: 15 jul. 2020.

VIANNA, Guilherme Debeuz de Brito. **Período de silêncio**: o artigo da Instrução CVM n. 400/2003 e o princípio do full disclosure. 2019. 44 f. Artigo (Pós-graduação em Direito dos Mercados Financeiro e de Capitais) – LL.M dos Mercados Financeiro e de Capitais, Insper, São Paulo, 2019. Disponível em: http://dspace.insper.edu.br/xmlui/handle/11224/2322. Acesso em: 08 jul. 2020.

VILLAR, Ingryd Danielle de Jesus. ***Disclosure***: O impacto da divulgação de informações sobre as companhias abertas brasileiras. 2016. 50 f. Monografia (Pós-graduação em Direito Societário) – LL.M. em Direito Societário., Insper. São Paulo, 2016. Disponível em: http://dspace.insper.edu.br/xmlui/handle/11224/1472. Acesso em 10 jul. 2020.

WAISBERG, Ivo. **Responsabilidade civil dos administradores de bancos comerciais**: regimes especiais: intervenção, liquidação extrajudicial e regime de administração temporária – RAET. São Paulo: Revista dos Tribunais, 2002.

Legislação e jurisprudência

BRASIL. Comissão de Valores Mobiliários. Instrução n. 400, de 29 de dezembro de 2003. Dispõe sobre as ofertas públicas de distribuição de valores mobiliários, nos mercados primário ou secundário, e revoga a Instrução 13/80 e a Instrução 88/88. Disponível em: http://www.cvm.gov.br/legislacao/instrucoes/inst400.html. Acesso em: 15 jun. 2020.

BRASIL. Comissão de Valores Mobiliários. Instrução n. 476, de 16 de janeiro de 2009. Dispõe sobre as ofertas públicas de valores mobiliários distribuídas com esforços restritos e a negociação desses valores mobiliários nos mercados regulamentados. Disponível em: http://www.cvm.gov.br/legislacao/instrucoes/inst476.html. Acesso em: 15 jun. 2020.

BRASIL. Comissão de Valores Mobiliários. Instrução n. 505, de 27 de setembro de 2011. Estabelece normas e procedimentos a serem observados nas operações realizadas com valores mobiliários em mercados regulamentados de valores mobiliários. Disponível em: http://www.cvm.gov.br/legislacao/instrucoes/inst505.html. Acesso em: 7 jul. 2020.

BRASIL. Comissão de Valores Mobiliários. Instrução n. 539, de 13 de novembro de 2013. Dispõe sobre o dever de verificação da adequação dos produtos, serviços e operações ao perfil do cliente. Disponível em: http://www.cvm.gov.br/legislacao/instrucoes/inst539.html. Acesso em: 10 jul. 2020.

BRASIL. Lei nº 4.595, de 31 de dezembro de 1964. Dispõe sobre a Política e as Instituições Monetárias, Bancárias e Creditícias, Cria o Conselho Monetário Nacional e dá outras providências. Palácio do Planalto da Presidência da República, Brasília, DF, 31 dez. 1974. Disponível em: http://www.planalto.gov.br/ccivil_03/leis/l4595.htm. Acesso em: 2 jul. 2020.

BRASIL. Lei nº 6.385, de 07 de dezembro de 1976. Dispõe sobre o mercado de valores mobiliários e cria a Comissão de Valores Mobiliários. Palácio do Planalto da Presidência da República, Brasília, DF, 7 dez. 1976. Disponível em: http://www.planalto.gov.br/ccivil_03/leis/l6385.htm. Acesso em: 10 jun. 2020.

BRASIL. Lei nº 6.404, de 15 de dezembro de 1976. Dispõe sobre as Sociedades por Ações. Palácio do Planalto da Presidência da República, Brasília, DF, 15 dez. 1976. Disponível em: http://www.planalto.gov.br/ccivil_03/leis/l6404consol.htm. Acesso em: 19 jun. 2020.

BRASIL. Lei nº 6.938, de 31 de agosto de 1981. Dispõe sobre a Política Nacional do Meio Ambiente, seus fins e mecanismos de formulação e aplicação, e dá outras providências. Palácio do Planalto da Presidência da República, Brasília, DF, 31 ago. 1981. Disponível em http://www.planalto.gov.br/ccivil_03/LEIS/L6938.htm. Acesso em: 15 jun. 2020.

BRASIL. Lei nº 9.605, de 12 de fevereiro de 1998. Dispõe sobre as sanções penais e administrativas derivadas de condutas e atividades lesivas ao meio ambiente, e dá outras providências. Palácio do Planalto da Presidência da República, Brasília, DF, 12 fev. 1998. Disponível em: http://www.planalto.gov.br/ccivil_03/leis/l9605.htm. Acesso em: 15 jun. 2020.

BRASIL. Lei nº 10.406, de 10 de janeiro de 2002. Institui o Código Civil. Palácio do Planalto da Presidência da República, Brasília, DF, 10 jan. 2002. Disponível em: http://www.planalto.gov.br/ccivil_03/leis/2002/L10406compilada.htm. Acesso em: 10 jun. 2020.

BRASIL. Superior Tribunal de Justiça. Ação Civil Pública, responsável direto e indireto pelo dano causado ao meio ambiente. REsp 37.354-9/SP. Relator: Ministro Antônio de Pádua Ribeiro. Disponível em: https://ww2.stj.jus.br/processo/pesquisa/?tipoPesquisa=tipoPesquisaNumeroRegistro&termo=199300212508&totalRegistrosPorPagina=40&aplicacao=processos.ea. Acesso em: 24 jul. 2020.

BRASIL. Superior Tribunal de Justiça. Direito administrativo e outras matérias de direito público. Responsabilidade civil, dano ambiental. REsp 1602106/PR. Relator: Ministro Ricardo Villas Bôas Cueva. Disponível em: https://ww2.stj.jus.br/processo/pesquisa/?tipoPesquisa=tipoPesquisaNumeroRegistro&termo=201601376794&totalRegistrosPorPagina=40&aplicacao=processos.ea. Acesso em 28 jul. 2020.

BRASIL. Superior Tribunal de Justiça. Direito Administrativo e Outras Matérias de Direito Público, Meio Ambiente. REsp 650728/SC. Relator: Ministro Herman Benjamin. Órgão Julgador: Segunda Turma. Disponível em: https://ww2.stj.jus.br/processo/pesquisa/?tipoPesquisa=tipoPesquisaNumeroRegistro&termo=200302217860&totalRegistrosPorPagina=40&aplicacao=processos.ea. Acesso em: 10 jul. 2020.

BRASIL. Superior Tribunal de Justiça. Direito Administrativo e Outras Matérias de Direito Público, Meio Ambiente. REsp nº 1079713/SC. Relator: Minitro Herman Benjamin. Órgão Julgador: Segunda turma. Disponível em: https://ww2.stj.jus.br/processo/pesquisa/?tipoPesquisa=tipoPesquisaNumeroRegistro&termo=200801696780&totalRegistrosPorPagina=40&aplicacao=processos.ea. Acesso em: 15 jul. 2020.

BRASIL. Superior Tribunal de Justiça. Direito Administrativo e Outras Matérias de Direito Público, Meio Ambiente. REsp 1799578/SP. Relator: Ministro Herman Benjamin. Órgão Julgador: Segunda Turma. Disponível em: https://ww2.stj.jus.br/processo/pesquisa/?termo=1799578&aplicacao=processos.ea&tipoPesquisa=tipoPesquisaGenerica&chkordem=DESC&chkMorto=MORTO. Acesso em: 15 jun. 2020.

BRASIL. Superior Tribunal de Justiça. Direito Administrativo e Outras Matérias de Direito Público, Meio Ambiente. REsp 1768207/SP. Relator: Ministro Francisco Falcão. Órgão Julgador: Segunda Turma. Disponível em: https://ww2.stj.jus.br/processo/pesquisa/?termo=1768207&aplicacao=processos.ea&tipoPesquisa=tipoPesquisaGenerica&chkordem=DESC&chkMorto=MORTO. Acesso em: 28 jul. 2020.

BRASIL. Superior Tribunal de Justiça. Direito Administrativo e Outras Matérias de Direito Público, Responsabilidade Civil, Dano Ambiental, Responsabilidade Civil, Indenização por Dano Moral. REsp 1.602.106/PR. Relator: Ministro Ricardo Villas Bôas Cueva. Disponível em: https://ww2.stj.jus.br/processo/pesquisa/?tipoPesquisa=tipoPesquisaNumeroRegist

ro&termo=201601376794&totalRegistrosPorPagina=40&aplicacao=processos.ea. Acesso em: 18 jul. 2020.

BRASIL. Superior Tribunal de Justiça. Direito Civil, Responsabilidade Civil, Direito Ambiental. AgInt no AREsp 1515490/RJ. Relator: Ministro Luis Felipe Salomão. Órgão Julgador: Quarta Turma. Disponível em: https://ww2.stj.jus.br/processo/pesquisa/?tipoPesquisa=tipoPesquisaNumeroRegistro&termo=201901567714&totalRegistrosPorPagina=40&aplicacao=processos.ea. Acesso em: 28 jul. 2020.

BRASIL. Superior Tribunal de Justiça. Responsabilidade Civil, dano ambiental. REsp 1612887/PR. Relator: Ministra Nancy Andrighi. Órgão Julgador: Terceira Turma. Disponível em: https://ww2.stj.jus.br/processo/pesquisa/?tipoPesquisa=tipoPesquisaNumeroRegistro&termo=201601778772&totalRegistrosPorPagina=40&aplicacao=processos.ea. Acesso em 28 jul. 2020.

BRASIL. Tribunal de Justiça de Santa Catarina. Apelação Cível 2014011932-6. Relator: Ministro João Batista Góes Ulysséa. Disponível em: https://tj-sc.jusbrasil.com.br/jurisprudencia/25023016/apelacao-civel-ac-20140119326-sc 2014011932-6-acordao-tjsc. Acesso em: 30 jul. 2020.

SMART CONTRACTS E DERIVATIVOS

Larissa Marques Lima

Introdução

A história do mercado de derivativos começa em 1981 com a primeira negociação de uma operação de *swap* entre a IBM e o Banco Mundial. Trinta e oito anos depois, Commerzbank e Nomura estabeleceram um novo marco histórico: a finalização da primeira negociação de margem em derivativos 100% eletrônica, via ISDA *Create* – uma plataforma para negociação eletrônica de documentos[1]. Como tem acontecido em todas as áreas da tecnologia, o próximo passo nessa evolução acontecerá em muito menos tempo. Com o nascimento do *blockchain* em 2008, que, por sua vez, deu origem ao advento dos *smart contracts* em 2015, é possível acreditar que a próxima inovação no mercado de derivativos já está logo depois da curva: a possibilidade de negociação e execução de operações e seus respectivos instrumentos jurídicos de forma totalmente digital, e até mesmo sem depender de intervenção das partes.

O mercado de derivativos sempre foi caracterizado por seu complexo operacional e seus volumosos documentos. Este nicho

[1] O'Malia, Scott. A First for Derivatives Markets. Disponível em: https://www.isda.org/2019/08/29/a-first-for-derivatives-markets/. Acesso em: 03 jul. 2020.

do mercado financeiro e de capitais tornou-se ainda mais intricado após a crise financeira global de 2008. Isso porque, já no ano seguinte, buscando maior higidez econômica em um empenho de evitar uma crise semelhante no futuro, o G20 incluiu mais camadas de complexidade em um ecossistema que já contava com diversos entraves. Em um cenário como esse, a busca por eficiência tornou-se um trabalho hercúleo.

Nesse contexto, merece destaque o trabalho da Associação Internacional de *Swaps* e Derivativos (ISDA) no sentido de uniformizar as documentações e instrumentos jurídicos necessários para a formalização das diversas operações de derivativos. Em um mercado marcado pela complexidade e pela interação de partes de todos os cantos do planeta, trazendo consigo diferentes pontos de vistas culturais e jurídicos, a ISDA conseguiu alinhar o discurso e facilitar a comunicação de cada participante que optou por adotar suas recomendações. No Brasil, a Associação Brasileira das Entidades dos Mercados Financeiro e de Capitais (Anbima) conseguiu um feito parecido, ainda que em menor escala, ao elaborar um contrato global de derivativos que se tornou um padrão de mercado.

Não obstante estes feitos históricos, ainda há muito que pode ser feito na busca por eficiência no mercado de derivativos. Nesse sentido, os *smart contracts* trazem consigo uma gama de oportunidades, tendo grande potencial de injetar ganho de eficiência operacional nesse sistema, promover corte de custos, uniformizar processos e instrumentos jurídicos, garantir maior executabilidade, reduzir fraudes, aumentar a segurança nas transações e, não menos importante, viabilizar a simplificação deste mercado, estigmatizado pela sua complexidade. É esse o foco deste trabalho.

De início será apresentado um rol de termos tecnológicos e suas definições, a fim de facilitar o entendimento do leitor. Partindo desses conceitos, serão exploradas as origens (teórica e prática) e aplicabilidades de um *smart contract*, com ênfase nos pontos-chave de sua implementação e os possíveis modelos a serem aplicados. O trabalho também se aprofundará nos fatos e argumentos que justificam a escolha dos contratos de derivativos, para que não haja dúvida de que estes são um campo fértil para a experimentos de implementação de *smart contracts*. Serão também destrinchadas as vantagens na utilização dos "contratos inteligentes" em transações de derivativos. Na sequência, haverá uma abordagem prática dessa implementação, com sugestões concretas de adaptação de cláusulas do *ISDA Master Agreement* para um possível código de *smart contract*, baseado em parâmetros já publicados pela própria ISDA. Por fim, serão expostos os pontos de atenção quem devem ser estudados para que seja possível uma execução eficaz desse novo passo tecnológico em direção ao futuro dos derivativos.

1. Termos e significados

Para melhor compreensão do trabalho, faz-se necessário, logo de início, definir os termos que são estranhos ao Direito e que, pertencendo às chamadas "novas tecnologias", não possuem ainda um conceito uníssono. É esse o principal motivo para que as definições sigam no primeiro capítulo e não em um glossário ao final do trabalho: diante de várias definições ainda possíveis, evitar que o leitor prossiga com um conceito diverso do que será aqui tratado. Com esse intuito, para que fique bem definido o escopo desta pesquisa, seguem listadas abaixo as definições dos principais termos tecnológicos adotados:

a) **Bitcoin**: é a primeira e mais famosa criptomoeda. Foi criada em 2008 por Satoshi Nakamoto através da tecnologia *blockchain*, entretanto, até a presente data, ainda não foi revelada a verdadeira identidade de seu criador – que pode ser um indivíduo, um grupo de pessoas ou uma empresa. Hoje o Bitcoin possui um valor de mercado superior a 150 bilhões de dólares[2].

b) ***Blockchain***: é um sistema digital de registros primordialmente público, transparente, imutável e descentralizado, que tem a criptografia como base de funcionamento e permite a criação, registro e/ou transação de bens digitais ou "tokenizáveis". *Blockchain* é um tipo de DLT e foi inicialmente concebido por Satoshi Nakamoto em seu *whitepaper* denominado *Bitcoin: A Peer-to-Peer Electronic Cash System*[3].

c) **Criptomoeda**: apesar de atual o debate sobre a definição de criptomoedas (em especial se deveria ou não ser denominada "moeda"), para este trabalho adotaremos o conceito de criptomoeda como ativo digital capaz de servir como meio de troca e que utiliza criptografia para assegurar e realizar transações, bem como controlar a criação de novas unidades[4].

d) **DLT**: sigla em inglês que se refere a *Distributed Ledger Technology* e, em tradução livre, tecnologia de registros distribuídos. É o gênero ao qual pertence o *blockchain*.

e) **Ether**: é a moeda nativa da rede Ethereum, através da qual é possível a criação de smartcontracts via token ou criptomoedas[5].

[2] Conforme dados disponíveis na CoinMarketCap. Disponível em: https://coinmarketcap.com. Acesso em 4 mai. de 2020.

[3] O conteúdo completo do *whitepaper* encontra-se disponível em https://bitcoin.org/bitcoin.pdf. Acesso em 4 mai. 2020.

[4] Maior aprofundamento sobre este conceito disponível em https://cointelegraph.com/bitcoin-for-beginners/what-are-cryptocurrencie. Acesso em 5 mai. 2020.

[5] Para maiores detalhes, acessar a página: https://ethereum.org/eth/#what-is-ether-eth. Acesso em 4 mai. 2020.

f) **Ethereum**: é a primeira plataforma global e *open-source* para aplicações descentralizadas[6], que permite que qualquer pessoa crie aplicações em *blockchain* com funcionalidade de *smart contract* e/ou transações com criptomoedas. Inspirada nos ideais de Satoshi Nakamoto, foi criada em 2015 por Vitalik Buterin e Gavin Wood.

g) ***Output***: dados gerados por um sistema computacional.

h) ***Smart Contracts***: por se tratar do escopo principal desta pesquisa, serão definidos no próximo capítulo deste trabalho.

i) **Solidity**: linguagem em que os *smart contracts* da Ethereum são programados.

j) ***Token***: representação digital e criptografada de um ativo que tem como funcionalidade principal facilitar uma transação.

k) ***Whitepaper***: consiste em um relatório que apresenta o ponto de vista do autor ou da organização responsável por sua elaboração sobre uma questão, em geral complexa. Tem como principal objetivo defender um ponto de vista a fim de auxiliar os leitores a entender um problema, resolver um dilema ou tomar uma decisão.

l) ***Yellowpaper***: é a versão mais técnica de um *whitepaper*, que inclui a apresentação de todos os detalhes técnicos e científicos.

2. *Smart contracts* – definição, origem e aplicabilidade

Devido aos *smart contracts* serem uma figura de origem recente tanto no mundo tecnológico, quanto no mundo jurídico, além dos debates em torno da busca por uma definição do que seria um "contrato inteligente", temos ainda diferentes pontos de

[6] Como definido no site oficial da plataforma Ethereum. Disponível em: https://ethereum.org. Acesso em 4 mai. 2020.

vista em cada uma dessas áreas que divergem entre si. Advogados e profissionais de Tecnologia da Informação (TI) entendem o termo "contrato" de maneira diversa. Dessa forma, precisamos explorar ambas as ciências, bem como buscar a origem dos *smart contracts*, a fim de melhor compreender a sua aplicabilidade no mundo dos derivativos.

2.1. Definição de *smart contracts*

Smart contract é um termo em inglês que pode ser traduzido como "contrato inteligente" e, dessa forma, levar a uma dedução errônea de sua definição. Na prática, *smart contracts* não são, por si só, nem contratos, nem inteligentes. Para entender o porquê, é preciso diferenciar nesse momento o conceito de contrato tecnológico do conceito de contrato jurídico.

Em TI, dentro do contexto dos *smart contracts*, contratos são entendidos como o conjunto de código e dados designado para executar determinadas tarefas sob condições pré-definidas em um endereço disponível na *blockchain*[7]. Em outras palavras, nada além de um algoritmo auto executável.

Apesar da mais refinada aplicabilidade de um *smart contract* estar relacionada à execução de um contrato jurídico, este não precisa existir para que aquele subsista.

Em termos jurídicos, o termo "contrato" refere-se a um acordo entre partes. De acordo com Caio Mário da Silva Pereira, "contrato é um acordo de vontades, na conformidade da lei, e com a finalidade de adquirir, resguardar, transferir, conser-

[7] O conceito descrito é referente ao método de implementação de contratos feitos em Solidity, linguagem através da qual são programados os *smart contracts* na rede da Ethereum. Tendo em vista que, até o momento, é esta a fonte original e mais relevante dos estudos de *smart contracts*, a definição adotada seguirá a metodologia da Solidity. Maiores informações técnicas podem ser obtidas em https://ethereum.org/java/#getting-started-with-smart-contracts-and-solidity e https://solidity.readthedocs.io/en/v0.6.7/introduction-to-smart-contracts.html.

var, modificar ou extinguir direitos", ou de forma mais sucinta: "o acordo de vontades com a finalidade de produzir efeitos jurídicos"[8]. Para Maria Helena Diniz, "contrato é o acordo de duas ou mais vontades, na conformidade da ordem jurídica, destinado a estabelecer uma regulamentação de interesses entre as partes, com o escopo de adquirir, modificar ou extinguir relações jurídicas de natureza patrimonial"[9]

A partir dessas definições é possível observar que, para o Direito, um contrato é um acordo de vontades que precisa, entre outras coisas, estar em conformidade com a lei. No Brasil, são os Título V e VI da Parte Especial do Código Civil que descrevem em detalhes os pressupostos, condições e espécies de contratos dentro do ordenamento jurídico. São 433 artigos definindo e regulando contratos, sem contar legislações especiais e esparsas.

Tudo isso nos mostra que o Direito e a Tecnologia da Informação veem um contrato de formas divergentes e que o *smart contract* não pode ser considerado um contrato jurídico enquanto não preencher todos os requisitos legais. Para isso, teríamos que mergulhar de cabeça na seara jurídica e verificar os requisitos de capacidade dos agentes, a licitude do objeto, a legalidade da forma, a legitimidade das partes e a ausência de vício de consentimento no acordo de vontade das partes. Todos esses elementos não são considerados dentro de um "contrato" tecnológico.

Além desta ambivalência, é importante frisar que a tecnologia por trás dos *smart contracts* está em um estágio relativamente novo de desenvolvimento e, por isso, ainda existe uma discussão sobre o que exatamente é ou não considerado um *smart contract*. Entretanto, assim como não podemos afirmar

[8] PEREIRA, Caio Mário da Silva. Instituições de direito civil: Contratos. Vol. III. 17. ed. Rio de Janeiro: GEN-Forense, 2013.

[9] DINIZ, Maria Helena. Curso de direito civil brasileiro. vol. 3. São Paulo: Saraiva, 2008. p. 30.

que um *smart contract* é, por si só, um contrato, também não podemos chamá-lo de "inteligente". De acordo com o dicionário Michaelis de língua portuguesa, inteligente é "que ou aquele que revela mais inteligência que a média das pessoas" – característica que certamente não encontramos em um *smart contract*. Ainda que fossemos considerar o conceito de "inteligência artificial", os smart contracts não passariam no teste, já que este tipo de inteligência é definido por Demis Hassabis como um processo que transforma informações desestruturadas em conhecimento útil[10].

Nesse cenário, para que possamos seguir com o propósito do trabalho sem que haja ruído entre as áreas jurídica e tecnológica, adotaremos a definição de *smart contract* proposta por Christopher D. Clack, Vikram A. Bakshi e Lee Braine – que merge da melhor forma possível os dois pontos de vista: "*Smart contract* é um acordo automatizável e executável. Automatizável por um computador, apesar de algumas partes poderem requerer intervenção e controle humanos. Executável ou por execução jurídica de direitos e obrigações, ou por execução de código de computação inviolável" (tradução livre)[11].

[10] Denis Hassabis é um dos cofundadores da Deep Mind, uma notória empresa no ramo de inteligência artificial. Maiores detalhes podem ser encontrados no artigo: HASSABIS, Demis. *The mind in the machine: Demis Hassabis on artificial intelligence*. Financial Times, 22 abr. 2017. Disponível em: https://www.ft.com/content/048f418c-2487-11e7-a34a-538b4cb30025.Acesso em: 01 jun. 2020.

[11] Tradução livre da definição "*A smart contract is an automatable and enforceable agreement. Automatable by computer, although some parts may require human input and control. Enforceable either by legal enforcement of rights and obligations or via tamper-proof execution of computer code.*"presente em: BAKSHI, Vikram A.; BRAINE, Lee; CLACK, Cristopher D. Smart Contract Templates: foundations, design landscape and research directions. 2016. Disponível em: https://www.researchgate.net/publication/305779577_Smart_Contract _Templates_foundations_design_landscape_and_research_directions_CDClack_VABakshi_and_LBraine_arxiv160800771_2016. Acesso em: 11 mai. 2020.

Importante destacar que contratos digitais ou digitalizados, bem como ferramentas online de negociação não são consideradas *smart contracts* sob nenhum aspecto. Para fazer jus ao termo, é necessário que o contrato consiga ser performado por conta própria após o estabelecimento de seus termos entre as partes.

Superando o problema da definição, surge uma questão mais relevante: poderia um *smart contract* substituir completamente a documentação jurídica relacionada a um contrato, bastando-se por si só para o Direito? Para responder a essa pergunta, é importante o aprofundamento nas origens e aplicabilidades desta tecnologia.

2.2. Nick Szabo e o surgimento teórico dos *smart contracts*

O surgimento dos *smart contracts* foi marcado por duas etapas: uma teórica e outra prática. A primeira data de 1996, quando Nick Szabo, um cientista da computação americano, publicou na edição 16 da revista *Extropy* um artigo denominado *Smart Contracts: Building Blocks for Digital Markets*[12], em que previu com precisão os parâmetros e benefícios que surgiriam com o advento do *blockchain* 12 anos depois, e que hoje permeiam as notícias e artigos acadêmicos sobre *smart contracts*.

[12] http://www.extropy.org/publications.htm, reescrito e disponível em http://www.fon.hum.uva.nl/rob/ Courses/InformationInSpeech/CDROM/Literature/LOTwinterschool2006/szabo.best.vwh.net/smart_contracts_2.html. Acesso em 12 mai. 2020.

Figura 1 – Edição #16 da revista Extropy

Fonte: http://www.extropy.org/publications.htm

Vale observar que a revista em que Szabo divulgou o primeiro artigo sobre o tema não passava de uma publicação transumanista[13], com alto teor fantasioso e voltada para um público alvo fã de futurismo. Em outras palavras, na década de 90 a ideia de um *smart contract* pertencia mais ao campo da ficção científica do que da ciência da computação.

O grande mérito de Nick Szabo foi ter descrito, já nessa época, os *smart contracts* como "um conjunto de promessas, especificado em formato digital, incluindo protocolos dentro dos quais as partes cumprem essas promessas"[14] – uma defi-

[13] Transumanismo é uma ideologia que surgiu em 1980 no Vale do Silício e promove a melhora física e intelectual dos seres humanos por meio das novas tecnologias e da inteligência artificial, com a perspectiva de uma fusão entre o humano e a máquina. Maiores informações sobre o tema podem ser encontradas em: https://diplomatique.org.br/o-mito-do-transumanismo.

[14] No original: "*A smart contract is a set of promises, specified in digital form, including protocols within which the parties perform on these promises*", conforme descrito na

nição perfeitamente compatível com a que temos hoje, e que descreve perfeitamente os atuais *cases* de sucesso envolvendo *smart contracts*.

Além de uma definição precisa, Nick Szabo também elencou em seu artigo quatro objetivos dos *smart contracts*: (i) observabilidade, (ii) verificabilidade, (iii) privacidade e (iv) executabilidade[15]. Os termos, com conotações oriundas das ciências exatas, designam que um *smart contract* deve, respectivamente: (i) permitir que uma parte observe o cumprimento do contrato pelas demais partes, de forma segura e assertiva; (ii) permitir que uma parte prove a um árbitro que o contrato foi cumprido ou descumprido, ou permitir que o árbitro consiga verificar sozinho o cumprimento ou descumprimento do contrato; (iii) fazer com que o conhecimento e o controle sobre o conteúdo e o desempenho do contrato sejam distribuídos entre as partes apenas na medida necessária para garantir o cumprimento do contrato; e (iv) garantir que seja possível a execução do contrato, ao mesmo tempo em que minimiza a necessidade de uma coação para o cumprimento. Essas quatro características hoje fazem parte do rol de premissas e benefícios trazidos pela implantação de um *smart contract*.

Dessa forma, é possível afirmar que Szabo desenhou com maestria, ainda na década de 90, o conceito e os ideais de um *smart contract*, já cunhando o seu nome e dando origem à sua teoria, enquanto questionava se a forma com que elaboramos contratos ainda teria espaço na era do cyberespaço. Apenas em 2015 suas ideias começariam a ser concretizadas.

transcrição parcial do artigo original publicado na edição 16 da revista *Extropy*, encontrada em: http://www.fon.hum.uva.nl/rob/Courses/InformationInSpeech/CDROM/Literature/LOTwinterschool2006/szabo.best.vwh.net/smart_contracts_2.html.

15 *Observability, verifiability, privity and enforceability*, como descrito no artigo original publicado por Nick Szabo. Para maior aprofundamento, vide link da referência acima.

2.3. Ethereum e o surgimento prático dos *smart contracts*

Em 2008, um desenvolvedor (ou um grupo de desenvolvedores) denominado Satoshi Nakamoto[16] lançou ao mundo uma criptomoeda denominada Bitcoin, como uma forma nova e revolucionária de enviar valores sem a necessidade de intermediação. Um ano depois, a primeira transação envolvendo Bitcoin foi realizada.

Esses dois eventos serviram como inspiração para Vitalik Buterin, um programador canadense de então 19 anos, criar um sistema que utilizaria a tecnologia do *blockchain* e as criptomoedas para finalidades que iriam muito além das funções financeiras trazidas pelo Bitcoin. Em 2013, Vitalik publicou um *whitepaper* descrevendo uma plataforma projetada para tornar possível qualquer tipo de aplicação descentralizada que um desenvolvedor quisesse criar e nomeando essa plataforma Ethereum.

Após a publicação do *whitepaper*, diversos desenvolvedores renomados demonstraram interesse na cocriação da plataforma. Gavin Wood, um programador britânico com doutorado em ciência da computação, foi o responsável por criar o *yellowpaper* e a linguagem Solidity, distinguindo a Ethereum de qualquer outra aplicação baseada na tecnologia *blockchain*[17]. Joseph Lubin, hoje fundador da Consensys[18], também ofereceu sólida contribuição na criação da plataforma.

Para tirar a ideia do papel, Buterin e Wood lançaram um *crowdfunding* em 2014, no qual os contribuintes adquiriam Ether como forma de participação no projeto. Após levantar mais de 18 milhões de dólares, a plataforma foi finalizada em julho de

[16] Até o presente momento, a identidade de Satoshi Nakamoto continua não revelada. Algumas suspeitas já recaíram sobre Craig Wright, Hal Finney, Dorian Nakamoto e até sobre Nick Szabo, mas não houve comprovação de nenhuma parte.

[17] GAVIN WOOD. Disponível em: https://gavwood.com/. Acesso em: 03 jun. 2020.

[18] CONSENSYS. Disponível em: https://consensys.net/. Acesso em 13 mai. 2020.

2015 e foi criada a Ethereum Foundation na Suíça, uma fundação sem fins lucrativos que administra os fundos destinados ao desenvolvimento de projetos na Ethereum[19].

Desde então, a Ethereum tem se denominado "uma plataforma global e *open-source* para aplicações descentralizadas"[20] e é a principal referência para o desenvolvimento de *smart contracts.* Além de disponibilizar sua plataforma, a Ethereum fornece guias e fomenta uma comunidade em torno de suas aplicações.

O surgimento da Ethereum serviu como *benchmark* a nível mundial e, após o seu lançamento em 2015, diversas empresas de renome desenvolveram suas próprias plataformas utilizando a tecnologia *blockchain*, como, por exemplo, a Hyperledger Fabric, uma colaboração entre a Linux Foundation e a IBM, lançada em dezembro de 2015[21], e a Corda, desenvolvida em novembro de 2016[22]pela R3, uma empresa formada por mais de 300 participantes no mundo inteiro, de setores público e privado.

É possível afirmar que o surgimento da Ethereum foi um divisor de águas para os *smarts contracts.* Além de concretizar as ideias de Nick Szabo e potencializar as de Satoshi Nakamoto, a plataforma fomentou a criação de diversas outras soluções e aplicações que tornaram possível o estudo e desenvolvimento dos "contratos inteligentes". Vale observar, porém, que apesar de o nascimento dos *smart contracts* ter ocorrido em uma DLT, a sua implantação em uma plataforma centralizada também é uma opção.

[19] ETHEREUM FOUNDATION. Disponível em: https://ethereum.foundation/. Acesso em: 05 fev. 2020.

[20] Conforme descrito no sítio oficial da plataforma: https://ethereum.org.

[21] IBM. *Hyperledger Fabric: the flexible blockchain framework that's changing the business world.* Disponível em: https://www.ibm.com/blockchain/hyperledger. Acesso em: 12 fev. 2020.

[22] R3. *The Corda platform — open source + enterprise.* Disponível em: https://www.r3.com/corda-platform/. Acesso 12 fev. 2020.

De forma geral, faz-se necessário destacar que, assim como o nascimento do conceito teórico, o surgimento prático dos *smart contracts* também se deu no campo de TI e não do Direito – evidenciando novamente as suas características tecnológicas.

2.4. Pontos-chave

Tendo entendido o conceito e a origem tecnológica dos *smart contracts*, nos resta ainda saber o que, até o momento, pode ser feito com esta tecnologia: poderia ela substituir um contrato jurídico em sua integridade? Ou cabe a ela apenas automatizar a execução de determinadas cláusulas de um contrato?

Antes de avançarmos para as atuais e potenciais aplicabilidades, é importante que sejam esclarecidas algumas premissas, que serão aqui denominadas pontos-chave – sempre deixando claro que a evolução tecnológica, hoje mais rápida do que nunca, pode em breve alterar ou deixá-los obsoletos. São eles: (i) nem todo *smart contract* representa um contrato jurídico; (ii) determinados contratos e cláusulas contratuais não podem ou não devem ser automatizados; (iii) padrões humanos são necessários para garantir a operabilidade dos *smart contracts* e (iv) linguagem natural não pode ser dispensada, mas deve ser simplificada.

O primeiro ponto é, então, o de que nem todo *smart contract* representa um contrato jurídico. Como aprofundado no item 2.1 deste trabalho, para que um *smart contract* receba o *status* de contrato no ordenamento jurídico, ele deve conter os pressupostos legais. Com o objetivo de deixar clara essa diferenciação, a Associação Internacional de *Swaps* e Derivativos (ISDA) classificou os *smart contracts* em duas subespécies: *smart legal contract* e *smart contract code*[23].

[23] De acordo com as classificações de *smart contracts* previstas no artigo *Smart Contracts and Distributed Ledger – A Legal Perspective*, disponível em https://www.isda.org/a/6EKDE/smart-contracts-and-distributed-ledger-a-legal-perspective.pdf. Acesso em 20 mai. 2020.

De acordo com a ISDA, *smart legal contracts* podem ser definidos "como contratos jurídicos elaborados e executados em um *software*". Por sua vez, um *smart contract code* não passa de um código de computador designado para executar uma função se certas condições forem satisfeitas. Dessa forma, um *smart legal contract* sempre conterá ao menos um *smart contract code*, mas não é possível afirmar que um *smart contract code* tenha validade jurídica.

Além disso, deve-se sempre ter em mente que nem todos os contratos jurídicos podem ou devem ser automatizados. Nesse sentido, a fim de facilitar o entendimento dentro do mundo dos derivativos, a ISDA elaborou a seguinte imagem, que traça graficamente a relação entre os contratos de derivativos e os *smart contracts*:

Figura 2 – Contratos de derivativos x *Smart contracts*

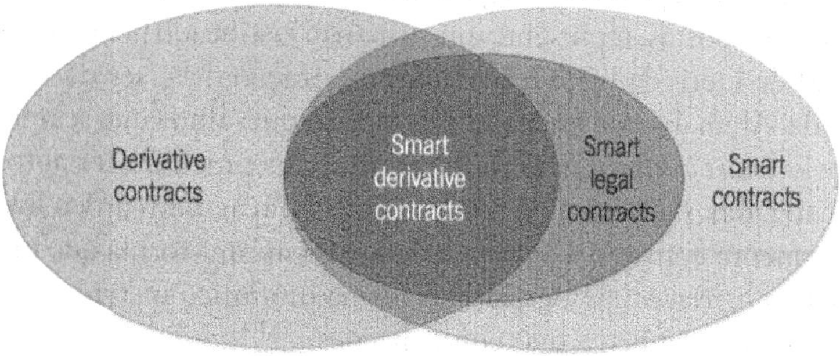

Fonte: https://www.isda.org

Dela conclui-se que nem todos os contratos de derivativos são (nem devem ser) *smart contracts*. Ao mesmo tempo, nem todo *smart contract* possui validade jurídica como contrato – característica que cabe apenas aos *smart legal contracts*. Da intersecção entre os contratos de derivativos e os *smart legal contracts*, nasce o objeto deste trabalho, nomeados pela ISDA de *smart derivative contracts* e que aqui chamaremos de ***Smart Contracts* de Derivativos.**

O segundo ponto-chave é a aceitação de que determinados contratos e cláusulas contratuais não podem ou não devem ser automatizados. Todo o custo humano e tecnológico de implantar um contrato de derivativos em uma plataforma DLT deve ser justificado pelos benefícios trazidos com a automatização do instrumento.

Sob o ponto de vista jurídico, diversas questões devem ser consideradas no momento de optar (ou não) por um *smart contract*, como, por exemplo: que cláusulas devem ser automatizadas, ou deve todo o contrato passar por esse procedimento? O código de programação deve ou não estar contido no contrato? A linguagem natural deve ser mantida na totalidade? É possível verificar a validade jurídica do produto final?

Caso a resposta de perguntas como essa, ou mesmo a busca pelas respostas, represente um custo não justificado pelo potencial de lucro da transação, a automatização deve ser descartada. Além disso, é importante observar que, ainda que se opte pelo *smart contract*, nem todas as cláusulas precisam ser automatizadas. Partes automatizadas podem formar um único instrumento com as não automatizadas, da mesma forma que um *master agreement* de derivativos forma um único instrumento com seu apêndice e suas confirmações.

Além disso, determinadas cláusulas (especialmente as não operacionais) não são suscetíveis de serem expressas sob a forma de código de programação. Por exemplo, a cláusula de foro de um contrato não encontraria em um *smart contract* forma diversa da que temos nos contratos "em papel". Da mesma dificuldade sofrem as cláusulas que incluem termos que dependem de interpretação subjetiva, como por exemplo as que falam de "boa-fé".

Ainda, é importante que seja verificado se as partes desejam que a totalidade do contrato seja executada de forma automática. Quando pegamos como exemplo cláusulas de vencimento antecipado, essa questão se torna clara. Apesar de haver ocorrido um evento de *default*, uma parte pode optar por não vencer antecipadamente o instrumento, seja por questões próprias, seja para preservar o relacionamento com a outra parte. Nesses casos, é importante que o *smart contract* não haja sozinho, executando a cláusula e encerrando o contrato apenas após uma ação decisória da parte prejudicada.

Diante desses desafios, é preciso verificar que instrumentos e/ou que cláusulas devem ser transformadas em *smart contract*, tendo em mente que é perfeitamente possível (e muitas vezes recomendada) a elaboração de uma automatização parcial.

O terceiro ponto-chave que se deve ter em atenção é: padrões humanos são necessários para garantir a operabilidade dos *smart contracts*. Apesar de irônico, padrões criados "manualmente" pelos seres humanos são essenciais para garantir a automatização dos contratos, especialmente quando falamos de contratos de derivativos.

Devido à complexidade, tanto jurídica quanto operacional, de uma transação de derivativos, ao menos quatro tipos de *standards* precisam ser considerados na elaboração de um *smart contract* de derivativos: (i) jurídico, (ii) tecnológico, (iii) comercial e (iv) regulatório[24]. De forma resumida, (i) os critérios jurídicos garantem que o *smart contract* terá validade e executabilidade sob a lei aplicável ao contrato; (ii) os critérios tecnológicos devem ser respeitados a fim de preservar a higidez do sistema;

[24] Maior aprofundamento sobre cada *standard* pode ser encontrado em ISDA; KING & WOOD MALLESONS. *Smart Derivatives Contracts – From Concept to Construction*. 2018. Disponível em: https://www.isda.org/a/cHvEE/Smart-Derivatives-Contracts-From-Concept-to-Construction-Oct-2018.pdf. Acesso em: 21 mai. 2020.

(iii) os padrões comerciais são relevantes para assegurar a solidez e coerência das transações internacionais, independente das culturas e costumes locais; e (iv) *standards* regulatórios cumprem papel essencial na harmonização das transações de derivativos através de, por exemplo, criação e uniformização de normas de *clearing* e margem.

Como veremos no decorrer deste trabalho, a criação e inserção de dados em uma DLT (assim como a elaboração de qualquer outro programa de computador) depende de regras claras, lógicas e objetivas. Nesse sentido, os padrões jurídicos, tecnológicos, comerciais e regulatórios cumprem papel essencial. Sem a observação de tais padrões, resta prejudicado o procedimento de automatização e, consequentemente, de elaboração de um *smart contract*. Além disso, uma padronização dos próprios *smart contracts* é desejável, a fim de garantir uma "interoperabilidade" entre diferentes plataformas e sistemas particulares das partes e de terceiros.

O quarto e último ponto-chave é a linguagem natural, que não pode ser dispensada, mas deve ser simplificada. Ainda buscando a simplificação necessária para o surgimento de um *smart contract*, é preciso colocar em xeque o "juridiquês". Palavras rebuscadas e frases excessivamente subjetivas são dois grandes obstáculos para a implementação de *smart contracts* no campo jurídico. Para que as duas áreas (TI e Direito) conversem com clareza, é necessário que os instrumentos jurídicos a serem automatizados contenham uma linguagem simplificada – o que não significa, de forma alguma, uma perda de qualidade ou de força jurídica.

Por outro lado, deve ser afastado o mito de que os *smart contracts* farão com que os advogados do futuro percam seus empregos para profissionais de TI ou que precisarão saber programar. Para que seja mantida a validade jurídica do contrato, a linguagem natural não pode ser dispensada.

2.5. Modelos de *smart contracts* aplicáveis a derivativos

Tendo esses pontos-chave em mente, passamos para a etapa de elaboração de um *smart contract* de derivativos e a primeira questão que nos vem à mente é como mesclar, na prática, o lado jurídico com o tecnológico? Como transplantar um código de *smart contract* para o ordenamento jurídico e vice-versa?

A ISDA, em conjunto com o Linklaters, nos apresenta duas soluções nesse sentido, que são denominadas: modelo externo e modelo interno[25].

No modelo externo o código encontra-se fora do contrato e representa simplesmente um mecanismo de automatização das cláusulas previstas nos instrumentos jurídicos. O instrumento jurídico não sofreria alterações. Tais características fazem com que o modelo externo seja apenas um pouco mais do que algumas plataformas que já temos hoje em dia para negociação de contratos de derivativos. Consequentemente, uma implantação desse modelo traria poucos impactos jurídicos.

O modelo interno pressupõe a inserção do código computacional dentro do instrumento jurídico. Esse modelo possibilita que um computador leia as cláusulas contratuais e automatize o contrato diretamente. Consequentemente, isso pressupõe a modificação da forma contratual como hoje conhecemos, bem como a simplificação da redação contida nos instrumentos jurídicos.

O presente trabalho terá foco no modelo interno. Apesar de isto significar uma grande complexidade e um vasto desafio jurídico de alterar a forma do contrato de derivativos como conhecemos hoje, os benefícios são ainda maiores. A eficiência e mitigação de risco e segurança jurídica trazidos pelo modelo interno são incontestáveis, na medida em que ele permite que

[25] *"External model and internal model"*, como disposto em: LINKLATERS. *Whitepaper: Smart contracts and distributed ledger – A legal perspective*. 2017. Disponível em: https://www.isda.org/a/6EKDE/smart-contracts-and-distributed-ledger-a-legal-perspective.pdf. Acesso em: 20 mai. 2020.

o texto utilizado no instrumento contratual seja o mesmo utilizado para a automatização na plataforma DLT.

Dessa forma, quando nos referirmos a *smart contracts* de derivativos nos capítulos seguintes, estaremos falando apenas do modelo interno.

3. Por que derivativos?

Quando abordamos o tema *smart contracts* e derivativos, uma pergunta imediata e natural que surge é "por que derivativos?". Dentre tantos instrumentos jurídicos possíveis, quais seriam os motivos para que os contratos de derivativos fossem eleitos como um *sandbox*, ou, em outras palavras, um modelo de teste?

A resposta está nas características intrínsecas das operações de derivativos e, consequentemente, dos instrumentos jurídicos que as formalizam. São elas: (i) protagonismo da lógica condicional, (iii) grande potencial de uniformização, (iii) alta complexidade operacional, (iv) alto valor das transações e (v) longa duração como regra geral.

Para entender melhor estas características, é preciso antes esclarecer o que vem a ser uma operação de derivativos. De acordo com o Portal do Investidor do governo federal:

> Derivativos são contratos que derivam a maior parte de seu valor de um ativo subjacente, taxa de referência ou índice. O ativo subjacente pode ser físico (café, ouro, etc.) ou financeiro (ações, taxas de juros, etc.), negociado no mercado à vista ou não (é possível construir um derivativo sobre outro derivativo).
>
> Os derivativos, em geral, são negociados sob a forma de contratos padronizados, isto é, previamente especificados (quantidade, qualidade, prazo de liquidação e forma de cotação do ativo-objeto sobre os quais se efetuam as negociações), em mercados organizados, com o fim de proporcionar, aos agentes econômicos, oportunidades para a realização de operações que viabilizem a

transferência de risco das flutuações de preços de ativos e de variáveis macroeconômicas[26].

Existem hoje quatro tipos de contratos de derivativos no mercado financeiro: (i) termo, (ii) futuro, (iii) opções e (iv) *swap*. Para esclarecer, de forma simples e direta, cada uma destas espécies, a B3 adota as seguintes definições:

Mercado a termo:

> Como comprador ou vendedor do contrato a termo, você se compromete a comprar ou vender certa quantidade de um bem (mercadoria ou ativo financeiro) por um preço fixado, ainda na data de realização do negócio. A data de realização do negócio e a realização são pré-estabelecidas para uma data futura. Os contratos a termo somente são liquidados integralmente no vencimento. Podem ser negociados em bolsa e no mercado de balcão.

Mercado futuro:

> Deve-se entender o mercado futuro como uma evolução do mercado a termo. Você se compromete a comprar ou vender certa quantidade de um ativo por um preço estipulado para a liquidação em data futura. A definição é semelhante, tendo como principal diferença a liquidação de seus compromissos somente na data de vencimento, no caso do mercado a termo. Já no mercado futuro, os compromissos são ajustados diariamente às expectativas do mercado referentes ao preço futuro daquele bem, por meio do ajuste diário (mecanismo que apura perdas e ganhos). Além disso, os contratos futuros são negociados somente em bolsas.

[26] Definição extraída do Portal do Investidor. Disponível em: https://www.investidor.gov.br/menu/Me nu_Investidor/derivativos/Derivativos_introducao.html#:~:text=Derivativos%20s%C3%A3o%20contratos%20que%20derivam,um%20derivativo%20sobre%20outro%20derivativo. Acesso em 21 jul. 2020.

Mercado de opções:

> No mercado de opções, negocia-se o direito de comprar ou de vender um bem por um preço fixo numa data futura. Quem adquirir o direito deve pagar um prêmio ao vendedor tal como num acordo seguro.

Mercado de *swaps*:

> No mercado de *swap*, negocia-se a troca de rentabilidade entre dois bens. Pode-se definir o contrato de *swap* como um acordo, entre duas partes, que estabelecem a troca de fluxo de caixa tendo como base a comparação da rentabilidade entre dois bens. A operação de *swap* é muito semelhante à operação a termo, uma vez que sua liquidação ocorre integralmente no vencimento.[27]

Ou seja, por definição, os contratos de derivativos são diretamente dependentes de uma lógica condicional para sua execução. Como consistem em arranjos atuais com exercício em data futura, a relação causa-efeito está no âmago do instrumento jurídico que formaliza a transação. Essa característica torna o contrato de derivativos um excelente candidato para a automatização. É importante ressaltar, porém, que apesar do grande potencial de automatização advindo especialmente da execução das transações, não são apenas as cláusulas operacionais que se beneficiarão da implantação em um *smart contract*. Elas "apenas" conferem aos instrumentos de derivativos sua grande capacidade de automatização.

[27] B3. Tipos de Mercados de Derivativos. Disponível em: http://www.bmfbovespa.com .br/pt-br/educacional/iniciantes/mercados-de-derivativos/tipos-de-mercados-derivativos/tipos-de-mercados-derivati vos.aspx. Acesso em: 20 jan. 2020.

Além disso, os contratos de derivativos apresentam também excelso potencial de uniformização. Graças aos incontestáveis esforços da ISDA na autorregulação dos instrumentos, é possível hoje negociar com relativa facilidade um contrato de derivativos com partes em quaisquer lugares do mundo. Aqui cabe um parêntese para melhor evidenciar as vantagens da uniformização das operações de derivativos em âmbito global, bem como o papel da ISDA nesse processo.

Criada em 1985 sob o nome *International Swap Dealers Association* e posteriormente alterando sua nomenclatura para *International Swaps and Derivatives Association*, a ISDA é hoje uma associação comercial composta de mais de 800 participantes de mais de 60 países, em todos os 6 continentes. Em 1992, a associação criou um contrato padronizado de derivativos denominado *ISDA Master Agreement* e desde então busca estabelecer e orientar transações de derivativos em âmbito mundial. Em 2002, este modelo contou com atualizações e melhorias. Tais iniciativas foram um divisor de águas nas transações com derivativos. A uniformização promovida pela ISDA trouxe eficiência e agilidade nas negociações de contratos de derivativos, ainda que as partes sejam de países com as mais diversas raízes culturais ou jurídicas. Hoje a ISDA conta com escritórios em Nova Iorque, Londres, Hong Kong, Tóquio, Washington, Bruxelas e Singapura. Segundo o *Corporate Finance Institute* (CFI), "a ISDA é uma importante entidade, que trabalha para criar uma padronização para quem opera no mercado de derivativos. A organização – e todos os seus participantes – trabalham coletivamente para instituir e assegurar um conjunto de padrões que definem e mantém um espaço seguro para que negociantes e usuários operem derivativos" (tradução livre).[28]

[28] *"The ISDA is an important entity, working to create a standard for those operating within the derivatives market. The organization – and all of its participants – work*

Em âmbito nacional, coube à Associação Brasileira das Entidades dos Mercados Financeiro e de Capitais (Anbima) a criação de um modelo de contrato de derivativos padrão no mercado. Com a introdução dos *smarts contracts*, essa via passa a ser de mão dupla e uma se beneficia da outra. Em outras palavras, ao mesmo tempo em que a implantação desta nova tecnologia se torna mais fácil por conta da uniformização já existente, a uniformização já existente obtém mais capacidade de evolução, inovação, distribuição e homogeneidade através da utilização dos *smart contracts*.

Outra característica que torna ideal a escolha dos contratos de derivativos é a sua alta complexidade operacional. Essa complexidade acaba refletida no instrumento jurídico, além, é claro, de nas operações em si, tanto na negociação quanto na execução das cláusulas. Vale ressaltar que um contrato de derivativos não é um simples instrumento, mas o conjunto de diversas documentações. Diferente do que ocorre, por exemplo, com instrumentos jurídicos simples como um contrato de prestação de serviços, fornecimento ou locação, uma operação de derivativos simples abrange, em geral: o convênio guarda-chuva de derivativos, que prevê as condições gerais de contratação; cadernos de fórmulas e definições; modelos de confirmações a serem emitidas futuramente a cada operação efetivada; instrumentos de garantia; extensas declarações de *suitability*; documentação e, é claro, as confirmações de cada operação embaixo deste convênio. Ainda que os esforços da ISDA e da Anbima muito tenham colaborado para a redução e simplificação de todos estes instrumentos, eles ainda são consideravelmente volumosos e representam, em última instância, o retrato da complexidade por trás

collectively to institute and uphold a set of standards that define and maintain a safe space for derivative traders and users to operate in". Disponível em: https://corporatefinanceinstitute.com/resources/knowledge/trading-investing/internation al-swaps-and-derivatives-association-isda/. Acesso em: 10 jul. 2020.

de uma transação de derivativos. Nesse cenário, a automação trazida pela implantação de um *smart contract* traria eficiência, destecendo a sua complexidade natural e convertendo-a em agilidade e redução de custos para todas as partes envolvidas na transação.

Um quarto motivo que justifica a inserção do *blockchain* no mundo dos derivativos é o alto valor destes contratos. Além dos elevados valores envolvidos na negociação de derivativos, são também vultuosas as quantias negociadas dentro dos instrumentos jurídicos. Negociações de valores elevados se beneficiam da proteção contra fraudes e da garantia de cumprimento do contrato que os *smart contracts* proporcionam.

Finalmente, outra evidente característica dos contratos de derivativos, que faz com que estes sejam um campo experimental ideal, é a longa duração destas operações. A implantação da estrutura tecnológica não é (ainda) um procedimento simples, de forma que sua inserção em uma estrutura contratual de curto ou até mesmo médio prazo não se justifica. Nesse sentido, o benefício se torna bem maior que o custo quando é possível que o sistema rode por um período prolongado. As operações de derivativos, por serem usualmente de longo prazo, conferem o que seria o cenário ideal para um projeto inicial.

4. Vantagens de utilizar *smart contracts* em transações de derivativos

Diretamente correlacionadas com os motivos de os contratos de derivativos serem selecionados para um primeiro contato com a iniciativa de implantar os *smart contracts*, estão as vantagens dessa fusão. É possível citar como benefícios imediatos deste intento: (i) o ganho de eficiência operacional, (ii) corte de custos, (iii) uniformização de processos e instrumentos jurídicos, (iv) maior garantia de executabilidade, (v) redução de fraudes, (vi) aumento de segurança nas transações e (vii) simplificação.

Não obstantes os esforços da ISDA de uniformização e simplificação, as negociações e operações de derivativos ainda representam um mercado complexo e, até certo ponto, ineficiente. As mudanças regulatórias instigadas pelo G20 após a crise financeira mundial de 2008 afetaram quase todas as etapas da transação de derivativos, adicionando novas camadas de complexidade a um ecossistema que já contava com diversos entraves. As novas tecnologias permitem uma reformulação fundamental da infraestrutura de derivativos, trazendo a eficiência operacional ao acelerar procedimentos e diminuir riscos[29]. O potencial ganho de eficiência operacional é tão axiomático que a própria ISDA elaborou, em 2016, um *whitepaper* destacando como *smart contracts* e DLT poderiam desempenhar o papel principal no desenvolvimento de um novo formato de infraestrutura de derivativos[30].

Dentro da mesma lógica, o *blockchain* tem capacidade de promover uma redução de custos. Além de mais complexas, as operações de derivativos também têm se tornado mais custosas por questões regulamentais. Em busca de maior segurança e ainda trilhando o caminho de uma padronização, a documentação recomendada pela ISDA é intricada, volumosa e requer grande tempo de negociação. Tal fluxo requer, ainda, uma análise jurídica complexa e profissionais especializados no assunto. Tudo isso custa para as partes montantes vultosos. Nesse ponto, a implantação de um sistema tecnológico que processasse a operação de ponta a ponta poderia simplificar todas as etapas da transação, facilitar a atuação de todos os profissionais envolvidos,

[29] CALLAGHAN, Mike. et al. Financial regulation and the G20. Disponível em: https://www.files.ethz.ch/isn /166750/g20_and_financial_regulation_monitor_.pdf. Acesso em: 11 jul. 2020.

[30] ISDA. ISDA Whitepaper: The future of derivatives processing and market infrastructure. 2016. Disponível em: https://www.isda.org/a/B9EDE/infrastructure-white-paper.pdf. Acesso em 7 mai. 2020.

apresentar instrumentos já aprovados pela ISDA (ou Anbima, em âmbito nacional) e agilizar o fechamento da operação.

Diretamente ligado ao ganho de eficiência operacional e redução de custos está um terceiro benefício da inserção dos *smart contracts* em operações de derivativos: a uniformização dos processos e dos instrumentos jurídicos. Estas três vantagens andam em conjunto e não há como se falar de uma sem que as outras duas venham como consequência direta. Ainda assim, são elementos diferentes. A uniformização promovida pela inserção de uma DLT na estrutura do mercado de derivativos também afetaria, por exemplo, a própria ISDA. Seus esforços de padronização seriam exponencialmente potencializados, sendo possível até mesmo pensar em um sistema único de negociação de contratos de derivativos a nível global.

Com características divergentes das anteriores, outra vantagem que podemos citar é a maior garantia de execução dos contratos de derivativos. Esse é um ponto positivo que se aplica da mesma forma a qualquer instrumento jurídico com um sistema de *blockchain* por trás. Em resumo, *smart contracts* conseguem assegurar a execução automática de um contrato, com base em um conjunto de diretrizes acordadas entre as partes na negociação da operação. Uma vez implantado o contrato, não há como uma parte voltar atrás sozinha e, unilateralmente, alterar os termos combinados. Dessa forma, o próprio protocolo garante a execução do contrato, sem que seja necessária a atuação de uma ou outra parte, tampouco a atuação de um intermediador. O código é, por si só, seguro e imparcial. Segundo Stuart D. Levi, "um benefício dos *smart contracts* frequentemente mencionado é que eles podem automatizar pagamentos sem a necessidade de notificações ou despesas de cobrança, e sem a necessidade de ir a juízo para obter uma sentença ordenando o pagamento" (tradução livre)[31].

31 "*One benefit often touted of smart contracts is that they can automate payment without the need for dunning notices or other collection expenses and without the need to go to court*

Uma consequência direta da atuação do código, e também outra vantagem de integrar contratos de derivativos com *smart contracts*, é o potencial de redução de fraudes nas operações. Esse benefício advém de duas das principais características do *blockchain*: transparência e imutabilidade dos registros. Tudo que ocorre neste tipo de DLT fica permanentemente registrado, sendo impossível que registros já consolidados na cadeia de blocos sejam alterados. Além disso, dependendo do tipo de tecnologia utilizado, é possível que esta cadeia de registros seja totalmente visível para algumas ou todas as partes, permitindo assim que qualquer interferência possa ser imediatamente identificada por qualquer interessado, ou por um terceiro responsável por auditar as transações. Em seu site, a Ethereum é descrita como uma plataforma "que roda *smart contracts*: aplicações que executam exatamente o que foi programado, sem nenhuma possibilidade de atraso, censura, fraude ou interferência de terceiros"[32].

Essa característica está atrelada ao aumento de segurança das transações em si. Ter todo o protocolo e diretrizes operacionais já estabelecidas no sistema, sem que haja interferência manual em cada uma das confirmações sob o contrato máster de derivativos, reduz o risco de erro humano e operacional. Dessa forma, ao mesmo tempo em que os *smart contracts* trazem maior segurança para o contrato em um nível externo, blindando-o

to obtain a judgment mandating payment". LEVI, Stuart D. et al. An Introduction to Smart Contracts and Their Potential and Inherent Limitations. Harvard Law School Forum on Corporate Governance. Disponível em: https://corpgov.law.harvard .edu/2018/05/26/an-introduction-to-smart-contracts-and-their-potential-and-inherent-limitations/. Acesso em: 03 jul. 2020.

32 "*Ethereum is a decentralized platform that runs smart contracts: applications that run exactly as programmed without any possibility of downtime, censorship, fraud or third-party interference*". ETHEREUM. 2015. Disponível em: https://ethereum.org. Acesso em: 07 mai. 2020.

de fraudes, censura e interferências de terceiros, eles também fornecem maior segurança dentro do contrato, resguardando-o de interposições posteriores de quaisquer das partes, bem como preservando os termos inicialmente ajustados entre elas, não permitindo sequer um atraso na execução.

Todas as vantagens citadas anteriormente deságuam em uma final: a simplificação. O ganho de eficiência, o corte de custos, a uniformização de processos e instrumentos, a maior garantia de execução e o aumento da segurança trarão ao mercado de derivativos, sem sombra de dúvidas, a praticabilidade que hoje tanto lhe carece. A simplificação dos processos se traduzirá em menos interferência humana e menos tempo de negociação, formalização e execução das operações. É importante destacar também que estamos falando de uma simplificação aprimorada, que não importa em redução de seguridade em nenhum dos procedimentos envolvidos em uma transação de derivativos. Pelo contrário, os *smart contracts* trazem consigo uma simplificação advinda da eficiência.

5. Abordagem prática

Após explorar a definição e as funções dos *smart contracts* e entender como estes podem ser aplicados nas operações de derivativos, cabe partir para uma demonstração mais prática e visual de como é possível mesclar os dois mundos.

Logo de início, é importante a ressalva de que serão usados como exemplos os modelos contratuais de convênios de derivativos da ISDA e estes foram, naturalmente, elaborados em língua inglesa. A fim de manter a integralidade das cláusulas citadas, bem como as linguagens mais comuns hoje em TI, e, dessa forma, manter a precisão do trabalho, as cláusulas retiradas do *Master Agreement* da ISDA serão mantidas em língua inglesa neste capítulo, assim como as estruturas condicionais e operadores utilizados em TI.

Além disso, é importante também ressalvar que as estruturas de "codificação" propostas nesse trabalho são modelos simples, que serão apresentadas apenas com fins didáticos. O objetivo é, primordialmente, estabelecer um paralelo entre a linguagem jurídica e a linguagem computacional e demonstrar a possibilidade de se estabelecer uma comunicação entre elas.

Superados estes pontos, para uma abordagem prática é necessário fixar a estrutura contratual a ser seguida. Como já citado no capítulo 2.5 deste trabalho, será adotado o modelo interno. Dentro deste modelo, que pressupõe a inserção do código computacional dentro do instrumento jurídico, duas estruturas são imediatamente concebidas:

A primeira consiste na inclusão do código computacional como um anexo do convênio de derivativos. Dessa forma, o contrato teria partes em linguagem humana e partes em linguagem computacional. Seria também necessária a inclusão de uma cláusula prevendo que todos os *outputs* gerados pelo código anexado seriam vinculantes para ambas as partes. Essa solução seria menos trabalhosa na medida em que não exige a alteração das cláusulas em si, o que tornaria a construção do contrato mais simples. Por outro lado, tornaria o instrumento jurídico muito mais volumoso. Tendo em vista que um convênio de derivativos atualmente já é um modelo contratual extenso, a inclusão de todo o código como anexo acabaria por acentuar uma característica que hoje os advogados buscam combater.

A segunda estrutura possível seria uma homogeneização da linguagem humana e da linguagem computacional no próprio corpo do convênio de derivativos. Os desafios dessa proposta são evidentes, tendo, como o principal destes, o intenso trabalho de mesclar os dois tipos de linguagem – o que pressupõe uma outra tarefa hercúlea: simplificar a linguagem jurídica hoje utilizada nos instrumentos contratuais. Entretanto, uma vez implementada esta estrutura, os ganhos de eficiência seriam inestimáveis, sem risco de divergências entre o descrito contratualmente e o efetivamente executado pelo sistema computacional. Em seu livro *Code and Other Laws of Cyberspace*, Lawrence Lessig defende a teoria de que o "código é lei"[33] no cyberespaço. Com a implementação dessa estrutura de *smart contracts*, poderíamos, de forma análoga, afirmar que o "código é contrato".

Apesar do desafio, é interessante notar que, em determinados quesitos, as ciências computacional e jurídica já são hoje consideravelmente semelhantes. Podemos citar como exemplo disso a denominação das partes, comum nos instrumentos jurídicos. Nos convênios de derivativos, com frequência encontramos esse formato:

> "*Party A*: Banco XYZ S.A.
> *Party B*: Empresa ABC S.A."

O mesmo ocorre nos programas computacionais. A fim de facilitar o raciocínio e o trabalho do programador, bem como simplificar o código, é comum "declarar" as variáveis seguindo a mesma lógica que os advogados utilizam em contratos jurídicos. Nesse sentido, o trecho contratual acima poderia ser escrito, em linguagem computacional, como:

> "*Party A* = Banco XYZ S.A.
> *Party B* = Empresa ABC S.A."

Nesse caso, notoriamente as mudanças são poucas e as adaptações quase nulas. Um programa de computador poderia ler com facilidade o próprio contrato e executá-lo "ao pé da letra". Entretanto, outras cláusulas não apresentam a mesma facilidade

[33] "*Code is law*". LESSIG, Lawrence. *Code and Other Laws of Cyberspace*. Basic Books, 1999.

e necessitam de adaptações mais complexas – o que não impossibilitaria, de forma alguma, a sua leitura por uma plataforma de *smart contract*. Um bom exemplo seria a cláusula de *Termination Currency* presente no ISDA *Master Agreement* de 2002:

> *"'**Termination Currency**' means (a) if a Termination Currency is specified in the Schedule and that currency is freely available, that currency, and (b) otherwise, euro if this Agreement is expressed to be governed by English law or United States Dollars if this Agreement is expressed to be governed by the laws of the State of New York."*

Para que seja possível a sua mescla com a linguagem computacional, seria necessário, antes de tudo, a simplificação de seu texto. Essa etapa é um ponto crucial e extremamente relevante, não só quando tentamos traduzir um instrumento contratual para o mundo da tecnologia, mas para a evolução do Direito como um todo. Hoje, em um contexto de velocidade de informação e comunicação, a simplificação da linguagem em todas as esferas humanas é mais do que uma tendência, é uma necessidade. O Direito não pode, de forma alguma, ir contra o seu contexto social. Além disso, mais que uma questão de adaptação aos novos tempos, o desembaraço da linguagem jurídica é uma poderosa ferramenta para tornar possível um acesso mais democrático à justiça.

Sendo uma necessidade inerente ao ordenamento jurídico como um todo, é possível acreditar que a transformação da linguagem jurídica virá, independente dos *smart contracts*. Nesse contexto, poderíamos cogitar que a cláusula acima poderia em um futuro próximo ser reescrita como:

> *"'**Termination Currency**' means:*
>
> *(a) the Termination Currency specified in the Schedule, if that currency is freely available, otherwise:*

(b) Euro, if this Agreement is governed by English law, or
(c) United States Dollars, if this Agreement is governed by New York law."

Vale observar que as mudanças, apesar de sutis, facilitam o entendimento da cláusula. Se a totalidade do contrato passasse por um procedimento semelhante, poderíamos ter instrumentos jurídicos menores e de mais fácil compreensão para um número maior de pessoas.

Esta etapa intermediária seria um esforço hoje necessário, mas que, com o tempo, poderia ser suprimida diante do processo, natural e inevitável, de evolução jurídica. Superado este ponto, restaria apenas uma última etapa na inserção da cláusula em uma plataforma de *smart contracts*: a maior aproximação com a linguagem das máquinas. Com esse objetivo, poderíamos considerar a seguinte versão da cláusula de *Termination Currency*:

"Termination Currency =
IF
Currency is specified in the Schedule AND Currency is freely available;
THEN
Termination Currency = specified in the Schedule;
ELSE
IF
Agreement is governed by English law
THEN
Termination Currency = Euro
IF
Agreement is governed by New York law;
THEN
Termination Currency = US Dollars"

Se quiséssemos dar mais um pequeno passo adiante na linguagem computacional, poderíamos ainda deixar de lado alguns elementos previstos na linguagem humana da cláusula, deixando-a da seguinte forma:

> “***Termination Currency*** =
> *IF*
> *Currency is specified in the Schedule AND Currency is freely available;*
> *THEN*
> *Termination Currency = specified in the Schedule;*
> *ELSE*
>   *IF*
>   *Agreement is governed by English law*
>   *THEN*
>   *Termination Currency = Euro*
>   *ELSE*
>   *Termination Currency = US Dollars*”

É possível perceber que, mesmo com essa alteração, o teor da cláusula se mantém. Entretanto, ao mesmo tempo em que se torna mais simples e de mais fácil compreensão para as máquinas, torna-se mais complicada para os humanos. O mesmo raciocínio lógico que permite excluir a previsão “*IF Agreement is governed by New York law*” (pois o contrato apenas seguirá ou as leis de Nova Iorque, ou as leis da Inglaterra), exige do ser humano um trajeto de pensamento mais complexo para se chegar nessa mesma conclusão.

Este é um bom exemplo de como esses dois mundos interagem e dos pontos de decisão que surgirão dentro do processo de elaboração de um *smart contract* dentro de um modelo interno. As cláusulas ora se aproximarão mais da linguagem humana, ora da computacional. É possível ainda que determinadas cláusulas não precisem de nenhuma adaptação, pois serão irrelevantes para a DLT.

É necessário novamente frisar que a sugestão acima não contempla a forma mais pura e lapidada da linguagem computacional e nem segue todos os requisitos de nenhuma linguagem de programação específica, representando apenas a lógica computacional por trás da tecnologia da informação, para fins didáticos. O objetivo é apenas criar uma ponte entre o universo jurídico e o tecnológico, de maneira que tantos advogados quanto profissionais de TI possam compreender uma cláusula da mesma forma. Assim, a redação proposta é evidentemente ainda passível de melhoria e de lapidação.

Em todo caso, é possível observar que as adaptações são complexas, mas perfeitamente possíveis de serem feitas em cláusulas desta natureza, que apresentam uma clara lógica condicional. Além disso, a proposta segue com excelência o padrão previsto pela ISDA em seu artigo *Smart Derivatives Contracts: From Concept to Construction*[34]. Vale observar, porém, que outras cláusulas não seriam adaptáveis da mesma forma, seja por não ser interessante para as partes que sejam submetidas a execução automática, seja porque não há a necessidade de sua implementação. Estas ressalvas serão mais bem exploradas no próximo capítulo, ao serem abordados os pontos de atenção da proposta. Por outro lado, cláusulas mais operacionais, bem como aquelas contendo cálculos e fórmulas complexas, poderiam se beneficiar exponencialmente desta nova estrutura.

6. Pontos de atenção

Apesar das diversas vantagens da inserção dos *smart contracts* nas operações de derivativos, os riscos e desafios dessa implementação não podem ser ignorados. Especialmente por se tratar de

[34] ISDA; KING & WOOD MALLESONS. *Smart Derivatives Contracts – From Concept to Construction*. 2018. Disponível em: https://www.isda.org/a/cHvEE/Smart-Derivatives-Contracts-From-Concept-to-Construction-Oct-2018.pdf. Acesso em: 21 mai. 2020.

uma tecnologia incipiente, ainda é impossível prever com previsão todos os efeitos, positivos ou negativos, desta empreitada. Não obstante, determinados objetos de cautela são já possíveis de serem evidenciados: (i) idioma, (ii) escolha da automatização, (iii) custo-benefício, (iv) necessidade de simplificação da linguagem jurídica, (v) linguagem humana x linguagem computacional e (vi) complexidades fora do contrato.

O primeiro ponto de atenção a ser citado é hoje a questão linguística. Como observado no capítulo anterior, um ISDA *Master Agreement* padrão está originalmente no idioma inglês, assim como as linguagens de programação mais utilizadas. Entretanto, quando trabalhamos com um Contrato Global de Derivativos padrão da Anbima, estamos lidando com cláusulas em português e, até o presente momento, não houve a divulgação de nenhuma linguagem de programação no idioma nacional. Isso impõe um grande desafio na implementação de um modelo interno de *smart contract*, conforme apresentado neste trabalho. Uma possível saída poderia ser estruturar o contrato em formato bicolunado, a exemplo do que já fazem os advogados hoje em instrumentos jurídicos bilíngues. De uma forma ou de outra, a predominância das linguagens de programação em língua inglesa impõe um desafio a mais e colocam um ponto de decisão para os profissionais envolvidos no desenvolvimento de *smart contracts* em outros idiomas.

Há também a escolha da automatização. Este ponto de atenção recai sobre as partes e sobre a decisão do que deve ou não ser automatizado dentro do contrato. Ainda que trabalhem com o modelo interno, não há necessidade de que seja automatizado em sua totalidade. As partes podem eleger o que o *smart contract* poderá executar automaticamente, deixando determinadas cláusulas para análise futura, no momento apropriado. Um bom exemplo disso é a cláusula de vencimento antecipado dentro de um convênio de derivativos. Ainda que uma das partes entre em *default* e se enquadre em uma das hipóteses previstas que poderiam causar o aceleramento do contrato, a outra parte pode optar por não exercer o seu direito de vencer antecipadamente as operações. Seja por não obter com isso nenhum benefício, seja por optar por manter um bom relacionamento com a parte infratora, ou por quaisquer outros motivos, cabe a parte inocente decidir se quer ou não executar a cláusula. A automatização, nesse caso, não seria desejável. Ainda que fosse possível que a plataforma conseguisse atingir um nível de capacidade de análise que lhe permitisse considerar as subjetividades das partes em seu processo de execução, haveria o risco de uma ou outra parte não concordar com a decisão tomada por fatores que não foram considerados, ou não existiam, no momento de programação do sistema.

Além disso, há cláusulas que naturalmente não precisam de automatização. Podemos citar como exemplo a cláusula que estabelece o foro ou jurisdição contratual. Ainda que a eleição de uma ou outra jurisdição traga consequências ao convênio de derivativos, a cláusula, em si, não contém nenhum dado passível de ser executado automaticamente. Dessa forma, é preciso considerar que as melhores práticas exigem das partes o cuidado de selecionar com atenção o que deve ou não ser automatizado.

O terceiro ponto de atenção é relacionado ao custo-benefício. O desenvolvimento de uma plataforma, ou até mesmo a elaboração de um *smart contract* em uma plataforma já existente, é um procedimento hoje ainda muito custoso. Por ser uma tecnologia incipiente, os profissionais, tanto de TI quanto de Direito, ainda estão se especializando no assunto. A baixa concorrência de fornecedores aumenta o preço de produtos e serviços em *blockchain* e, ainda que em um futuro próximo esse cenário mude, ainda seria um procedimento técnico e elaborado. Nesse contexto, caso os benefícios da implantação do *smart contract* não superem os elevados custos, poderiam ser cogitadas outras soluções tecnológicas um pouco menos arrojadas.

Como exposto no capítulo anterior deste trabalho, um ponto de atenção relevante, ainda que não diretamente ligado aos desafios tecnológicos, é a simplificação da linguagem dos instrumentos jurídicos. Expondo de maneira clara e direta: não é viável a implementação de contratos em "juridiquês" em uma plataforma de DLT. A intrincada linguagem jurídica ainda hoje, infelizmente, utilizada em diversos instrumentos representa um obstáculo indesejado e desnecessário no processo de adaptação das cláusulas contratuais aos sistemas tecnológicos. Felizmente, este é um ponto de atenção que tende a desaparecer sozinho, como consequência natural da evolução do Direito.

Diretamente ligado ao item anterior, mas dele independente, está o desafio de criar um diálogo entre a linguagem humana e a linguagem computacional. Caso o *smart contract* não traduza à risca o que contemplam as cláusulas contratuais alinhadas entre as partes, há risco tanto jurídico quanto operacional para ambas. Conforme exposto nesse trabalho, o modelo interno exige um cuidado maior nesse sentido, pois demanda maior convergência entre o Direito e a Tecnologia da Informação. Enquanto a fusão destas ciências não ocorre de maneira homogênea, ou pelo menos a ponto de mitigar os riscos causados por divergências entre instrumento jurídico e código computacional, uma saída poderia ser a inclusão de uma cláusula ou a assinatura de um termo pelo programador, declarando que o código performa como acordado entre as partes. Tal documento se aproximaria do que hoje as partes assinam com um provedor de serviços de *Electronic Data Interchange* (EDI).

Por fim, o ponto de atenção mais desafiador de todos talvez seja o que se refere às complexidades fora do contrato. Para que sejam capazes de se executarem automaticamente, os *smart contracts* precisam receber informações do "mundo real" que afetem as cláusulas contratuais. Em derivativos, podemos citar, por exemplo, os valores dos índices envolvidos em uma operação de *swap* ou os valores das moedas em um NDF. Para buscar esses valores, o sistema precisa buscar informações em uma fonte de dados externa à plataforma. Em TI, esta fonte é denominada *oracle*. A definição e implantação de um *oracle* significa que as partes confiam naquela fonte de dados e que não contestarão as informações vindas dela. Outro desafio, além da qualidade, é a quantidade de dados fornecidos por um *oracle*. Enquanto uma taxa de câmbio é fácil de ser obtida, outras informações não são tão facilmente obtidas ou interpretadas por uma máquina. Um exemplo a ser citado são as alterações de normas que ocorrem de tempos em tempos em qualquer ordenamento jurídico. Um *oracle* não teria como, automaticamente, identificar o que precisa ser alterado e automaticamente implementar as atualizações normativas trazidas por leis ou regulações. Em casos como esses, uma intervenção manual seria necessária.

Conclusões

É interessante notar que desde a primeira transação de *swap*, ocorrida em 1981 entre a IBM e o Banco Mundial, o mercado de derivativos evoluiu em um modelo de progressão geométrica. Enquanto a implantação da primeira negociação de margem inicial em uma plataforma totalmente eletrônica teve que esperar 38 anos, o próximo passo evolutivo já se apresenta diante de nós. O advento das denominadas "novas tecnologias" traz consigo uma gama de oportunidades de inovação. Mais especificamente, os *smart contracts* têm elevado potencial de trazer ao mercado de derivativos eficiência, redução de custos, uniformização, simplificação e maior segurança.

Para que seja possível uma implementação eficaz destes instrumentos jurídicos em uma plataforma de *smart contracts*, alguns pontos-chave devem ser levados em conta, como o fato de que nem todo *smart contract* representa um contrato jurídico, determinados contratos e cláusulas contratuais não podem ou não devem ser automatizados, padrões humanos são necessários para garantir a operabilidade dos *smart contracts* e a linguagem humana natural precisa passar por um processo de simplificação.

Nesse cenário de implementação dos *smart contracts*, algumas escolhas devem ser feitas, sendo talvez a maior delas se o texto jurídico e o código seguirão juntos ou apartados e, consequentemente, se a linguagem humana e a computacional dialogarão ou apenas terão um ponto de conjunção. Ainda que seja possível definir, em um primeiro momento, que esses dois mundos andem lado a lado em um esforço conjunto em prol do mercado de derivativos, é mais vantajoso acreditar que a homogeneização deles seria capaz de trazer uma maior gama de benefícios. Para isso, entretanto, é preciso ter em mente alguns pontos de atenção, como o custo-benefício, a necessidade de simplificação da linguagem jurídica, a interação da linguagem humana com a linguagem computacional e as complexidades externas ao contrato.

Referências

B3. **Tipos de Mercados de Derivativos.** Disponível em: http://www.bmfbovespa.com .br/pt-br/educacional/iniciantes/mercados-de-derivativos/tipos-de-mercados-derivativ os/tipos-de-mercados-derivativos.aspx. Acesso em: 20 jan. 2020.

BAKSHI, Vikram A.; BRAINE, Lee; CLACK, Cristopher D. **Smart Contract Templates: foundations, design landscape and research directions.** 2016. Disponível em: https://www.researchgate.net/publication/305779577_Smart_Contract_Templates_foundations_design_landscape_and_research_directions_CDClack_VABakshi_and_LBraine_arxiv160800771_2016. Acesso em: 11 mai. 2020.

BRASIL. Constituição (1988). Constituição da República Federativa do Brasil. Brasília, DF,1988.

BRASIL. Lei n. 10.406, 10 de janeiro de 2002. Institui o Código Civil. **Diário Oficial da União**, Brasília, DF, 11 jan. 2002. Disponível em: http://www.planalto.gov.br/ccivil_03/ Leis/2002/L10406compilada.htm.Acesso em: 30 abr. 2020.

CFI. **What is the International Swaps and Derivatives Association (ISDA)?**. Disponível em: https://corporatefinanceinstitute.com/resources/knowledge/trading-investing/inter national-swaps-and-derivatives-association-isda/. Acesso em: 10 jul. 2020.

CALLAGHAN, Mike. et al. **Financial regulation and the G20**. Disponível em: https://www.files.ethz.ch/isn/166750/g20_and_financial_regulation_monitor_.pdf. Acesso em: 11 jul. 2020.

CLACK, Cristopher D.; MCGONAGLE, Ciarán. **Smart derivatives contracts: the ISDA master agreement and the automation of payments and deliveries**. 2019. Disponível em: https://arxiv.org/pdf/1904.01461.pdf. Acesso em: 28 mai. 2020.

CLIFFORD CHANCE. Et al. **Private international law aspects of smart derivatives contracts utilizing distributed ledger technology**. 2020. Disponível em: https://www.isda.org/a/4RJTE/Private-International-Law-Aspects-of-Smart-Derivative s-Contracts-Ut ilizing-DLT.pdf. Acesso em 24 mai. 2020.

COINMARKETCAP. 2020. Disponível em: https://coinmarketcap.com/. Acesso em: 04 mai. 2020.

COINTELEGRAPH. **What is cryptocurrency. Guide for beginners**. Disponível em: https://cointelegraph.com/bitcoin-for-beginners/what-are-cryptocurrencies. Acesso em: 11 mai. 2020.

CONSENSYS. Disponível em: https://consensys.net/. Acesso em 13 mai. 2020.

DINIZ, Maria Helena. **Curso de direito civil brasileiro**. vol. 3. São Paulo: Saraiva, 2008. p. 30.

ETHEREUM. 2015. Disponível em: https://ethereum.org. Acesso em: 07 mai. 2020.

ETHEREUM. **Introduction to smart contracts**. Disponível em: https://solidity. readthedocs.io/en/v0.6.7/introduction-to-smart-contracts.html#. Acesso em: 08 mai. 2020.

ETHEREUM. **Solidity**. Disponível em: https://solidity.readthedocs.io/en/v0.6.11/. Acesso em: 08 mai. 2020.

ETHEREUM. **Getting started with smart contracts and solidity**. Disponível em: https://ethereum.org/java/#getting-started-with-smart-contracts-and-solidity. Acesso em: 08 mai. 2020.

ETHEREUM FOUNDATION. Disponível em: https://ethereum.foundation/. Acesso em: 05 fev. 2020.

EXTROPY INSTITUTE. Disponível em: http://www.extropy.org/publications.htm. Acesso em: 20 fev. 2020.

GAVIN WOOD. Disponível em: https://gavwood.com/. Acesso em: 03 jun. 2020.

GORD, Michael. **Smart contracts described by Nick Szabo 20 years ago now becoming reality**. Disponível em: https://bitcoinmagazine.com/articles/smart-contra cts-described-by-nick-szabo-years-ago-now-becoming-reality-1461693751. Acesso em: 20 fev. 2020.

HASSABIS, Demis. The mind in the machine: Demis Hassabis on artificial intelligence. **Financial Times**, 22 abr. 2017. Disponível em: https://www.ft.com/content/048f418c-2487-11e7-a34a-538b4cb30025.Acesso em: 01 jun. 2020.

HERTIG, Alyssa. **Who created Ethereum?**. Disponível em: https://www.coindesk. com/learn/ethereum-101/who-created-ethereum. Acesso em: 03 mai. 2020.

IBM. **Hyperledger Fabric: the flexible blockchain framework that's changing the business world**. Disponível em: https://www.ibm.com/blockchain/hyperledger. Acesso em: 12 fev. 2020.

ISDA. **ISDA Whitepaper: The future of derivatives processing and market infrastructure**. 2016. Disponível em: https://www.isda.org/a/B9EDE/infrastructure-white-paper.pdf. Acesso em 7 mai. 2020.

ISDA. **Legal guidelines for smart derivatives contracts: Collateral**. 2019. Disponível em: https://www.isda.org/a/VTkTE/Legal-Guidelines-for-Smart-Derivatives -Contracts-Collateral.pdf. Acesso em: 27 mai. 2020.

ISDA. **Legal guidelines for smart derivatives contracts: Introduction**. 2019. Disponível em: https://www.isda.org/a/MhgME/Legal-Guidelines-for-Smart-Derivati ves-Contracts-Introduction.pdf. Acesso em: 26 mai. 2020.

ISDA. **Legal guidelines for smart derivatives contracts: ISDA Master Agreement**. 2019. Disponível em: https://www.isda.org/a/23iME/Legal-Guidelines-for-Smart-Derivatives-Contracts-ISDA-Master-Agreement.pdf. Acesso em: 26 mai. 2020.

ISDA; KING & WOOD MALLESONS. **Smart Derivatives Contracts – From Concept to Construction**. 2018. Disponível em: https://www.isda.org/a/cHvEE/Smart-Derivatives-Contracts-From-Concept-to-Construction-Oct-2018.pdf. Acesso em: 21 mai. 2020.

LESSIG, Lawrence. **Code and Other Laws of Cyberspace**. Basic Books, 1999.

LEVI, Stuart D. et al. An Introduction to Smart Contracts and Their Potential and Inherent Limitations. **Harvard Law School Forum on Corporate Governance**. Disponível em: https://corpgov.law.harvard.edu/2018/05/26/an-introduction-to-smart-contracts-and-their-potential-and-inherent-limitations/. Acesso em: 03 jul. 2020.

LINKLATERS. **Whitepaper: Smart contracts and distributed ledger – A legal perspective**. 2017. Disponível em: https://www.isda.org/a/6EKDE/smart-contracts-and-distributed-ledger-a-legal-perspective.pdf. Acesso em: 20 mai. 2020.

NAKAMOTO, Satoshi. **Bitcoin: a peer-to-peer electronic cash system**. Disponível em: https://bitcoin.org/bitcoin.pdf. Acesso em: 04 mai. 2020.

O'MALIA, Scott. **A First for Derivatives Markets**. Disponível em: https://www.isda.org/2019/08/29/a-first-for-derivatives-markets/. Acesso em: 03 jul. 2020.

PERRAGIN, Charles; RENOUARD, Guillaume. **O mito do transumanismo**. Disponível em: https://diplomatique.org.br/o-mito-do-transumanismo/. Acesso em: 20 fev. 2020.

PEREIRA, Caio Mário da Silva. **Instituições de direito civil: Contratos**. Vol. III. 17. ed. Rio de Janeiro: GEN-Forense, 2013.

PIETERS, Gina. **What is a cryptocurrency? We need clearer definitions**. Disponível em: https://www.coindesk.com/what-is-a-cryptocurrency--we-need-clearer-definitions. Acesso em: 05 mai. 2020.

PORTAL DO INVESTIDOR. Disponível em: https://www.investidor.gov.br/menu/Me nu_Investidor/derivativos/Derivativos_introducao.html#:~:text=Derivativos%20s%C3%A3o%20contratos%20que%20derivam,um%20derivativo%20sobre%20outro%20derivativo). Acesso em 21 jul. 2020.

R3. **The Corda platform — open source + enterprise**. Disponível em: https://www.r3.com/corda-platform/. Acesso 12 fev. 2020.

SWAN, Melanie. **Blockchain: Blueprint for a new economy**. Newton: O'Reilly, 2015.

SZABO, Nick. Smart Contracts: Building Blocks for Digital Markets. **Extropy Magazine**, 2016. Disponível em: http://www.fon.hum.uva.nl/rob/Courses/Informati onIn. Acesso em: 03 fev. 2020.

RESPONSABILIZAÇÃO DOS ADMINISTRADORES: UMA ANÁLISE ECONÔMICA E JURÍDICA DA APLICAÇÃO DOS DEVERES FIDUCIÁRIOS

Luiz Ferrua Neto

Introdução

A responsabilidade dos administradores, conselheiros e gestores deve ser corretamente compreendida, uma vez que mesmo decisões tomadas de boa-fé, atendendo o estatuto da companhia e regulamentos, com o intuito de maximizar o valor da empresa e o retorno para o acionista ou investidor, podem levar a empresa a falência ou a retornos financeiros indesejados.

Em um mercado competitivo, o preço dos ativos tem um comportamento imprevisível, aleatório. Portanto, mesmo o administrador tendo o poder discricionário nas decisões não há como esperar que risco possa ser eliminado, deixando somente o lado positivo das possibilidades do retorno do investimento para o investidor ou acionista.

Os deveres fiduciários buscam assegurar que as decisões dos administradores sejam realizadas no melhor interesse da companhia, estabelecendo um mecanismo de incentivo que alinha os interesses dos acionistas com os dos administradores para obter retorno sobre o capital investido[1]. Os deveres fiduciários

[1] Silveira, Alexandre di Miceli. **Governança Corporativa no Brasil e no Mundo**: Teoria e Prática. Rio de Janeiro: Elsevier, 2010.

somente têm relevância na presença de contratos incompletos, pois somente nestas condições há discricionariedade das decisões dos gestores e administradores[2].

A responsabilidade dos administradores está contemplada na Lei n. 6.404, de 15 de dezembro de 1976 ("Lei das Sociedades Anônimas"), que dedicou os artigos 153 a 157 à responsabilidade dos administradores definindo o Dever de Diligência, Dever de Lealdade, Dever de Informar, Dever de não Intervir em qualquer operação em que tiver interesse conflitante com o da companhia e satisfazer as exigências do bem público e da função social da empresa.

A atividade mais relevante de um administrador é tomar decisões no melhor interesse de longo prazo da companhia. Esta atividade está amparada no art. 2º da Lei das Sociedades Anônimas, que define o fim lucrativo como objeto social da companhia, desde que este fim não seja contrário à lei, à ordem pública e aos bons costumes. Para obter lucro em um ambiente competitivo envolve riscos requer estratégias que se diferenciam do obvio.

O que torna o trabalho do administrador ainda mais complexo é que as decisões serão avaliadas após o fato ocorrido (*ex post*) e estão sujeitas a possíveis erros cognitivos de quem analisa, ao interpretar os resultados de eventos observados que no momento da decisão eram imprevisíveis como se fossem previsíveis. Para Taleb[3], temos fome por regras acabando por resumir demais informação de forma seletiva reduzindo a aleatoriedade do ambiente econômico de forma que esta não corresponde mais a realidade do momento da tomada de decisão.

Do ponto de vista contratual, os deveres fiduciários devem ser interpretados como formas para solucionar problemas contratuais e não como objetivo de impor padrões morais ou fins

[2] Hart, Oliver. **Na Economist's View of Fiduciary Duty**. The University of Toronto Law Journal, v. 43, p. 299 – 313, 1993.

[3] Taleb, Nassim. **A lógica do Cisne Negro**. 2 ed. São Paulo: Best Seller, 2009.

sociais para contratos privados. Neste sentido, pode se perguntar como pode o juiz, provavelmente sem expertise empresarial, avaliar o mérito das decisões gerenciais, contando ainda com o viés da passagem do tempo?[4]

Da mesma forma, a realidade econômica de um ambiente competitivo e complexo deve prevalecer para não responsabilizar administradores por não terem todas as informações no momento das decisões. Neste sentido, a aplicação no direito norte americano do que se denomina *Business Judgment Rule* e a Lei das Sociedades Anônimas são um referencial teórico e prático para encontrar um regime mais equilibrado de responsabilização dos administradores para evitar que a atividade econômica seja prejudicada caso o sistema judiciário de forma frequente questionasse *ex post* as decisões dos administradores[5].

Neste trabalho, buscaremos combinar a análise econômica do ambiente onde os administradores atuam, com a legislação brasileira e os casos julgados na esfera administrativa e civil relacionados como a responsabilização dos administradores para que, com base no entendimento apresentado neste trabalho, discutir as soluções ou penalidades aplicadas. Trataremos exclusivamente do dever fiduciário dos administradores, está fora de escopo qualquer questão relacionada a atos como *insider trading*, desenquadramentos, descumprimentos de regulamentos, estatutos etc.

O objetivo deste trabalho é analisar os deveres fiduciários dos administradores a partir do funcionamento dos mercados para em seguida avaliar a aplicação jurídica. Na primeira parte

[4] Pargendler, Mariana. **Responsabilidade Civil dos Administradores e *Business Judgment Rule no Direito Brasileiro*. Revista dos Tribunais,** v. 953/2015, p. 51 – 74, Jan – Mar / 2015.

[5] Bensal, Bruno Marques. A *business judgment rule* no Direito Brasileiro: da responsabilidade dos administradores na perspectiva do direito comparado e na jurisprudência da CVM. **Revista de Direito Empresarial** | vol. 7/2015 | p. 111 – 131 | Jan – Fev / 2015

do trabalho, apresentamos as principais legislações e normativos em vigor para em seguida discutir os deveres fiduciários, eficiência de mercados e o ambiente econômico para tomada de decisão. No quarto capítulo, tratamos da falácia da narrativa, vieses cognitivos e os desafios dos administradores. Por último, discutiremos um regime de responsabilização mais adequado, destacando a *Business Judgment Rule* do direito norte americano e a aplicação do art. 159, § 6º, da Lei das S.A.

1. Dos deveres fiduciários

Os deveres fiduciários se baseiam na ideia do distanciamento do administrador de seus interesses pessoais no exercício de suas atividades profissionais. O dever fiduciário se estabelece, quando na relação com terceiros, há uma relação de especial de confiança, em que o administrador ou gestor possui a discricionariedade de agir.

1.1. Leis e normativos

As responsabilidades dos administradores estão previstas em distintas leis, como na Lei 6.404, de 15 de dezembro de 1976 ("Lei das Sociedades Anônimas") e na Lei 10.406, de 10 de janeiro de 2002 ("Código Civil") e também nas esferas administrativas, por meio de resoluções dos órgãos reguladores, como Conselho Monetário Nacional (CMN), Comissão de Valores Mobiliários (CVM) e Superintendência Nacional de Previdência Complementar (PREVIC).

A Lei das Sociedades Anônimas em seus art. 153 a 156 estabelece que o administrador da companhia deve empregar no exercício de suas funções o cuidado e diligência que todo homem ativo e probo costuma empregar na administração dos seus próprios negócios, deve exercer as atribuições que a lei e o estatuto lhe conferem, satisfazendo as exigências do bem público e da função social da empresa e deve servir com lealdade à companhia e manter reserva sobre os seus negócios.

O dever de diligência, cuidado e lealdade também está presente na esfera de atuação do administrador e gestor de fundos de investimentos conforme a resolução CVM 555. No caso das Entidades Fechadas de Previdência Complementar (EFPC), a resolução Nº 4.661 da PREVIC em seu Art. 4º estabelece também que os diretores devem exercer suas atividades com boa fé, lealdade, diligência e zelar por elevados padrões éticos.

Por fim, a Lei 10.406 (Código Civil) quando trata dos atos Ilícitos, no Art. 187 também define que comete ato ilícito quem excede os limites impostos pelo seu fim econômico ou social, pela boa-fé ou pelos bons costumes.

1.2. Contexto econômico e jurídico

A existência de custos para utilizar o mercado faz com que certas transações econômicas sejam organizadas na forma contratual, dentro de uma empresa em uma estrutura hierarquizada[6]. Os indivíduos poderiam se organizar economicamente através de contratos como se fossem entre empresas individuais, entretanto, este acesso ao mercado, de forma frequente, através de inúmeros contratos de baixo valor, implicaria grandes custos de transação.

As relações contratuais nas empresas buscam alinhar os interesses entre as partes; entretanto, na existência de custos de transação e racionalidade limitada não é possível que as partes prevejam todas as condições futuras que poderão afetar o contrato e se antecipar formalizando contratualmente como proceder em cada estado da natureza[7][8]. É neste contexto que

[6] COASE, Ronald.**A Firma, o Mercado e o Direito**. Rio de Janeiro: Forense universitária, 2017

[7] PARGENDLER, Mariana. **Modes of Gap-Filling: Good Faith and Fiduciary Duties Reconsidered**. Tulane Law Review, New Orleans, vol. 82, p. 1315-1354, mar, 2008.

[8] Equivaleria a contrato condicional onde as partes antecipam a existência de todos os eventos futuros criando um vínculo jurídico.

se justifica a imposição dos deveres fiduciários, a presença de contratos incompletos e a discricionariedade das decisões dos gestores e administradores[9].

Do ponto de vista contratual, os deveres fiduciários devem ser interpretados como formas para solucionar problemas contratuais, não um meio de impor padrões morais ou fins sociais para contratos privados. Neste sentido, segundo Coase[10], a Lei pode ajudar a promover resultados economicamente eficientes fornecendo regras padronizadas, que as partes teriam contratado se não existissem custos de transação e perfeita capacidade de previsão de todos os possíveis eventos futuros.

Como afirma Mariana Pargendler[11], boa-fé e o dever fiduciário são mecanismos de resolução de possíveis problemas contratuais inerentes a contratos incompletos. Entretanto, possuem naturezas distintas, a condição de boa-fé serve para dar andamento em um contrato na eventualidade de condições que não eram possíveis de definir *ex ante*, funciona como uma condição não padronizada e residual quando nenhuma das condições contratuais são aplicáveis e busca aplicar a solução que as partes gostariam antes da decisão judicial.

> *(...) The reasons why good faith works as a tailored gap-filling method, providing very little content ex ante, are not mysterious (...).*
>
> *(..) Good faith is thus no more than a residual method of gap filling, one that fills gaps based on hints provided by the contract's express terms (...).*

[9] Hart, Oliver. **Na Economist's View of Fiduciary Duty**. The University of Toronto Law Journal, v. 43, p. 299 – 313, 1993.

[10] Coase, Ronald.**A Firma, o Mercado e o Direito**. Rio de Janeiro: Forense universitária, 2017

[11] Pargendler, Mariana. **Modes of Gap-Filling: Good Faith and Fiduciary Duties Reconsidered**. Tulane Law Review, New Orleans, vol. 82, p. 1315-1354, mar. 2008.

(...) Hence, good faith applies to the entire spectrum of contractual relationships, whose heterogeneity makes the finding of any untailored majoritarian regime less likely.

(...) the parties behave with "honesty in fact" also known as the rule of "pure heart and empty head"

Pode ser argumentado que a condição de boa-fé é um conceito de difícil definição, mas em termos contratuais pode ser entendida como uma forma de garantir que parte perdedora em um contrato não se utilize de situações ou argumentos inerentes a contratos incompletos para deixar de cumprir as suas obrigações[12].O código civil, artigo 422, estabelece na relação contratual os princípios de probidade e boa-fé. A boa fé pode ser objetiva ou subjetiva. A boa fé objetiva define padrões de conduta como honestidade, probidade, lealdade e respeito sendo uma exigência de conduta na relação contratual[13].

Da mesma forma, os deveres fiduciários servem para preencher lacunas contratuais, entretanto, os deveres fiduciários são padronizados, aplicáveis da mesma forma a diferentes relações fiduciárias ao requerer um elevado padrão de comportamento da parte que aceita agir no melhor interesse da outra parte (principal). È importante mencionar que o dever fiduciário se insere no direito privado e não deve ser utilizado como um meio de mascarar intervenções públicas[10].

A Lei das Sociedades Anônimas no Art. 153 traz o padrão de comportamento esperado do administrador. No exercício de suas funções, o administrador deve empregar o cuidado e

12 Steven I. Burton, **Breach of Contract and the Common Law Duty To Perform in Good Faith**, 94 HARv. L. Rv. 369, 378-94 (1980).

13 Moura, Luana Leite de. **Análise Comparativa da Aplicabilidade da Teoria do Adimplemento Substancial em Contratos Garantidos por Alienação Fiduciária e Reserva de Domínio.** In: Roque, Pamela Romeu.Org. Estudos Aplicados de Direito Empresarial. Ed. São Paulo: Almedina, 2019.

diligência que todo homem ativo e probo costuma empregar na administração dos seus próprios negócios. Da mesma forma, no artigo 2º da Lei das Sociedades Anônimas, os administradores devem ser encorajados a assumirem riscos, uma vez que o lucro remunera o risco.

Os princípios das relações contratuais discutidos nesta parte do trabalho parecem de alguma forma ter inspirado a Lei nº 13.874 ("Lei da Liberdade Econômica") de 2019, ao incluir o artigo 421 do código civil que nas relações contratuais privadas, prevalecerão o princípio da intervenção mínima e a excepcionalidade da revisão contratual. As partes negociantes poderão estabelecer parâmetros objetivos para a interpretação das cláusulas negociais e de seus pressupostos de revisão ou de resolução, assim como a alocação de riscos definida pelas partes deve ser respeitada e observada, por último, a revisão contratual somente ocorrerá de maneira excepcional e limitada.

Em relação à função social do contrato, o novo código civil, vigente com a Lei 10.406/2002, mostra a preocupação em sobrepor o interesse coletivo ao individual e destaca também a importância da boa-fé, do comportamento moral, da ética e do atendimento à função social nas relações privadas. Uma outra característica do novo código civil foi procurar criar regras genéricas, que fossem capazes de lidar com um maior número de situações evitando que a norma se torne obsoleta quando situações pontuais (reguladas pelo código anterior) deixassem de existir[14].

A vantagem de um sistema baseado em princípios é que se mantém sempre atualizado, mesmo com as mudanças nos comportamentos e nas relações sociais. Entretanto, como destaca Rui Stocco[15], este sistema gera um esforço na interpreta-

[14] Dotta, Eduardo Montenegro. **Responsabilidade Civil dos Administradores e Gestores de Fundos de Investimento.** 1. Ed. São Paulo: Almedina, 2018.

[15] Stocco, Rui. **Tratado de Responsabilidade Civil**. 6 Edição. São Paulo. Revista dos Tribunais p. 143.

ção transferindo maior responsabilidade aos juízes. Esta maior discricionariedade conferida aos juízes aumenta a incerteza nos julgamentos, uma vez, que os valores de cada um dos juízes passam a estarem presentes nas decisões.

Em relação aos ilícitos, o código civel define em seus artigos 186 e 187 que comete ato ilícito aquele que, por ação ou omissão voluntária, negligência ou imprudência, violar direito e causar dano a outrem, ainda que exclusivamente moral, excede manifestamente os limites impostos pelo fim econômico ou social, pela boa-fé ou pelos bons costumes.

Embora existam muitos trabalhos que afirmam que a inclinação social não pode ser confundida com socializante ou socialista, a possibilidade de que as condições de um contrato livremente pactuado entre partes não tenha suas cláusulas aplicadas gera insegurança jurídica[16]. Daniel Martins Boulos descreve que a função social do contrato não elimina o princípio da autonomia contratual, ou seja, não elimina as condições livremente pactuadas entres as partes, somente sendo aplicável quando presentes interesses relativos a dignidade da pessoa humana.

Ao incluir exigências relativas ao bem público e a função social da empresa entre os quesitos para a tomada decisão de um administrador cabe definir este conceito na prática de gestão. Calixto Salomão Filho[17] utiliza a teoria dos contratos, onde segundo Michael C. Jensen e William H. Meckling[18], as organizações são, apenas, ficções legais que servem como nexo para

[16] Boulos, Daniel Martins. **A função Social do Contrato**. Jornal valor Econômico, 11 de setembro de 2203, Cadernos E2.

[17] Salomão Filho, Calixto. **O Novo Direito Societário**. São Paulo: Malheiros, 2011.

[18] Jense, Michel C.;Meckling, Willian H. **Theory of the firm: Managerial Behaviour, Agency Costs ans Ownership Structure**, Journal of Financial Economics 3 1976 305-360.

organizar contratos entre indivíduos. A sociedade anônima é o mecanismo mais eficiente de organização empresarial, concordando-se, portanto, com defensores da análise econômica do direito, ao referirem que:

> "função social" equivale a dizer que uma determinada companhia se propõe ao exercício de determinada atividade, de forma lícita e eficaz, gerando empregos e tributos, produzindo riquezas e satisfazendo os interesses de seus acionistas. Enfim, atendendo às necessidades do mercado e da sociedade. Assim fazendo, a companhia cumpre sua função quando produz, industrializa ou revende as mercadorias ou presta os serviços propostos em seu estatuto. Além disso, a companhia deve garantir que a realização de sua atividade deverá vir acompanhada de negócios lícitos, nos quais serão gerados tributos devidos em função da atividade econômica desempenhada.
>
> Para que a atividade possa se desenvolver, é necessário que também seja exercida de forma a maximizar os ganhos e lucros da sociedade e, por consequência, dos acionistas. Essa é a função social da companhia. Para isso, investidores aplicam seus recursos na aquisição de ações. Não é outro o objetivo, senão o de capitalizar seu investimento[19].

Em termos econômicos a função social se manifesta em um mercado competitivo com livre entrada e saída de empresas na busca do lucro, nesta situação, os preços se aproximam dos custos marginais de produção e o preço tende ao mínimo da curva de custo médio de longo prazo[20]. Do ponto de vista de quem

[19] CATEB, Alexandre Bueno. **Análise Econômica da lei de Sociedade Anônimas in Direito e Economia**. Luciano Benetti Timm (Org.). Porto Alegre: Livraria do Advogado, 2008, p. 268.

[20] Esta situação requer que todos os custos sejam internalizados pela empresa, sem externalidades negativas.

consome o preço pago por um bem representa o valor da mercadoria ou serviço, uma vez que ninguém pagaria por algo se não houver valor no bem recebido em troca. Portanto, em um mercado competitivo o consumidor está pagando por um bem o menor preço possível, representando o benefício o social de um sistema de organização econômica baseado na concorrência e a livre iniciativa.

Em relação aos deveres do acionista controlador, o art. 116, § único da Lei das S.A. estabelece que o acionista deve usar o seu poder para cumprir sua função social e define deveres e responsabilidades para com os demais acionistas da empresa, os que nela trabalham e para com a comunidade em que atua, cujos direitos e interesses deve lealmente respeitar e atender. Entretanto, no art. 117, quando define as responsabilidades trata somente dos atos praticados de abuso de poder em relação aos acionistas minoritários, demais acionistas ou investidores, não mencionando qualquer outra parte como funcionários, etc.

Assim retornamos ao início desta seção quando afirmamos que as relações contratuais são a essência das empresas, nesta visão contratual, o interesse social é o interesse do acionista de acordo com o objeto social previsto no estatuto. Os interesses externos as companhias, como o dos trabalhadores, devem ser reguladas conforme a relações contratuais estabelecidas entre as partes. Como afirma Nikolai[21], como ninguém age livremente contra seu próprio interesse, o interesse do trabalhador é do próprio trabalhador.

[21] Rebelo, Nikolai Sousa. **Os Deveres Fiduciários dos Administradores de S.A. em Operações de Fusões e Aquisições**

2. Eficiência de Mercados e o ambiente econômico para tomada de decisão

Nesta parte do trabalho, tratamos do ambiente econômico para a tomada de decisão do administrador. Nassim Taleb[22] narra em um de seus livros que, certa vez, quando perguntado qual seria a probabilidade do mercado acionário se valorizar, o autor respondeu que seria de 99%. Em seguida, perguntado como lucraria nesta situação, respondeu que então apostaria no 1% ou seja, na desvalorização do mercado, uma vez que não é possível ganhar dinheiro apostando no obvio.

No mercado financeiro, a teoria ou hipótese sobre os mercados financeiros eficientes procura explicar por que não é razoável esperar retornos elevados sem incorrer em riscos. A mera perspectiva de se obter um lucro significativo com risco zero faz com que exista competição entre os agentes econômicos até que este lucro desapareça. Vejamos um exemplo: um ativo financeiro é negociado a R$ 100,00 e supondo que se tenha a certeza que irá atingir em 2 dias R$ 110,00, sabendo disso nenhum investidor irá vender este ativo, pelo contrário, teremos novos investidores comprando, assim o preço deste ativo atingirá R$ 110,00 hoje eliminando a possibilidade de lucro[23].

O conceito de eficiência de mercado postula que na formação dos preços dos ativos financeiros as informações disponíveis e relevantes são incorporadas nos preços praticados. Desta forma, com base nesta teoria, os preços a cada momento estarão num patamar "justo", uma vez que os agentes econômicos terão analisado o ambiente econômico e de informações específicas de cada ativo.

Assim, os preços somente irão variar a partir de novas informações, que por definição são imprevisíveis, portanto, os preços

[22] Taleb, Nassim. **A lógica do Cisne Negro**. 2008.

[23] Bodie, Zvi, Kane, Alex, Marcus, Alan, J. **Investments**, 6 Ed. 2005, Mc Graw Hill

também irão variar de forma imprevisível. Este é o argumento para explicar por que os preços dos ativos financeiros seguem um processo estocástico na evolução dos preços conhecido como passeio aleatório (*random walk*).

A ideia de que os preços incorporam a informação disponível é conhecida como hipótese de eficiência de mercado, esta teoria define três níveis distintos de eficiência dos mercados. A hipótese de eficiência fraca postula que os preços de mercado refletem todas as informações passadas, portanto, regras de negociação com base nestes dados não levam a ganhos financeiros. Na eficiência semi forte todas as informações públicas disponíveis são absorvidas pelos preços de mercado instantaneamente. Na hipótese de eficiência forte, os preços de mercado incorporam todo o tipo de informação, seja pública ou privada[24].

A hipótese de eficiência de mercado não requer que os investidores sejam racionais. Em termos simples, os investidores seguem um comportamento normal, ou seja, em resposta a uma informação nova e não usual podem ter um comportamento não usual. Exemplificando, se uma multidão começa a olhar para o céu e você olha também, embora possa não ser racional este comportamento pode ser considerado normal. Adicionalmente, a hipótese de eficiência de mercado não diz que um investidor não pode superar o mercado, segundo esta teoria existem pessoas que conseguem por sorte um retorno acima do mercado, porém existem investidores que obtém retornos abaixo do mercado. A maioria obtém um retorno próximo à mediana.

A principal implicação, uma vez verificada a validade da hipótese de eficiência dos mercados, é que uma regra ou análises simples de investimentos serão utilizadas por muitos investidores e a concorrência entre eles levará que os preços incorpora-

[24] Bodie, Zvi, Kane, Alex, Marcus, Alan, J, Investments, Sexta Edição 2005, Mc Graw Hill

rem estas informações. Assim, somente análises diferenciadas, inovadoras e não disponíveis para a grande maioria dos investidores poderão levar lucro acima da média.Desta forma, para muitos investidores a estratégia de investimento passiva é a mais apropriada, pois se beneficiam dos ganhos de escala dos grandes gestores de carteira.

Embora as estratégias passivas sejam muitas vezes recomendadas com base na hipótese de eficiência de mercados, há um paradoxo neste comportamento, pois se todos os investidores seguirem uma estratégia passiva em algum momento os preços não mais irão refletir a informação disponível e regras simples de investimentos gerarão retornos elevados. Assim, o paradoxo é que para ser eficiente o mercado depende que parte dos investidores não acredite nesta hipótese e busquem constantemente formas de obter lucros com a gestão ativa dos investimentos[25].

2.1. Funcionamento do mercado e a hipótese de Eficiência

Na negociação de alguns ativos financeiros[26] é possível observar a eficiência de mercado na prática. Um exemplo são os contratos futuros de taxa de juros negociados na B3, onde, a partir dos preços negociados, é possível estimar as taxas de juros esperadas pelo mercado para determinados períodos de tempo.

No gráfico abaixo, mostramos a evolução da taxa do CDI, que se aproxima muito da taxa SELIC diária fixada pelo Banco Central e a taxa de juros futuras calculada a partir de contratos futuros de taxa de juros negociados na B3 de 02/01/2019 até 06/02/2020 para o período de 06/02/2020 a 18/03/2020. No gráfico, pode se observar que o Banco Central iniciou um ciclo de redução de juros em agosto de 2019, entretanto, o mer-

[25] Bodie, Zvi, Kane, Alex, Marcus, Alan, J, **Investments**, 6 Ed. 2005, Mc Graw Hill

[26] Ativos padronizados, negociados de forma frequente com informação e transparência de preços.

cado em junho já negociava as taxas de juros para o período de 06/02/2020 a 18/03/2020 inferiores a 6,5% desde o final de maio de 2019, se antecipando à provável redução de juros no futuro pelo Comitê de Política Monetária.

No dia 06/02/2020, o Banco Central do Brasil fixou a taxa SELIC em 4,25%, mas desde outubro de 2019 o mercado já negociava a taxa de juros para este período próximo a este valor antecipando um possível movimento do Banco Central, que acabou se realizando. Portanto, quem comprou a taxa de juros acima de 4,25% para o período de 06/02/2020 a 18/03/2020, ou seja, se financiou acima desta taxa, obteve um retorno negativo ou abaixo do CDI nesta estratégia, e quem investiu acima desta taxa obteve retornos acima do CDI. Fica claro neste exemplo que não basta prever que haverá uma redução de taxa de juros no futuro para ganhar, tem que haver uma redução acima do precificado pelo mercado.

Gráfico 1 – Evolução da taxa de juros CDI e a precificação pelo mercado

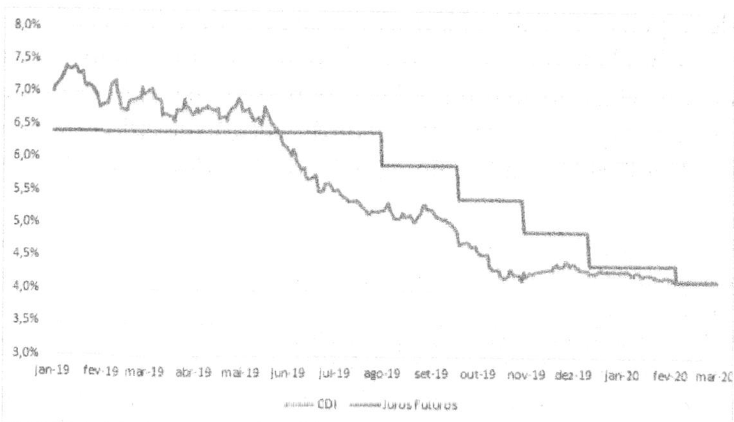

Fonte: B3 e elaboração própria

Este fato explica a estratégia do presidente (CEO) da Verde Asset Management, Luis Stuhlberger ao dizer: "é quase certeza que a taxa será reduzida para 4,25% ao ano na próxima reunião de política monetária. Embora eu esteja posicionado contra isso", disse ele, ao falar que a instituição deveria ter parado de cortar as taxas em 4,75%.

2.2. O agir culposo

A hipótese sobre eficiência de mercados tem como consequência a imprevisibilidade ou aleatoriedade dos preços dos ativos financeiros, sendo uma implicação importante relativa a responsabilidade dos administradores, que se relaciona ao conceito de culpa ou agir culposo[27].

A responsabilidade pode ser entendida como o dever jurídico que alguém tem de responder pela ação delituosa que praticou, ficando obrigado a restabelecer a vítima a condição anterior da lesão praticada. A presença de culpa ou culpabilidade do agente é fundamental para que exista a responsabilização[28] seja na forma subjetiva ou objetiva[29].

Em seu parágrafo único, o artigo 927 define que o regime de responsabilidade subjetiva é o caso geral de aplicação. A responsabilidade objetiva decorre da prática de um ato ilícito ou de uma violação ao direito de outra pessoa, mas que, para ser provada e questionada, independe da aferição de culpa ou dolo sendo aplicada somente nos casos especificados em lei.

27 Neste trabalho, não trataremos do agir doloso onde há vontade dirigida a um fim ilícito, com o objetivo enganar e se aproveitar de alguém havendo a vontade de prejudicar.

28 Dotta, Eduardo Montenegro. **Responsabilidade Civil dos Administradores e Gestores de Fundos de Investimento.** 1. Ed. São Paulo: Almedina, 2018.

29 Parágrafo único. Haverá obrigação de reparar o dano, independentemente de culpa, nos casos especificados em lei, ou quando a atividade normalmente desenvolvida pelo autor do dano implicar, por sua natureza, risco para os direitos de outrem.

O dever de indenizar está presente no código civil em seu artigo 927 e aquele que, por ato ilícito (arts. 186 e 187), causar dano a outrem, fica obrigado a repará-lo. Assim, o dever de indenizar depende de que estejam presentes duas condições: exista um ato ilícito e se demonstre uma relação entre o ato ilícito e o alegado prejuízo material ou moral.

O Código Civil, artigo 944, Parágrafo Único também prevê que no caso de existir excessiva desproporção entre a gravidade da culpa e o dano, poderá o juiz reduzir, equitativamente, a indenização. A conduta culposa (culpa sentido estrito) pode ser graduada em níveis: grave, leve e levíssima. Tem se a culpa leve e levíssima quando o agente deixa de agir com diligência em relação aos padrões normalmente aceitos. A culpa grave ocorre quando o agente tem desatenção ao executar uma atividade e viola o dever comum, equivale a situação em que o agente mesmo não intencionado age como que se houvesse.

Em relação às espécies de culpa, Dotta[30] traz as seguintes classificações: a) *culpa in eligendo*: consiste na má escolha de seu preposto, empregado, representante havendo a responsabilização de quem contratou. b) *culpa in vigilando*: caracteriza-se pela falta de cuidados e fiscalização de parte do proprietário em relação a atividade de um empregado preposto representante c) *culpa in commitendo*: surge da prática de uma atividade determinadora de um prejuízo de forma imprudente d) *culpa in ommitendo*: onde o agente tinha a obrigação de intervir, mas nada faz.

A culpa também se divide entre contratual e extracontratual estabelecida no Código Civil (arts. 186 e 422)[30]: A primeira consiste na violação de um dever convencionado, inerente a um contrato dos termos pactuados firmado livremente entre

[30] Dotta, Eduardo Montenegro. **Responsabilidade Civil dos Administradores e Gestores de Fundos de Investimento.** 1. Ed. São Paulo: Almedina, 2018.

as partes[31]. Por outro lado, a responsabilidade extracontratual é regrada pelo ordenamento jurídico.

Segundo Rui Stoco[32], a culpa pode decorrer da ação ou omissão e se revela por meio da imprudência, comportamento açodado, precipitado, apressado, exagerado ou excessivo e a negligencia[33]. Aguiar Dias[34] entende a culpa como falta de diligência ou falta esforço em observar a norma de conduta com resultado adverso previsível. O agente embora não tenha a intenção de gerar o dano, mas por falta de cuidado ou diligência não utiliza as melhores técnicas.

A culpa é verificada quando na existência de um resultado danoso este não teria ocorrido se o agente tivesse tomado os cuidados normalmente exigidos. Por outro lado, no caso de resultados inesperados ou extraordinários, tem se o dever objetivo de cuidado cumprido, uma vez, que nesse caso, não seria normal prever a ocorrência deste fato. Entende-se não haver culpa quando há imprevisibilidade. Diz Venosa[35]:

> Quando as consequências da conduta são imprevistas ou imprevisíveis, não há como configurar a culpa. A previsibilidade integra sempre a definição de culpa. Esse é o centro da atenção do julgador no caso concreto, nem sempre fácil de definir.

[31] Rebelo, Nikolai Sousa. **Os Deveres Fiduciários dos Administradores de S.A. em Operações de Fusões e Aquisições**

[32] Stocco, Rui. **Tratado de Responsabilidade Civil**. 6 Edição. São Paulo. Revista dos Tribunais p. 143.

[33] Caso onde o agente se omite deixando de agir quando deveria ou há imperícia na atuação profissional sem o conhecimento técnico necessário.

[34] Dias, Aguiar. **Da Responsabilidade Civil. Rio de Janeiro.** 1 Ed, Forense, p. 123

[35] Venosa, Sílvio de Salvo. **Direito Civil** vol IV, 6ª edição. São Paulo: Atlas, 2006, p. 25.

O conceito de culpa está muito relacionado a imprevisibilidade[36], quando as consequências da conduta são imprevistas ou imprevisíveis não há como configurar a culpa. Desta forma, Sérgio Cavalieri afirma que se não foi previsto o resultado, deve ser pelo menos previsível.

> Não sendo previsto, o resultado terá que, pelo menos, ser previsível. Este é o limite mínimo da culpa – a previsibilidade, entendendo-se como tal a possibilidade de previsão. Embora não previsto, não antevisto e, consequentemente, evitado[37].

O autor afirma que a imprevisibilidade não é genérica, como alguma coisa que pode vir a acontecer em algum momento. A decisão ou conduta deve ser avaliada no momento e com as informações presentes no momento do fato, se no momento era possível prever aquele resultado e se este poderia ser evitado observando a diligência mínima e esperada de qualquer pessoa. Alguns autores entendem não haver culpa quando há imprevisibilidade[38], assim, quando as consequências da conduta são imprevistas ou imprevisíveis, não há como configurar a culpa.

Uma outra implicação da aleatoriedade do ambiente econômico onde o administrador toma as suas decisões, além da questão da culpa, se refere ao tipo de contrato em que se dá a relação do administrador com a empresa ou os acionistas. Todos os contratos possuem algum nível de risco para os contratantes. Os contratos de execução instantânea o risco é muito menor,

36 Venosa, Sílvio de Salvo. **Direito Civil** vol IV, 6ª edição. São Paulo: Atlas, 2006.

37 Cavalieri Folho, Sérgio. **Programa de responsabilidade civil**, 5ª edição. São Paulo: Malheiros, 2004, p. 54 e 55.

38 VENOSA, Sílvio de Salvo. **Direito Civil** vol IV, 6ª edição. São Paulo: Atlas, 2006.

pois o risco acaba na conclusão do negócio. Por outro lado, os contratos de execução diferida no tempo o risco é maior[39].

No contexto dos contratos onerosos, há uma divisão entre contratos comutativos, com vantagens e desvantagens equivalentes às partes, e contratos aleatórios, com vantagens e desvantagens desproporcionais entre as partes[40], estes possuem as seguintes características: (i) indeterminação inicial do resultado; (ii) dependência definitiva de circunstâncias aleatórias; e (iii) vontade das partes em assumir tais riscos[41].

A discussão na literatura relacionada a contratos aleatórios está muito associada aos contratos de derivativos. Os contratos de derivativos financeiros são por definição contratos aleatórios, cujas circunstâncias arriscadas são inerentes a vontade das partes, portanto, não se pode alegar desproporcionalidade, uma vez que contrato foi justamente celebrado para a transferência de riscos que são previamente aceitos. Os derivativos são contratos cujo valor depende de um fato futuro, incerto e não influenciável pelas partes contratantes, que consiste no valor do ativo subjacente.

Em relação a responsabilidade dos administradores, pode se pensar que o acionista ao possuir ações de uma companhia equivale a um contrato derivativo, cujo valor depende do resultado da companhia que por sua vez decorre diretamente das decisões tomadas pelos administradores. Uma vez que os resul-

[39] Caso dos contratos de derivativos, que possuem dois períodos a data de contratação e a data de efetiva produção de efeitos, com dependência nas oscilações de preços decorrentes do preço ativo subjacente.

[40] Mafud, Pedro Darahem. Racionalidade Econômica e Aspectos jurídicos dos Derivativos: Uma análise Jurisprudencial. Tese de Mestrado 2014 Universidade de São Paulo. https://teses.usp.br/teses/disponiveis/2/2132/tde-09122014-140414/publico/MESTRADO_Pedro_Darahem_Mafud_integral.pdf. Acessado em 30/06/2020.

[41] Sanz Caballero, Juan Ignacio. Derivados financieros. Madrid: Marciel Pons, 2000. p. 295,

tados destas decisões são aleatórios, considerando o ambiente concorrencial que os administradores atuam, o risco do negócio é do acionista se dá através de um contrato de aleatório, assim como um contrato de derivativos.

Na tabela abaixo apresentamos um resumo dos itens discutidos nesta seção indicando o entendimento deste trabalho para a aplicação na responsabilização dos administradores.

Tabela 1: Resumo das classificações contratuais

Tipo de Contrato: comutativos ou aleatório.	**Aleatório:** A atuação dos administradores ocorre em um ambiente competitivo, assumindo os riscos e que requer decisões muitas vezes que sejam não óbvias.
Graduação da culpa: grave, leve e levíssima	**Leve:** não há uma situação de grosseira negligencia que seja equiparada a situação há a intenção de enganar, prejudicar ou se aproveitar de um determinado resultado[1]. Analise *ex post* deve admitir que as decisões são passiveis de erro de julgamento.
Responsabilidade: Objetiva ou Subjetiva	**Subjetiva:** O código civil fala em "nos casos especificados em lei", em relação a responsabilidade objetiva: como o Código de Defesa do Consumidor.
Contratual e extracontratual	**Contratual:** os deveres fiduciários são mecanismos de resolução de possíveis problemas contratuais inerentes a contratos incompletos.

Fonte: elaboração própria

Em relação aos resultados apresentados acima existem interpretações e entendimentos distintos. Um exemplo é o apresentado por Nikolai[43] que busca encontrar uma classifica-

[42] Dotta, Eduardo Montenegro. **Responsabilidade Civil dos Administradores e Gestores de Fundos de Investimento.** 1. Ed. São Paulo: Almedina, 2018.

[43] Rebelo, Nikolai Sousa. **Os Deveres Fiduciários dos Administradores de S.A. em Operações de Fusões e Aquisições**

ção intermediaria para as categorias. Para a culpa contratual ou extracontratual, a responsabilidade dos administradores é entendida como puramente societária, orgânica (não se enquadra na teoria da responsabilidade contratual e nem na da aquiliana). Os administradores de uma sociedade anônima são integrantes do órgão societário e, dessa relação, surgem seus deveres e responsabilidades. Em relação ao nível a culpa, entende ser o mais adequado o meio entre as duas teorias. Admite-se o erro de julgamento, mas devido dos deveres dever de diligência, haverá responsabilização pela *culpa in vigilando, in custodiendo, in eligendo,in commitendo*. Segundo o autor, assumir riscos não é sinônimo de agir imprudentemente, riscos empresariais devem ser calculados, com base no cumprimento do dever de informação.

2.3. Análise de casos julgados

Nesta seção analisaremos, com base nos argumentos econômicos e jurídicos apresentados, um caso julgado pelo Superior Tribunal de Justiça como Recurso Especial Nº 799.241 contra o acórdão proferido pelo Tribunal de Justiça do Estado do Rio de Janeiro.

No caso, o investidor reclama das perdas ocorridas em seu fundo de investimento decorrente da variação cambial, relacionando a responsabilidade dos gestores nos resultados obtidos. Os principais argumentos que sustentam o pedido de reparação estão transcritos abaixo:

> *Se o gestor e o administrador do fundo de investimentos têm o poder de, com exclusividade, escolherem em que, como e quando investir, sem permitir a manifestação do cliente, de quem cobram taxa de administração a título de remuneração, assumem em contrapartida a responsabilidade pelos resultados positivos, do que somente se eximem se provada excludente de responsabilidade*

Não há caso fortuito ou força maior quando demonstrada a total imperícia, negligência e imprudência do administrador e do gestor do fundo, ao investirem, em oposição à quase totalidade do mercado financeiro, contra a manutenção do controle por bandas do câmbio pelo Governo Federal. A presença da culpa no comportamento do agente afasta a força maior ou o caso fortuito.

O mercado financeiro negocia dois instrumentos onde é possível obter os retornos da variação da taxa de câmbio de R$ por USD. O primeiro é a compra ou venda de moeda à vista, o que corresponde a troca de moedas. O segundo são os contratos de derivativos de futuro de dólar negociado na B3, onde as partes são remuneradas em reais com liquidação financeira por diferença conforme a variação da taxa de câmbio.

O elevado número de agentes envolvidos neste mercado como exportadores, importadores de bens e serviços, fundos de investimentos, pessoas físicas, etc, faz com que este mercado seja muito competitivo, portanto, suas características se aproximam muito de um mercado eficiente.

Pode se indicar ou demonstrar a eficiência do mercado de taxa de câmbio pelo seu comportamento aleatório ou imprevisível. No gráfico abaixo, deixado sem legenda de forma intencional, mostramos a evolução de duas séries, uma com a taxa de câmbio realizada e outra gerada aleatoriamente. O objetivo é mostrar como a evolução da taxa de câmbio possui um comportamento imprevisível considerando que a série gerada aleatoriamente e a série verdadeira da taxa de câmbio possuem comportamentos muito similares.

Gráfico 2 – Evolução da taxa de câmbio e série aleatória

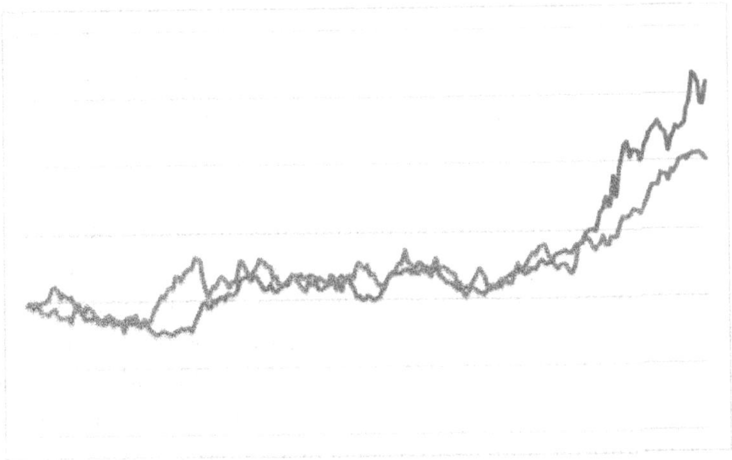

Fonte: Bacen e elaboração própria

Como vimos, em um mercado eficiente, os preços dos ativos têm um comportamento imprevisível, aleatório. Portanto, mesmo o gestor de recursos tendo a discricionariedade nas decisões, não é possível esperar que seja capaz de eliminar o risco deixando somente o retorno positivo para o investidor.

O julgamento, reconhece-se a imprevisibilidade.

> *"a mudança da política cambial ocorrida em janeiro de 1999, embora considerada possível por alguns, não poderia ser considerada previsível, nem mesmo para os especialistas em mercado financeiro, diante da própria posição do Governo Federal, que assegurava a manutenção da política cambial" (fl. 939);*
>
> *Nada mais absurdo. Evidentemente, é o investidor quem faz a opção sobre o tipo de investimento que irá aplicar o seu capital. O investidor não é coagido a aplicar o seu capital em um fundo de alto risco.;*

A respeito do tema, o eminente **Ministro ALDIR PASSARINHO JUNIOR** salientou, no voto proferido no REsp 747.149/RJ, que:

> ***"não cabe, nesse tipo de investimento, processar o banco por variações que acontecem, que são próprias do mercado.*** *Se houve alteração na banda cambial no dia 19/01/1999 e, com isso, houve uma subida do dólar, queda de ações, etc,* ***tudo faz parte do risco desse tipo de fundo, porque não é uma aplicação conservadora, como a poupança ou um fundo mais tradicional, é um fundo de alto risco.*** *Desse modo, não há seguro nenhum em relação ao quanto perde o fundo, assim como, evidentemente,* ***o aplicador, quando tem um lucro elevado nesses fundos, também não socializa esse lucro; o lucro é dele.*** *Ele tanto recebe os bônus dessa operação, como tem de arcar com os ônus do risco nesse tipo de aplicação"* (Quarta Turma, Rel. Min. **FERNANDO GONÇALVES**, DJ de 5/12/2005).

No caso tratado anteriormente, julgado pelo Superior Tribunal de Justiça, analisamos uma tese possível para questionar perdas em contratos de derivativos. Mafud[44] realizou um trabalho extenso e detalhado de pesquisa em todos os Tribunais de Justiça do Brasil e no STJ de litígios que continham a palavra-chave "derivativos", "hedge" e "swap" no período de 2006 a 2010. A pesquisa inicial trouxe 632 apontamentos e após a aplicação de filtros para eliminar as repetições chegou-se ao resultado final de 68 casos. O trabalho mostra a concentração de litígios no primeiro semestre de 1999, segundo semestre de 2001 e 2002 e o segundo semestre de 2008 juntamente com o primeiro semestre de 2009.

Em relação às teses, o autor identifica as seguintes argumentações do maior número para o menor: conhecimento do risco, Código de Defesa do Consumidor, *suitability*, defeito de representação ou formalização, *pacta sunt servanda*, teoria da imprevisão, onerosidade excessiva, contrato de adesão, boa-fé e aleatoriedade.

[44] Mafud, Pedro Darahem, 2014 Racionalidade Econômica e Aspectos Jurídicos dos Derivativos: Uma Análise Jurisprudencial. Dissertação USP

Segundo o autor, nas 26 vezes em que a tese do risco é apresentada, em 24 incluem o risco como inerente aos contratos de derivativos. Abaixo trecho do julgado detalhado no Apêndice 12-SP:

É difícil crer que uma empresa do porte do agravante e com excelente assessoria jurídica, poderia ter desconhecimento do contrato que estava assinando, ou não ter conhecimento dos riscos de um contrato com a variação do câmbio em dólar.

Existe também exemplo contrário.

> Ainda que tais operações envolvam risco de mercado, afigura-se cabível questionar-se a respeito dos limites desse risco, não podendo ser ilimitado ou muito desproporcional entre as partes contratantes, sob pena de ensejar o enriquecimento sem causa de uma delas em grave prejuízo da outra, notadamente se chegar a ponto de inviabilizar o regular desempenho das atividades da empresa agravada.

O cumprimento de contratos aparece em 12 ocasiões em que se conclui pela manutenção das cláusulas contratuais. No único caso onde há a relativização do *pacta sunt servanda* se ampara na função social do contrato.

Excluindo-se os 8 casos do Banco Santos, o autor indica um único e bom exemplo em que o juiz trata da boa-fé, refutando sua violação pelos contratantes, conforme disposto no Apêndice 50-ES:

> Não há que se falar em violação aos artigos 37, § 1º, e 51, inciso IV, do Código de Defesa do Consumidor, e aos artigos 112, 122 e 422 [boa-fé], do CCB/2002, quando verificado, na via estreita do agravo de instrumento, que as cláusulas limitativas do contrato bancário de hedge foram redigidas de forma clara, com destaques suficientes para que o contratante se ativesse ao seu conteúdo e às

suas possíveis implicações e que o mesmo afirmou ter experiência na contratação de mecanismos financeiros destinados a garantir operações de exportação contra oscilações do câmbio (dólar).

Por último, a escassez de ações sobre responsabilidade civil de administradores foi relatada por Proença[45]. Prado e Buranelli[46] realizaram um estudo quantitativo sobre os precedentes do Tribunal de Justiça de São Paulo ("TJSP") entre 1998 e 2005, e dentre as 50 demandas societárias identificadas, apenas 6% delas tratavam de responsabilidade de administradores. Em um estudo realizado somente com companhias abertas entre os anos 2000 e 2010, foram propostas 11 ações indenizatórias contra administradores. No entendimento de Proença, estes resultados indicam que o Judiciário tem tido poucas oportunidades para analisar os atos de gestão nas sociedades anônimas e atribui este fato a exoneração da responsabilidade dos administradores havendo aprovação sem reservas das contas e demonstrações financeiras dos administradores.

3. A falácia da narrativa e os desafios dos administradores

Tomar decisões com a possibilidade de não atingir o resultado esperado é inerente às atividades dos administradores de companhias no exercício de suas atribuições, vimos que não se obtém resultados apostando no óbvio em um ambiente competitivo de negócios. Portanto, os administradores devem assumir risco e tomar decisões em condições de incerteza para atingir bons resultados para os seus negócios.

[45] Proença, José Marcelo Martins. Notas sobre a revisão judicial dos atos de gestão em sociedades anônimas: os tribunais judiciais podem aprender com a CVM? **Revista de Direito Bancário e do Mercado de Capitais** | vol. 72/2016 | p. 213 – 226 | Abr – Jun / 2016.

[46] Prado, Viviane M.; Buranelli, Vinicius C. **Relatório da pesquisa de jurisprudência sobre direito societário e mercado de capitais no tribunal de justiça de São Paulo**. *Cadernos Direito GV*, vol. 2, n. 1, 2006, p. 10.

O que torna as decisões relacionadas a investimentos financeiros líquidos diferente da maioria das demais decisões dos administradores de empresas é que rapidamente se observam os resultados, o que se ganhou e o que se perdeu ao se comparar os retornos do novo portfólio com o retorno do portfólio anterior à mudança. Este rápido e transparente *feedback* expõe o gestor de recursos ao que Taleb[47] denominou de Falácia da Narrativa, a tendência de construir narrativas que se adequam aos fatos observados (*ex post*). Muitas vezes essas narrativas correspondem a uma simplificação exagerada da cadeia de causas e efeitos decorrente da tendência das pessoas em racionalizar os eventos.

Para Taleb, temos fome por regras para resumir a informação e reduzir a aleatoriedade do ambiente econômico. Este desejo de simplificar nos leva a pensar que o mundo é menos aleatório quando analisamos a atual conjuntura. De forma não intencional, selecionamos, a partir do ponto de chegada, arbitrariamente apenas alguns fatos do passado recente definindo as causas do evento que se quer explicar, reduzindo a incerteza ou risco da decisão.

Este comportamento, segundo Taleb, decorre do fato da informação ser custosa para ser obtida, armazenada, manipulada e compreendida, o que afeta a forma como lembramos de fatos passados, assim, os eventos que se encaixam em uma narrativa são mais facilmente lembrados.

Esta simplificação exagerada da cadeia de causas e efeitos, decorrente da nossa tendência de racionalizar os eventos do mundo, que combinada com o desejo de todo investidor obter o lucro, podem levar a demandas dos investidores que façam pouco sentido para investimentos em condições de risco. Uma vez que nenhum investidor não reclama do *up side* de um inves-

[47] TALEB, Nassim. **A lógica do Cisne Negro**. 2 ed. São Paulo: Best Seller, 2009.

timento arriscado, isto equivaleria a um investidor em ações obter os lucros quando as ações sobem e, quando o mercado acionário tem retornos negativos, o investidor passe a investir em um fundo de renda fixa de curto prazo ou na poupança (investimento de baixo risco).

3.1. *Skin in the game*, falácia da narrativa e vieses cognitivos

A falácia da narrativa é mais provável de acontecer em ambientes onde não se tem *skin in the game*. Taleb[48], denominou *skin in the game* como a situação na qual o administrador de uma companhia investe o próprio capital no negócio, demonstrando o grau de confiança que possui no desempenho da companhia. No caso de gestores, não apenas gerenciam ou realizam recomendações, mas também se envolvem arriscando recursos próprios em possíveis erros de estratégia.

De certa forma, o dever de diligência ao estabelecer que o administrador da companhia deve empregar, no exercício de suas funções, o cuidado e diligência que todo homem ativo e probo costuma empregar na administração dos seus próprios negócios, busca que o administrador tenha o comportamento de quem tem *skin in the game*. De modo geral, se espera que quanto mais envolvidos financeiramente os administradores estiverem maior será o esforço no sentido da melhor decisão, pois, no caso da estratégia estar errada, também sofrerão as consequências.

Vamos tratar do conceito de *Skin in the game* utilizando uma análise econômica. A Taxa SELIC atingiu 5,0% a.a. em novembro de 2019, sendo o mínimo histórico até aquele momento. Este patamar de taxa de juros levou a muitas discussões se esta situação seria conjuntural ou estrutural. Situação similar ocorreu no final de 2012, quando a taxa SELIC atingiu 7,25%, mínimo

[48] Taleb, Nasssim. Skin in the Game: Hidden Asymmetries in Daily Life. 2018.

histórico até aquele momento. Este movimento de redução mostrou-se conjuntural e não sustentável uma vez que a Taxa SELIC voltou a subir em 2013 e atingiu 14,25% em agosto de 2015. O gráfico abaixo mostra esta evolução.

Gráfico 2 – Evolução da Taxa SELIC

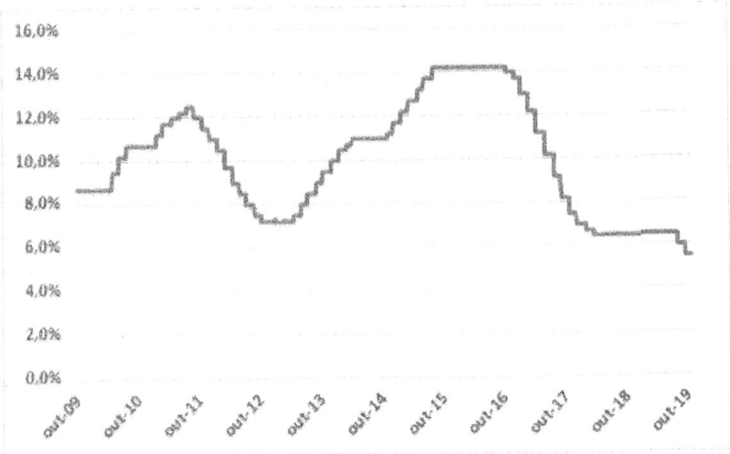

Fonte: Bacen

Para justificar que o nível corrente da taxa SELIC é sustentável, faz-se uma análise *ex post* buscando fatos ocorridos em 2013 que justifiquem que estes fatores não estariam presentes nas condições econômicas atuais. Este é um exemplo da falácia da narrativa, uma vez que se parte de um conhecimento *ex post* e simplista para se chegar a esta conclusão.

A seguir mostramos três diferentes análises para a conjuntura econômica, que se diferenciam quanto ao grau de envolvimento de cada autor nos resultados no caso da análise se mostrar equivocada. O primeiro é a carta mensal de um gestor de um fundo multimercado renomado com presença no mercado há muitos anos, que provavelmente tem parte do patrimônio investido na estratégia e arcará com os efeitos negativos no caso da estratégia falhar. O segundo é um consultor de investimentos para entidades de previdência complementar fechada que terá que dar explicações aos clientes nos anos seguintes, mas sem incorrer em perdas no próprio patrimônio, no caso da estratégia falhar e por último é uma análise do Ministério da Economia que não sofrerá maiores consequências caso a análise se mostre incorreta.

1) *This time is different!* Será? Gestão Verde[49]

> *Não resta dúvida que "this time is different" é uma das frases mais perigosas na gestão de portfólio. Por outro lado, assumir que tudo permanece igual, sempre, pode ser igualmente arriscado.*
>
> *Nosso papel é buscar sempre uma visão correta da realidade, sem dogmas, e estar preparados para aceitar um cenário diferente daquele ao qual estamos acostumados.*
>
> *O comportamento atual da taxa de juros no Brasil merece uma análise mais detalhada. Nosso ponto aqui, por ora, é restrito à observação de que enquanto tivermos um hiato de produto largo, credibilidade do Banco Central e perspectiva de estabilidade fiscal, os impactos de choques sobre os ativos domésticos serão muito mais sentidos no câmbio e na renda variável do que nas taxas de juros curtas.*
>
> *Em outras palavras, em virtude dos avanços descritos acima, hoje há muito mais espaço de política monetária contra-cíclica do que no passado, mesmo a despeito de choques externos. Na medida em que a taxa de juros cai, é razoável esperar que a própria taxa de câmbio se mantenha mais desvalorizada, mas isso não deveria vir carregado de um sentimento negativo sobre a evolução da economia, dado que a associação automática de desvalorização cambial e problemas domésticos deixou de prevalecer. Sob*

[49] Gestão Verde AM. This time is different! Será?. 2019. Disponível em: This time is different! Será? Por https://www.verdeasset.com.br/this-time-is-different-sera/. Acessado em 26 Jul. 2020.

este aspecto, o Brasil está se tornando um país mais normal. É prudente levar isso em conta no processo de construção de portfólio.

2) Política de Investimentos 2020 – O futuro chegou! MARCELO GUTERMAN, CFA[50]

Há duas questões que envolvem este novo nível das taxas de juros: 1) Estas taxas baixas vieram para ficar? Ou são apenas mais um "voo de galinha", neste eterno processo de "stop and go" do mercado brasileiro? 2) Se este é o novo nível das taxas de juros no Brasil, o que fazer?

A questão que se coloca é: qual o risco de uma nova virada do mercado como a que vimos em 2013? Ou, de maneira mais genérica: até que ponto este novo nível de taxas de juros é sustentável no longo prazo?

Com relação a uma virada a la 2013, entendemos que as chances são mínimas. Por dois motivos principais.

Em primeiro lugar, o ambiente global é totalmente diferente hoje. Em maio de 2013, Ben Bernanke, então presidente do Fed, anunciou que estava preparando o fim dos estímulos monetários, o que deu origem ao "Taper Tantrum"1. Não somente no Brasil, mas no mundo inteiro, as taxas de juros subiram em resposta a este movimento. Podemos ver no Gráfico 2 como se comportaram as taxas de juros nos EUA e no Brasil. O segundo ponto que diferencia a situação atual daquela vigente em 2013 é a credibilidade do Banco Central. Como podemos observar no Gráfico 3, quando o BC iniciou o ciclo de cortes da Selic em agosto de 2011, as expectativas de inflação para os 12 meses seguintes estavam cerca de 1 ponto percentual acima da meta. Este desvio oscilou em torno

[50] Guterman, Marcelo. **Política de Investimentos 2020 – O futuro chegou!.** Set. 2019. Disponível em: http://www.westernasset.com.br/pt/pdfs/commentaries/1909_Politica_de_investimentos.pdf. Acessado em: 26 Jul. 2020.

deste patamar até o fim do ciclo. Mesmo com o BC retomando o ciclo de aperto monetário em abril de 2013, as expectativas não somente não melhoraram como pioraram, com o desvio subindo até 2 pontos percentuais no final de 2014.

Portanto, considerando o cenário global de baixas taxas de juros e a credibilidade do Banco Central, entendemos que as taxas de juros nesses patamares vieram para ficar. Quando a taxa Selic for elevada novamente, avaliamos que o novo patamar de equilíbrio será por volta de 7%, nível abaixo do recorde do ciclo de afrouxamento monetário de 2011/2012.

3) Análise Ministério da Economia[51]

Importante nesse movimento não é apenas a redução em si, mas a forma como foi alcançada. Esse resultado foi uma queda estrutural. Em especial, três políticas contribuem para essa trajetória de queda: i) o controle sistêmico das despesas públicas, que garante um cenário de equilíbrio fiscal de longo prazo; ii) a redução substancial do direcionamento de crédito, melhorando as condições do mercado de crédito livre; e iii) a redução da meta de inflação, conjugada à credibilidade da política monetária. Para avaliar a sustentabilidade da queda dos juros, pode-se considerar a evolução da taxa de longo prazo em comparação à inflação implícita. Na figura, observa-se uma queda substancial da taxa de juros longa, alcançando o mínimo histórico. Além disso, observa-se de forma concomitante a queda da inflação esperada, o que indica a sustentabilidade da queda dos juros. No período de 2011 a 2013, tentou-se reduzir os juros na marra, não levando em conta os fundamentos da economia.

[51] Nota Informativa. Muito Além da Previdência: A economia nos primeiros nove meses de governo Disponível em: https://www.gov.br/economia/pt-br/centrais-de-conteudo/publicacoes/notas-informativas/2019/191017_nota-9-meses-de-governo-spe.pdf. Acessadoe em: 26 Jul. 2020.

Conforme se observa no gráfico, a inflação esperada não acompanhou o movimento de queda dos juros e essa se tornou insustentável. No atual Governo, diferentemente, a redução dos juros reais é resultado de políticas monetárias e fiscais estruturais, sendo, portanto, sustentável.

Ao ler cada uma das análises é possível observar que na primeira os riscos e dúvidas são mais presentes, por outro lado, na última faz se uma analise como se a situação de 2013 era nitidamente insustentável, o que nos leva a pensar com base nesta analise como o mercado em algum momento acreditou que a situação de 2013 era sustentável e como estes analistas não utilizaram este período para obter ganhos expressivos no mercado financeiro.

Ao observarmos o ambiente econômico realizado de 2020 com a pandemia de COVID 19, vimos que os riscos e incerteza foram muito maiores do que qualquer analista econômico poderia prever. Desta forma, a pergunta aberta deixada no texto do gestor, *Sera?*, indica a consciência de quem lida com o risco tem ao fazer suas análises.

A falácia da narrativa se insere em um contexto maior relacionado ao estudo das finanças comportamentais onde se procura mostrar como os indivíduos fazem escolhas ou tomam decisão em situações cotidianas. Estes estudos mostram que o raciocínio humano não utiliza disciplinas como a lógica e a matemática para solução de um problema e sim heurísticas, que são aproximações práticas ou estratégias gerais de entendimento[52]. O uso de heurísticas ou regras, em alguns casos, pode levar a erros no entendimento e processamento da informação

[52] Tversky e Kahneman (1974) pesquisaram esta heurística, que gera vieses relacionados com o uso da representatividade como forma de simplificar a análise dos problemas.

que resulta na interpretação equivocada das probabilidades de determinados eventos[53].

Estes erros cognitivos ocorrem devido a problemas de processamento das informações ou quando os indivíduos tentam evitar o conflito entre as crenças ou opiniões e a realidade, o que se denomina dissonância cognitiva. Abaixo apresentamos alguns dos vieses cognitivos:

- viés de conservadorismo (*conservatism*), está presente quando o indivíduo demora a atualizar as estimativas quando uma nova informação relevante está disponível,
- confirmação (*confirmation*), surge quando os indivíduos somente assimilam ou utilizam notícias que comprovam suas crenças ignorando informações e evidências que possam contrariar a ideia previamente concebida.
- retrospectiva (*hindsight*) ocorre quando os indivíduos percebem e interpretam os resultados de eventos observados imprevisíveis como previsíveis.
- controle (*control*), ilusão do controle, super confiança, as pessoas tendem a superestimar a precisão de seus conhecimentos, realizando estimativas para o futuro com uma incerteza ou intervalo muito estreitos, sendo surpreendidos com a realização de muitos eventos fora do intervalo das estimativas.
- representatividade (*representativeness*), ocorre quando os indivíduos inferem um determinado padrão com base em uma pequena amostra e extrapolam este padrão para a população e para o comportamento futuro[54].

[53] Bodie, Zvi, Kane, Alex, Marcus, Alan, J, **Investments**, Sexta Edição 2005, Mc Graw Hill

[54] Tversky e Kahneman (1974) argumentam que o tamanho da amostra, embora fundamental na estatística, não é uma parte relevante da intuição das pessoas.

Em relação a responsabilidade do administrador, o objetivo deste trabalho, os vieses relevantes são viéses de confirmação e retrospectiva, uma vez que a análise de uma decisão de um administrador é sempre realizada *ex post*. Assim as decisões do administrador são tomadas em condições de risco e estão sujeitas a uma análise de terceiros que são passiveis de vieses, que se baseiam em evidências com ideias previamente concebidas, interpretando os resultados de eventos observados que originalmente eram imprevisíveis como se fossem previsíveis no momento da tomada de decisão.

Neste sentido, podemos adicionar um elemento a pergunta inicial do trabalho: como pode um juiz, provavelmente sem expertise empresarial, avaliar o mérito das decisões gerenciais, contando ainda com o viés da passagem do tempo **e sujeito a vieses retrospectivos ao interpretar os resultados de eventos observados imprevisíveis como previsíveis e utilizar narrativas com a simplificação exagerada da cadeia de causas e efeitos?**[55]

3.2. Eficiência Mercado, falácia da narrativa, *skin in the game*: perspectiva do regulador

Em setembro de 2019, a Superintendência Nacional de Previdência Complementar (PREVIC) publicou o Guia Previc de Melhores Práticas em Investimentos em previdência complementar fechada[56], que tem por objetivo orientar os dirigentes, participantes, assistidos, patrocinadores, instituidores e prestadores de serviço quanto ao dia-a-dia da gestão dos investimentos das Entidades Fechada de Previdência Complementar ("EFPC").

[55] Pargendler, Mariana. Responsabilidade Civil dos Administradores e Business Judgment Rule no Direito Brasileiro. **Revista dos Tribunais,** v. 953/2015, p. 51 – 74, Jan – Mar / 2015.

[56] Guia Previc de Melhores Práticas em Investimentos na previdência complementar fechada. Set. 2019. Disponível http://www.previc.gov.br/central-de-conteudos/publicacoes/guias-de-melhores-praticas/guia-de-investimento.pdf. Acessado em 26 Jul. 2010

Este guia trata, entre outros assuntos, da estrutura de governança, da necessidade de estudos prévios, das características dos ativos financeiros, da política de investimentos, das estratégias e diretrizes, da gestão de investimentos, etc, das EFPC.

Este guia em alguns momentos exige dos dirigentes algo que é difícil de atender ao desconsiderar elementos como a eficiência de mercado. Neste trabalho, abordaremos dois tópicos relacionados a diligência e tomada de decisão. O primeiro compreende os itens 45 e 19 do guia.

> O dever de diligência exige que diretores e conselheiros busquem as informações relevantes necessárias para amparar suas decisões, bem como pressupõe sua intervenção sempre que fundamental para preservar o interesse da entidade.
>
> O investimento deve iniciar com uma avaliação conjuntural, passando por cenários de médio e longo prazos, associados com estudos de administração de ativos e passivos para planos de benefício definido e estruturas que permitam compor maior rentabilidade para planos de contribuição definida.

Iniciaremos a análise pela definição de intervenção que significa o ato ou efeito de intervir ou mediar em alguma situação adversa. No contexto de investimentos financeiros, uma situação adversa muitas vezes significa retornos negativos ou aquém do esperado e intervir seria alguma ação que limite a perdas e se possível reverta a situação.

Este tipo de situação no mercado financeiro está relacionado a momentos de stress ou crises, portanto, incompatível com realização de estudos prévios[57]. Ou seja, na hipótese de

[57] Um exemplo desta situação são os impactos da pandemia de COVID 19. E muito razoável esperar que ninguém tenha tido condições de esperar uma crise como essa, mesmo em cenários de stress.

uma situação adversa se requer a intervenção do dirigente que é incompatível com a realização de estudos prévios. Portanto, se intervém e não obtém o resultado esperado, pode ser questionado por não ter realizado estudos prévios, e, se não intervém, também pode ser questionado, tudo a depender do resultado observado *ex post* e sujeito à falácia da narrativa.

Como vimos em um mercado competitivo, não basta acertar determinado resultado ou evento econômico, pois se este evento estiver integralmente incorporado nos preços de mercado não haverá ganho algum nesta estratégia. Portanto, a recomendação *intervenção sempre que fundamental para preservar o interesse da entidade* pode ser muito questionada considerando as hipóteses de eficiência de mercado.

Um segundo ponto do Guia que destacamos é o item 33.

> A política de investimento de cada plano deve ser elaborada pela Diretoria Executiva e aprovada pelo Conselho Deliberativo da EFPC antes do início do exercício a que se referir e revista quando os cenários macroeconômicos inicialmente utilizados e/ou as hipóteses adotadas mostrarem-se inadequadas.

Um dos itens mais importantes na elaboração dos cenários macroeconômicos é a expectativa / projeção da taxa de juros de curto prazo, SELIC. Na tabela abaixo, mostramos a pesquisa FOCUS no final de cada ano projetada para o ano seguinte e comparamos com a taxa SELIC realizada. Para todos os anos há diferença, em alguns casos significativo (2017), portanto, com base nesta recomendação em determinados anos todas as EFPC deveriam rever a aprovar novamente uma política de investimentos, o que não se observa na realidade.

Isto se deve porque a taxa de juros é uma variável que está sujeita a fatores econômicos e notícias que são imprevisíveis, portanto, sempre ocorrerão surpresas sejam positivas ou negativas. Os diretores e conselheiros cientes destes eventos e da dinâmica de mercado incorporam em suas políticas de investimentos limites de riscos, que permitem aos administradores tomarem as decisões e administrar a EFPC mesmo em cenários adversos e inicialmente não previstos na elaboração da política de investimentos.

Tabela 3 – Projeção e realizado da taxa CDI

Ponto Obs.	Ponto Projeção	Projetado	Realizado	Diferença
31/12/2013	30/12/2014	10,50	11,65	- 1,15
30/12/2014	31/12/2015	12,50	14,15	- 1,65
31/12/2015	30/12/2016	15,25	13,65	1,60
30/12/2016	29/12/2017	10,25	6,90	3,35
29/12/2017	31/12/2018	6,75	6,40	0,35
31/12/2018	31/12/2019	6,13	4,50	1,63

Fonte: Bacen

Neste caso, é difícil definir quando as hipóteses adotadas se mostraram inadequadas. Além disso, o mais relevante é a comparação com os preços de mercado que embutem um cenário econômico e não o cenário da EFPC.

Este fato fica também evidenciado no resultado da pesquisa realizada com as EFPC durante a pandemia de COVID 19 em 2020[58], onde em um cenário completamente inesperado e sem precedentes de 260 EPFC apenas 18 indicaram alguma mudança nas políticas de investimento.

[58] Resultados Formulário COVID 19 http://www.previc.gov.br/central-de-conteudos/publicacoes/series-de-estudo/resultados-formulario-covid-19.pdf/view, acessado em 16/07/2020.

4. Um regime de responsabilização mais adequado

Nesta parte do trabalho, discutiremos a necessidade de um regime equilibrado de responsabilização dos administradores, que iniba atos desleais em relação a companhia sem limitar a discricionariedade dos administradores necessária para a tomada de decisão.

Assim, é importante considerar o que foi apresentado nas seções anteriores referente as condições do ambiente econômico de atuação dos administradores para decisões que geraram prejuízos à companhia, mas que foram tomadas visando o seu melhor interesse não levem a responsabilização do administrador, caso contrário, somente pessoas mal-intencionadas aceitariam o risco de administrar empresas e negócios.[59] Neste sentido, Mariana Pargendler[60] traz o seguinte questionamento:

> *Como pode o juiz, possivelmente sem qualquer expertise empresarial, contando com o benefício de uma análise ex post, avaliar o mérito das decisões gerenciais? A responsabilidade dos administradores por erros ou más decisões não teria por efeito inibir a assunção de risco empresarial? Seria possível atrair os melhores talentos para a administração das companhias, responsabilizando-os pelos erros cometidos, quando os acertos se revertem preponderantemente em benefício alheio?*

De acordo com Pedro Henrique Castello Brigagão[61] a *Business Judgment Rule* (BJR), desenvolvida pelos tribunais dos Estados

[59] Brigagão, Pedro Henrique Castello. A *Business Judgment Rule* no direito brasileiro: a problemática da recepção da regra pela lei das s.a. **Revista de Direito Bancário e do Mercado de Capitais,** v. 74, p. 95 – 115, Out – Dez / 2016.

[60] Pargendler, Mariana. Responsabilidade Civil dos Administradores e Business Judgment Rule no Direito Brasileiro. **Revista dos Tribunais,** v. 953/2015, p. 51 – 74, Jan – Mar / 2015.

[61] Easterbrook, Frank; Fischel, Daniel. *The Economic Structure of Corporate Law*. Cambridge: Harvard University Press, 1996. p. 108.

Unidos, busca proteger os administradores de serem pessoalmente responsabilizados pela tomada de decisões negociais de forma diligente, de boa-fé e no interesse da companhia. Devemos sempre lembrar o caráter liberal norte-americano, onde a disciplina de mercado é o principal instrumento contra a má administração.

Como alerta Alfredo Lamy Filho[62], os administradores, durante o exercício de suas atribuições, decidem questões relevantes em curto espaço de tempo, o que aumenta a chance de uma decisão errada. A presunção a favor do administrador, no sentido de que falhas serão admitidas em decisões negociais, não se aplica diante da violação ao dever de lealdade, ou seja, quando houver conflito de interesses.

No Brasil, o art. 159, § 6º, da Lei das S.A., onde o juiz poderá reconhecer a exclusão da responsabilidade do administrador, se convencido de que este agiu de boa-fé e visando ao interesse da companhia, pode ser entendido o equivalente funcional da *Business Judgment Rule*[63], embora o art. 159, § 6º, sugira um espaço maior de aplicação, uma vez que a BJR não isenta de responsabilidade os administradores em situação de conflito de interesses.

Brigagão[64] afirma que o art. 159, § 6º, da Lei das S.A é mais benéfico aos administradores brasileiros do que a BJR. Para isto, utiliza como exemplo o caso julgado pelo STJ no julgamento do Recurso Especial 1.349.233-SP em que, por maioria, o réu não foi responsabilizado após uma análise dos resultados da

[62] Lamy Filho, Alfredo. *Temas de S.A.*: Exposições e Pareceres. Rio de Janeiro: Renovar, 2007. p.

[63] Pargendler, Mariana. Responsabilidade Civil dos Administradores e Business Judgment Rule no Direito Brasileiro. **Revista dos Tribunais**, v. 953/2015, p. 51 – 74, Jan – Mar / 2015.

[64] Brigagão, Pedro Henrique Castello. A *Business Judgment Rule* no direito brasileiro: a problemática da recepção da regra pela lei das s.a. **Revista de Direito Bancário e do Mercado de Capitais**, v. 74, p. 95 – 115, Out – Dez / 2016.

decisão, a qual "está entre os atos que deveria mesmo ter sido praticados, pois resultaram em bom proveito para a sociedade anônima". Segundo Brigagão não se examinou o processo decisório como seria o caso na aplicação da BJR.

O discreto desempenho do Poder Judiciário referente à responsabilização dos administradores seria, em parte, compensado pela atuação do órgão regulador via o exercício do poder sancionador[65]. A Comissão de Valores Mobiliários (CVM) tem utilizado a *BJR* nos processos administrativos sancionadores relativos ao cumprimento de dever diligência por parte dos administradores.

O PAS RJ 2005/1443 faz a seguinte menção a *Business Judgment Rule* ou regra de decisão negocial:

> Em razão da regra da decisão negocial, o Poder Judiciário americano preocupa-se apenas com o processo que levou à decisão e não com o seu mérito. Para utilizar a regra da decisão negocial, o administrador deve seguir os seguintes princípios:
>
> (i) Decisão informada: A decisão informada é aquela na qual os administradores basearam-se nas informações razoavelmente necessárias para tomá-la. Podem os administradores, nesses casos, utilizar, como informações, análises e memorandos dos diretores e outros funcionários, bem como de terceiros contratados. Não é necessária a contratação de um banco de investimento para a avaliação de uma operação;
>
> (ii) Decisão refletida: A decisão refletida é aquela tomada depois da análise das diferentes alternativas ou possíveis consequências ou, ainda, em cotejo com a documentação que fundamenta o negócio. Mesmo que deixe de analisar um negócio, a

[65] Pargendler, Mariana. Corporate Governance in Emerging Markets. *Direito GV Research Paper Series*, n. 100, 2014. Disponível em: [http://papers.ssrn.com/sol3/papers.cfm?abstract_id=2417994]. Acesso em: 19.06.2020.

decisão negocial que a ele levou pode ser considerada refletida, caso, informadamente, tenha o administrador decidido não analisar esse negócio; e

(iii) Decisão desinteressada: A decisão desinteressada é aquela que não resulta em benefício pecuniário ao administrador. Esse conceito vem sendo expandido para incluir benefícios que não sejam diretos para o administrador ou para instituições e empresas ligadas a ele. Quando o administrador tem interesse na decisão, aplicam-se os standards do dever de lealdade (duty of loyalty).

Embora o quesito de decisão desinteressada esteja presente tanto na aplicação da *Business Judgment Rule* nos Estados Unidos quanto no Brasil, o mesmo não ocorre em relação aos requisitos da decisão informada e refletida, possibilitando a responsabilização dos administradores no Brasil por violação ao dever de diligência.

A *Business Judgment Rule* tem direta relação com a análise do dever de cuidado. A decisão de estabelecer a presunção em favor dos administradores relativo ao dever de diligência tem a função de encorajar os administradores a assumirem riscos, pois somente dessa forma pode-se obter maior lucratividade da sociedade anônima. Nesse sentido, o respeito as decisões está bem descrito por Oesterle[66]:

> The business judgement rule protects decisions of the board of directors from being set aside by courts and protects directors from personal liability should a business decision lead to unfortunate results. It is a presumption that courts will not interfere with, or second-guess, business decisions made by directors.

[66] OESTERLE, Dale, A. Mergers and Acquisitions in a Nutshell, St. Paul: Thomson/West, 2006, p. 230.

De acordo com esta regra os administradores podem ser isentados de responsabilidades pelos resultados de uma decisão de negócio, se realizada de boa-fé e dentro dos limites das suas competências legais e estatutárias. O cumprimento das disposições legais e estatutárias representa um dos pilares para o funcionamento eficiente das atividades sociais[67].

Esta proteção ou presunção em relação a boa fé das decisões não valerá tanto no direito norte-americano quanto no direito brasileiro quando o administrador atuar de forma contrária ao interesse da companhia, violando o dever de lealdade devido a existência conflito de interesses. No Brasil, a regra sobre o conflito de interesses está estabelecida no art. 156 da Lei das Sociedades Anônimas.

Podemos afirmar, com base no discutido acima, que a *Business Judgment Rule* e o sistema jurídico brasileiro protegem a discricionariedade decisória de administradores bem intencionados quanto a decisões de boa fé que resultem em prejuízos a companhia. Os administradores não devem ser inibidos a assumir riscos em decisões empresariais, por receio de constante questionamento nas esferas jurídicas pelos acionistas. O administrador, que, em princípio tem a expertise do negócio não é razoável que os julgadores, seja na esfera administrativa ou judicial, sem experiência empresarial estejam aptos a exercer juízo de valor, ou de conveniência e oportunidade quanto a gestão de negócios dos negócios da companhia.

A jurisprudência em relação a *BJR* mostra que os administradores somente poderão ser responsabilizados se provado que a decisão envolveu claramente um desperdício dos recursos da sociedade (*waste of corporate assets*) e sem qualquer base racional.

[67] MORAES, Luiza Rangel. *Business judgment rule* e sua aplicação no direito brasileiro e na apuração de responsabilidade dos administradores de companhias abertas em processos administrativos sancionadores. **Revista de Direito Bancário e do Mercado de Capitais**, vol. 60/2013 | p. 127 – 149 | Abr – Jun / 2013.

Estes requisitos são extremamente rigorosos e de difícil caracterização em caso concreto. Entretanto, a *BJR* deve ceder quando o autor da ação demonstrar que a decisão envolvia algum conflito de interesse do administrador em relação a decisão tomada. Assim, a responsabilização de administradores, na ausência de conflito de interesses, seria uma situação quase que impossível de ser provada, o que corresponde que o dever de diligência é um conceito praticamente impossível de ser caracterizado[68].

O entendimento da CVM para aplicar sanções em relação ao dever de diligência se deve a distinção entre a dimensão negocial do dever de diligência, sujeita à *BJR*, e a dimensão fiscalizatória, esta sim sujeita ao exame de razoabilidade e adequação. Esta distinção teria como base a doutrina norte-americana conforme o voto do Diretor Otávio Yazbek no PAS 24/200664.

Este entendimento é questionado na medida que a *BJR* consiste no profundo respeito a todas as decisões de boa-fé, assim, somente uma falha continuada e sistemática em exercer supervisão estabelecerá a ausência de boa-fé, requisito necessário à responsabilização. Desta forma, diferentemente do entendimento em julgados da CVM, as decisões de natureza fiscalizatória nos Estados Unidos têm se sujeitado à *BJR*[69].

O PAS 18/2008.70 é um exemplo da aplicação distinta em relação ao sistema jurídico norte americano com a responsabilização dos administradores da Sadia por violação do dever de diligência no monitoramento dos sistemas de controles. A CVM ao buscar na jurisprudência norte-americana elementos para suas decisões tem alcançado resultados muito distintos aos

[68] Pargendler, Mariana. Responsabilidade Civil dos Administradores e Business Judgment Rule no Direito Brasileiro. **Revista dos Tribunais,** v. 953/2015, p. 51 – 74, Jan – Mar / 2015.

[69] Pargendler, Mariana. Responsabilidade Civil dos Administradores e Business Judgment Rule no Direito Brasileiro. **Revista dos Tribunais,** v. 953/2015, p. 51 – 74, Jan – Mar / 2015.

ocorridos nos Estados Unidos onde os administradores de instituições financeiras nos Estados Unidos escaparam, em geral, da responsabilização após as perdas ocorridas com empréstimos subprime e operações com derivativos[70].

Conclusões

Ao final deste trabalho é possível concluir que existe na legislação brasileira um arcabouço jurídico que permite tratar de forma adequada a responsabilização dos administradores relativa ao cumprimento dos deveres fiduciários, respeitando a discricionariedade decisória de administradores que agiram de boa-fé e visando ao interesse da companhia, eximindo-os do dever de indenizar por eventuais prejuízos gerados à companhia. Os poucos casos no judiciário brasileiro que envolve administradores relacionados ao comprimento dos deveres fiduciários demonstram o respeito a decisões negociais.

O art. 159, § 6º, da Lei das Sociedades Anônimas, onde o juiz poderá reconhecer a exclusão da responsabilidade do administrador se convencido de que este agiu de boa-fé e visando ao interesse da companhia, pode ser entendido como o equivalente funcional da *Business Judgment Rule*. A *BJR* deve ser entendida no contexto liberal norte-americano, onde a principal fonte de disciplina contra a má administração das sociedades anônimas deve vir do mercado.

Este arcabouço jurídico protege os administradores de narrativas que se adéquam aos fatos observados (*ex post*). A simplificação exagerada da cadeia de causas e efeitos, decorrente da tendência de racionalizar os eventos, que combinada com o desejo de todo investidor obter o lucro, podem levar a demandas dos investidores que façam pouco sentido para investimentos em condições de risco.

[70] Ibid

Na aplicação da *BJR* dificilmente se questionará uma decisão relativa ao descumprimento de um dever fiduciário se não houver a presença de conflito de interesse. Assim, a responsabilização de administradores, na ausência de conflito de interesses, seria uma situação quase que impossível de ser provada, o que corresponde que o dever de diligência é um conceito praticamente impossível de ser caracterizado[71].

A decisão de estabelecer a presunção em favor dos administradores relativo ao dever de diligência tem a função de encorajar os administradores a assumirem riscos e não criar um ambiente de inércia, o que prejudicaria a atividade econômica. O mercado é quem deve corrigir as eventuais decisões equivocadas tomadas de boa fé pelos administradores conhecidas ex post, mudando os administradores, reduzindo a remuneração ou vendendo as ações da companhia, etc.

O mesmo não ocorre em relação em alguns dos julgamentos da CVM, onde tem se analisado as decisões de administradores, tomada de boa fé, sem conflitos de interesse, utilizando o dever de diligência fiscalizatório como se amparasse na jurisprudência norte americana.

Do ponto de vista contratual, os deveres fiduciários devem ser interpretados como formas para solucionar problemas contratuais, ao invés de impor padrões morais ou fins sociais para contratos privados. Assim, não há que se esperar do regulador ou juiz, de forma *ex post*, sem conhecer o ambiente imprevisível e competitivo dos negócios, estando sujeito a falácia da narrativa e a vieses cognitivos, possa rever decisões tomadas por quem possuía o conhecimento técnico e foi contratado para realizá-las.

Em um mercado competitivo, os preços somente irão variar com novas informações, que por definição são imprevisíveis,

[71] Pargendler, Mariana. Responsabilidade Civil dos Administradores e Business Judgment Rule no Direito Brasileiro. **Revista dos Tribunais,** v. 953/2015, p. 51 – 74, Jan – Mar / 2015.

portanto, os preços também irão variar de forma imprevisível. Entende-se não haver culpa quando há imprevisibilidade[72], assim, quando as consequências da conduta são imprevistas ou imprevisíveis, não há como configurar a culpa. Neste sentido, é de se esperar que os resultados das decisões sejam incertos e aleatórios considerando o ambiente concorrencial que os administradores atuam, o risco do negócio é do acionista se dá através de um contrato de aleatório equivalente a um contrato de derivativos.

Referências

BENSAL, Bruno Marques. A *business judgment rule* no Direito Brasileiro: da responsabilidade dos administradores na perspectiva do direito comparado e na jurisprudência da CVM. **Revista de Direito Empresarial** | vol. 7/2015 | p. 111 – 131 | Jan – Fev / 2015

BLACK, Bernard. The Core Fiduciary Duties of Outside Directors. Asia Business Law Review. p. 3-16, Julho 2001

BODIE Zvi, Kane, Alex, Marcus, Alan, J. **Investments**, 6 Ed. 2005, Mc Graw Hill

BOULOS, Daniel Martins. **A função social do contrato**. Jornal valor Econômico, 11 de setembro de 2003, Cadernos E2.

BRIGAGÃO, Pedro Henrique Castello. A *business judgment rule* no direito brasileiro: a problemática da recepção da regra pela lei das s.a. **Revista de Direito Bancário e do Mercado de Capitais,** v. 74, p. 95 – 115, Out – Dez / 2016.

COASE, Ronald. **A Firma, o Mercado e o Direito**. Rio de Janeiro: Forense universitária, 2017.

DOTTA, Eduardo Montenegro. **Responsabilidade Civil dos Administradores e Gestores de Fundos de Investimento.** 1. Ed. São Paulo: Almedina, 2018.

EASTERBROOK, Frank; FISCHEL, Daniel. *The Economic Structure of Corporate Law*. Cambridge: Harvard University Press, 1996. p. 108.

Gestão Verde AM. This time is different! Será?. 2019. Disponível em: This time is different! Será? Por https://www.verdeasset.com.br/this-time-is-different-sera/. Acessado em 26 Jul. 2020.

72 VENOSA, Sílvio de Salvo. **Direito Civil** vol IV, 6ª edição. São Paulo: Atlas, 2006.

Guia Previc de Melhores Práticas em Investimentos na previdência complementar fechada. Set. 2019. Disponível http://www.previc.gov.br/central-de-conteudos/publicacoes/guias-de-melhores-praticas/guia-de-investimento.pdf. Acessado em 26 Jul. 2010

Guterman, Marcelo. **Política de Investimentos 2020 – O futuro chegou!.** Set. 2019. Disponível em: http://www.westernasset.com.br/pt/pdfs/commentaries/1909_Politica_de_investimentos.pdf. Acessado em: 26 Jul. 2020.

HARTE, Oliver. **An Economist's View of Fiduciary Duty**. The University of Toronto Law Journal, v. 43, p. 299 – 313, 1993.

JENSE, Michel C.;Meckling, Willian H. **Theory of the firm: Managerial Behaviour, Agency Costs ans Ownership Structure**, Journal of Financial Economics 3 1976 305-360.

LAMY Filho Alfredo. *Temas de S.A.*: Exposições e Pareceres. Rio de Janeiro: Renovar, 2007.

MAFUD, Pedro Darahem, 2014 Racionalidade Econômica e Aspectos Jurídicos dos Derivativos: Uma Análise Jurisprudencial. Dissertação USP.

MORAES, Luiza Rangel. *Business judgment rule* e sua aplicação no direito brasileiro e na apuração de responsabilidade dos administradores de companhias abertas em processos administrativos sancionadores. **Revista de Direito Bancário e do Mercado de Capitais**, vol. 60/2013 | p. 127 – 149 | Abr – Jun / 2013

Moura, Luana Leite de. **Análise Comparativa da Aplicabilidade da Teoria do Adimplemento Substancial em Contratos Garantidos por Alienação Fiduciária e Reserva de Domínio.** In: Roque, Pamela Romeu. Org. Estudos Aplicados de Direito Empresarial. Ed. São Paulo: Almedina, 2019.

OESTERLE, Dale, A. Mergers and Acquisitions in a Nutshell, St. Paul: Thomson/West, 2006, p. 230.

PARGENDLER, Mariana. Responsabilidade Civil dos Administradores e Business Judgment Rule no Direito Brasileiro. **Revista dos Tribunais,** v. 953/2015, p. 51 – 74, Jan – Mar / 2015.

PARGENDLER, Mariana. **Modes of Gap-Filling: Good Faith and Fiduciary Duties Reconsidered**. Tulane Law Review, New Orleans, vol. 82, p. 1315-1354, mar. 2008.

Silveira, Alexandre di Miceli. Governança Corporativa no Brasil e no Mundo: Teoria e Prática. 2015.

PARGENDLER, Mariana. Corporate Governance in Emerging Markets. *Direito GV Research Paper Series*, n. 100, 2014. Disponível em: [http://papers.ssrn.com/sol3/papers.cfm?abstract_id=2417994]. Acesso em: 19.06.2020

PRADO, Viviane Muller; Silva, Visctor Hugo Cunha; Dos Santos, Ezequiel Fajreldines. Além dos números da CVM: Enforcement no mercado de capitais brasileiro

Salomão Filho, Calixto. **O Novo Direito Societário**. São Paulo: Malheiros, 2011.

PROENÇA, José Marcelo Martins. Notas sobre a revisão judicial dos atos de gestão em sociedades anônimas: os tribunais judiciais podem aprender com a CVM? **Revista de Direito Bancário e do Mercado de Capitais** | vol. 72/2016 | p. 213 – 226 | Abr – Jun / 2016

SILVEIRA, Alexandre di Miceli. **Governança Corporativa no Brasil e no Mundo**: Teoria e Prática. Rio de Janeiro: Elsevier, 2010.

STEVEN I. Burton, **Breach of Contract and the Common Law Duty To Perform in GoodFaith**, 94 HARv. L. Rv. 369, 378-94 (1980).

Stocco, Rui. **Tratado de Responsabilidade Civil**. 6 Edição. São Paulo. Revista dos Tribunais

TALEB, Nasssim. **Skin in the Game: Hidden Asymmetries in Daily Life**. 2018.

TALEB, Nassim. **A lógica do Cisne Negro**. 2 ed. São Paulo: Best Seller, 2009.

TREBILCOCK, M. J. *The Liability of Company Directors for Negligence*. The Modern Law Review. vol. 32, nº 5, set. 1969. p. 499; LYNCH, M. C. *Diligence of Directors in the management of Corporations*. California Law Review. vol. 3, n.1, 1914. p. 21-22.

DESAFIOS JURÍDICOS DO SISTEMA FINANCEIRO ABERTO (*OPEN BANKING*)

Kaike Augusto Machado

Introdução

Quando tratamos de *open banking*, ou "Sistema Financeiro Aberto" conforme nomenclatura introduzida pelo Banco Central do Brasil ("Bacen" ou "Banco Central"), estamos lidando com o que provavelmente será uma das mais relevantes transformações no universo financeiro e bancário dos últimos tempos. Ao longo da última década, é possível constatar que vivenciamos fortes e consistentes evoluções na tecnologia, que causaram impactos diretos nos hábitos e formas de consumo de produtos e serviços, especialmente aqueles financeiros. O Sistema Financeiro Aberto promete ser um grande movimento neste sentido, gerando grandes expectativas para os consumidores de serviços financeiros digitais e virtuais.

Em 2018, o número de contas bancárias abertas via aparelho de telefonia móvel cresceu 56% em relação a 2017, chegando a 2,5 milhões de contas abertas. Ainda em 2018, pela primeira vez na história, as transações financeiras realizadas via *mobile banking* superaram aquelas feitas via internet, atingindo a marca dos 2,5 bilhões de pagamentos de contas e transferências[1]. O impacto da chegada deste novo sistema será perceptível para qualquer indivíduo que possua conta bancária e que use a internet, especialmente por meio de aparelhos de telefonia móvel.

Já implementado e regulado na Europa, o *Open Banking* pode ser entendido como o sistema (ou conceito amplo que abrange o sistema e os princípios de seu funcionamento) que permite que empresas e serviços, digitais ou não, acessem os dados bancários e financeiros de um determinado indivíduo, mediante consentimento expresso e inequívoco deste último.[2]

O princípio norteador que viabilizou a criação do racional que rege o sistema do *Open Banking* é de que, apesar de a posse dos recursos depositados nas contas bancárias pertencer ao banco a partir do depósito (podendo este emprestar e investir os valores ali contidos, assumindo a obrigação de repagar a mesma quantia depositada ao titular da conta), as informações e dados quanto aos valores, hábitos financeiros, produtos contratados, entre outros, pertencem exclusivamente ao usuário. Este conceito, apesar de ser o entendimento comum sobre o tema, encontra ainda embasamento jurídico por meio da recente Lei nº 13.709, de 14 de agosto de 2018, conforme em vigor ("Lei Geral de Proteção de Dados Pessoais" ou, em sigla, "LGPD"), que trouxe em forma de texto normativo o racional de que os dados pertencem ao seu titular, e não às instituições que o manuseiam.

[1] BARROS, Fábio. **Com a transformação digital, bancos assumem o desafio de reter o cliente.** Convergência Digital, 11 jun. 2019. Disponível em: https://www.convergenciadigital.com.br/cgi/cgilua.exe/sys/start.htm?UserActiveTemplate=site&infoid=50927&sid=5. Acesso em: 10 jan. 2020.

[2] SUTTO, Giovanna. Open banking: o que é e como funciona? **InfoMoney.** 4 abr 2019. Disponível em: https://www.infomoney.com.br/minhas-financas/consumo/noticia/8088790/open-banking-o-que-e-e-como-funciona-. Acesso em: 25 mar. 2020.

O advento desta lei, por mais que tenha sido determinante para que o Sistema Financeiro Aberto fosse passível de implementação no Brasil, trouxe também inúmeros obstáculos, na medida em que torna complexo e regulado todo o tratamento dessas informações, conforme se verá melhor adiante. Tendo isso como premissa, pode o usuário decidir fazer o que quiser com estes dados, podendo, se assim entender conveniente, solicitar que sejam transmitidos para outras plataformas e aplicativos, de acordo com sua necessidade.

Um exemplo claro para esse mecanismo pode ser vislumbrado quando se adquire um novo aplicativo em um telefone celular e, para iniciar o relacionamento do indivíduo com a plataforma recentemente adquirida, por vezes é preciso "abrir uma conta". Normalmente, em aplicativos populares como "*Instagram*", "*Spotify*", ou até mesmo em aplicativos de transporte como "*Uber*" ou "99", sempre existe a opção "Entrar com o *Facebook*". Esta opção permite que as informações pessoais do usuário, já inseridas em uma plataforma digital (neste caso, a rede social *Facebook*), sejam importadas para outro ambiente, de acordo com sua demanda ou consentimento, facilitando e agilizando o cadastro desse usuário em novas plataformas.

A aplicação dessa lógica para o universo financeiro e de meios de pagamento define o conceito de Sistema Financeiro Aberto.

Dentro dessa ótica, é possível dizer que, uma vez implementado e disseminado em escala nacional, o Sistema Financeiro Aberto permitirá que um correntista de um determinado banco abra contas em outras instituições financeiras simplesmente importando seus dados cadastrais já existentes em formato digital nas instituições em que já possui conta bancária aberta.

Isto significa dizer que estamos diante de uma nova fronteira da tecnologia aplicada aos serviços financeiros, na qual poderemos viabilizar a portabilidade de contas bancárias inteiras entre instituições financeiras, ao toque e comando de seu titular por meio de aparelhos de telefonia móvel.

Nesse sentido, também será possível consolidar dados financeiros de múltiplas contas bancárias em uma só plataforma, de modo que o usuário consiga enxergar todas as suas finanças, dívidas, créditos e ativos no mesmo ambiente digital. Isso, na prática, é só o começo, não existem limites para as novas possibilidades que se desencadearão após a normatização do Sistema Financeiro Aberto.

Outro grande avanço trazido seria a maior competitividade entre as instituições financeiras, o que resultará em melhores condições ao consumidor de serviços bancários. O usuário poderá comparar, transferir e consolidar dados sobre propostas de crédito e empréstimos, taxas de juros aplicáveis e condições de produtos e serviços entre instituições financeiras. Em outras palavras, será possível comparar as condições ofertadas por sua própria instituição financeira com as condições ofertadas por suas concorrentes, podendo facilmente migrar sua conta ou produto para a concorrência caso as condições não estejam mais sendo benéficas ou competitivas para si.

A grande mudança de paradigma traz impactos relevantes no sistema como um todo. Instituições financeiras logo não serão mais como as conhecemos, novas estruturas virão a partir da implementação do Sistema Financeiro Aberto. Como afirma Carlo Alberto Carnevale-Maffè, professor da Universidade de Bocconi, "o banco é desmontado em módulos funcionais que são reconstruídos em uma espécie de 'desagregação' que criará um novo banco difundido e invisível" (tradução do autor).[3]

[3] RIGHINI, Edoardo. **From open banking to Strong Customer Authentication: the 5 main effects of PSD2**. 24 set. 2019. Disponível em: https://www.doxee.com/2019/09/24/the-5-main-effects-of-psd2/. Acesso em: 27. out. 2019.

Para viabilizar a construção do mecanismo que permite a portabilidade digital e informações do usuário entre plataformas, criou-se o *Application Programming Interface* (API) ou "Interface de Programação de Aplicativos", que pode ser definido como um *software* ou sistema que permite a utilização de suas funcionalidades por outros aplicativos que não pretendem envolver-se em detalhes da sua implementação, mas apenas usar seus serviços[4]. Em outras palavras, são aplicações "ponte", cuja principal finalidade seria construir algoritmos que viabilizem a comunicação entre uma plataforma e outra, apesar de suas funcionalidades serem completamente diferentes.

Assim sendo, existe uma "área cinzenta" relevante em se tratando do que essas interfaces de programação de aplicativos podem ou não fazer, bem como sobre como devem ser conduzidas pelas instituições que as controlam. Por um lado, regular de forma demasiada e detalhada as questões que envolvem essa tecnologia poderá engessar a utilização do modelo, tornando-o inócuo. Por outro, deixar a regulamentação permissiva e aberta, por meio de estruturas meramente principiológicas, poderá dar margem a fraudes, violações e tratamento inadequado de informações pessoais e, por vezes, sensíveis.

Nas palavras de Bruno Balduccini, sócio do Pinheiro Neto Advogados:

> Em relação aos aspectos tecnológicos, o desafio gira em torno das APIs, grandes responsáveis pela integração dos agentes financeiros no âmbito do Open Banking. A definição de especificações técnicas mínimas, tais como a padronização dos protocolos de

[4] BALAGUER, Adriano. **A revolução iminente das APIs no mercado de serviços financeiros.** ComputerWorld. 02 ago. 2016. Disponível em: https://computerworld.com.br/2016/08/02/revolucao-iminente-das-apis-no-mercado-de-servicos-financeiros/. Acesso em: 15 set. 2019.

API e sistemas de segurança, é essencial para mitigar os riscos de vazamento de dados e eventuais ataques cibernéticos.[5]

Além das APIs, ainda existem grandes desafios, especialmente jurídicos, para implementação dessa estrutura no ambiente bancário nacional.

Atualmente, possuímos uma estrutura conservadora em se tratando de manuseio e gestão de informações, pautada em normas como a Lei Complementar nº 105, de 10 de janeiro de 2001, conforme em vigor ("Lei do Sigilo Bancário") e também na recente Lei Geral de Proteção de Dados Pessoais, sendo certo que, apesar de tais estruturas, o Brasil ainda sofre cotidianamente com fraudes e golpes envolvendo o tratamento de informações.

No âmbito regulatório, o Banco Central emitiu o Comunicado nº 33.455, de 24 de abril de 2019 ("Comunicado do Bacen sobre *Open Banking*"), que tinha como objetivo aprovar e divulgar os requisitos fundamentais para implementação, no Brasil, do Sistema Financeiro Aberto. Na sequência, o Banco Central emitiu, em 28 de novembro de 2019, o edital de consulta pública nº 73/2019, que "divulga propostas de atos normativos que dispõem sobre a implementação do Sistema Financeiro Aberto (Open Banking)." Por fim, após debater a questão com o mercado, o Banco Central divulgou, em 04 de maio de 2020, a oficialização do processo de implementação do *Open Banking*, divulgando, ainda, seu texto normativo final, por meio da Resolução Conjunta nº 1, de 4 de maio de 2020[6] ("Regulamentação do *Open Banking*", ou simplesmente "Resolução" ou "Regulamentação").

[5] BALDUCCINI, Bruno; DA SILVA, Leticia Novaes. 'Open Banking', o caminho para a competição digital. **Estadão**, 14 jun. 2019. Disponível em: https://politica.estadao.com.br/blogs/fausto-macedo/open-banking-o-caminho-para-a-competicao-digital/. Acesso em: 9 jan. 2020.

[6] BACEN. Resolução Conjunta nº 1, de 4 de maio de 2020. **Dispõe sobre a implementação do Sistema Financeiro Aberto (Open Banking)**. Disponível

Não obstante, em função da necessidade de adaptação relevante dos sistemas e fluxos das instituições financeiras participantes, não só em função do Open Banking mas também em função do advento de outros projetos (como o PIX, por exemplo), a diretoria colegiada do Bacen e do Conselho Monetário Nacional emitiram a Resolução Conjunta nº 2/2020 de 27 de novembro de 2020[7], a qual originalmente prorrogou a entrada em vigor do Sistema Financeiro Aberto e todo o seu cronograma de implementação.[8]

Cabe aqui pontuar que a regulamentação e a prorrogação se deram por meio de uma "Resolução Conjunta", ou seja, foi emitida de modo cooperativo entre o Banco Central do Brasil e o Conselho Monetário Nacional (CMN). Isto deve em razão do alcance da regulamentação que, por ser aplicável para o mercado financeiro de modo geral (incluindo não só instituições financeiras como também instituições de pagamento, por exemplo) seria necessário que ambos (CMN e Bacen) dispusessem sobre sua aplicação, tornando-se, portanto, mais eficiente e assertiva a emissão de uma única regulamentação "conjunta", ao invés de promover regulamentações distintas sobre um mesmo tema, com grande potencial contraditório.

Assim, com a emissão oficial e divulgada da Regulamentação do *Open Banking*, o Banco Central do Brasil por fim sedimen-

em: https://www.in.gov.br/en/web/dou/-/resolucao-conjunta-n-1-de-4-de-maio-de-2020-255165055. Acesso em 30 jan 2021.

[7] BACEN. Resolução Conjunta nº 2, de 27 de novembro de 2020. **Altera a Resolução Conjunta nº 1, de 4 de maio de 2020, que dispõe sobre a implementação do Sistema Financeiro Aberto (Open Banking).** Disponível em: https://www.bcb.gov.br/estabilidadefinanceira/exibenormativo?tipo=Resolu%C3%A7%C3%A3o%20Conjunta&numero=2. Acesso em 30 jan. 2021.

[8] Garibaldi, Fernanda; Pedretti, Maria da Graça Vianna. **Banco Central prorroga prazo para entrada em vigor do Open Banking.** Felsberg Advogados, 30 nov. 2020. Disponível em: https://www.felsberg.com.br/banco-central-prorroga-prazo-para-entrada-em-vigor-do-open-banking/. Acesso em: 30 de jan. de 2021.

tou o teor normativo que regulará o modelo no Brasil, deixando claro que a intenção da regra é de fato impor e estimular, aos participantes e instituições, um avanço significativo em termos de comunicabilidade e acesso à informação, tendo como foco a jornada do consumidor e sua navegação segura e ágil dentro do sistema financeiro e bancário.

Sob a perspectiva do Bacen, o racional do *Open Banking* é baseado no compartilhamento de dados, produtos e serviços pelas instituições financeiras e demais instituições por si autorizadas a funcionar, a critério dos clientes dessas instituições, por meio de abertura e integração de plataformas e infraestruturas de sistemas de informação, de forma segura, ágil e conveniente[9].

"O '*open banking*' (sistema financeiro aberto) é inevitável e deve ser visto pelas instituições financeiras como oportunidade, e não ameaça", sustentou o então presidente do Banco Central, Roberto Campos Neto. Afirmou, ainda, que "[...] a experiência do cliente deve ser ágil e conveniente, mas, ao mesmo tempo, deve ser segura e confiável. A falta de confiança pode minar a usabilidade do modelo"[10].

Levando em consideração os posicionamentos do presidente do Bacen, espera-se que a autoridade continue adotando uma postura aberta e positiva quanto à implementação desse modelo. A expectativa é de que isso gere maior competitividade, de forma que provavelmente ficará a cargo das próprias

[9] BACEN. Comunicado Nº 33.455, de 24 de abril de 2019. **Divulga os requisitos fundamentais para a implementação, no Brasil, do Sistema Financeiro Aberto (Open Banking).** Disponível em: https://www.bcb.gov.br/estabilidadefinanceira/exibenormativo?tipo=Comunicado&numero=33455. Acesso em: 15 out. 2019.

[10] VERSIANI, Isabel. 'Open banking' é inevitável, avalia presidente do BC. **Valor Econômico,** 15 maio 2019. Disponível em: https://www.valor.com.br/financas/6256677/open-banking-e-inevitavel-avalia-presidente-do-bc. Acesso em: 08 set. 2019.

instituições participantes a padronização tecnológica e de procedimentos operacionais, bem como os padrões e certificados de segurança e implementação de interfaces, em conformidade com a regulamentação[11].

O grande desafio jurídico será implementar um sistema que possui como base a liberdade, a comunicabilidade e a portabilidade de informações pessoais, em uma estrutura jurídica conservadora e pautada no sigilo, individualidade e consentimento. A ausência de confiança em seu funcionamento no Brasil (não apenas dos consumidores dos serviços, mas das instituições que os proveem) tem grande potencial para impedir seu desenvolvimento.

Vale mencionar, ainda, que o tema foi regulado pelo Banco Central apenas recentemente, o que torna ainda incerta a interpretação e a recepção desse texto normativo no mercado financeiro a longo prazo. Mesmo nas jurisdições onde o tema já foi regulado, os reguladores somente se posicionaram há pouco tempo, de forma que ainda existem discussões quanto ao texto da regulamentação e quanto à aplicabilidade prática das normas emitidas, ou seja, não existe, até o momento, qualquer pacificação completa a respeito do modelo.

Na União Europeia, por exemplo, foi instituída a *Payment Services Directive nº 2* (Diretiva de Serviços de Pagamento revista – DSP2), sob a qual foi regulada a implementação do *Open Banking*. Tal regulamentação somente entrou em vigor em 14 de setembro de 2019[12], sendo certo que, até a ocorrência da referida

[11] BACEN. Comunicado Nº 33.455, de 24 de abril de 2019. **Divulga os requisitos fundamentais para a implementação, no Brasil, do Sistema Financeiro Aberto (Open Banking).** Disponível em: https://www.bcb.gov.br/estabilidadefinanceira/exibenormativo?tipo=Comunicado&numero=33455. Acesso em: 15 out. 2019.

[12] GERTH, Martin. Das unterschätzte Problem bei der Einführung von PSD2. **WirtschaftsWoche,** 16 ago 2019. Disponível em: https://www.wiwo.de/

data, existiu uma grande comoção para adiar sua implementação, pois, de acordo com o entendimento de várias instituições sujeitas ao seu texto, a estrutura operacional exigida na norma será onerosa demais para funcionar[13]. A importância de normas quanto ao modelo também está ligada ao fato de que seus efeitos terão um impacto concreto sobre usuários individuais, que verão um aumento nos procedimentos de verificação e autenticação, e para os bancos e instituições financeiras, que terão que repensar seus sistemas de segurança e sua posição estratégica no mercado.[14]

Ao emitir a referida Resolução a respeito do Sistema Financeiro Aberto, o Banco Central concretizou um marco regulatório da implementação do modelo no Brasil. Assim, o intuito desta análise e exposição será avaliar o conteúdo de tal texto normativo e provar de algumas reflexões significativas sobre suas exigências e sobre suas liberalidades, de modo a compreender os impactos de tal regra em nosso ordenamento e como esta se relacionará com o mercado.

Por fim, vale esclarecer que para responder algumas dessas questões apresentadas acima, foi utilizado, a título de metodologia, o estudo e obtenção de resultados e conclusões em duas etapas. Primeiramente, foram realizadas leitura e pesquisa por meio de artigos, textos, opiniões, materiais executivos elaborados por escritórios de advocacia de renomada experiência ou

unternehmen/banken/neue-zahlungsrichtlinie-das-unterschaetzte-problem-bei-der-einfuehrung-von-psd2/24913108.html. Acesso em: 23 mar. 2020.

[13] JONES, David. As PSD2 deadline draws near in Europe, calls for delay grow louder (Enquanto o prazo da PSD2 se aproxima na Europa, pleitos por uma postergação aumentam). **Mobile Payments Today.** 11 jul. 2019. Disponível em: https://www.mobilepaymentstoday.com/articles/as-psd2-deadline-draws-near-in-europe-calls-for-delay-grow-louder/. Acesso em: 17 mar. 2020.

[14] RIGHINI, Edoardo. **From open banking to Strong Customer Authentication: the 5 main effects of PSD2**. 24 set. 2019. Disponível em: https://www.doxee.com/2019/09/24/the-5-main-effects-of-psd2/. Acesso em: 14 ago. 2019.

elaborados por reguladores, conceitos, estudos e exposições pré-existentes e disponíveis em *websites* jornalísticos. Também foi objeto de análise trabalhos acadêmicos já realizados, livros, eventos relativos ao tema, vídeos e entrevistas sobre o assunto, entre outros, sendo essa etapa denominada como "Análise e Pesquisa Bibliográfica". Seu objetivo foi analisar os diversos ângulos e percepções que o Sistema Financeiro Aberto pode ter no Brasil (e, de forma breve, na União Europeia) por meio da consulta aos materiais científicos já produzidos nesse mesmo contexto.

Uma vez obtidas todas as impressões da Análise e Pesquisa Bibliográfica, foi iniciada a segunda etapa, a qual consiste na análise da Resolução do Banco Central do Brasil que regulará o Sistema Financeiro Aberto e sua implementação. O objetivo dessa verificação foi verificar o teor normativo e os impactos no mercado, traçando, em linhas gerais, a motivação por trás do referido texto e os resultados que pretende alcançar. Essa etapa, de exploração e detalhamento do texto normativo, fica configurada e denominada como "Pesquisa Exploratória".

A linha de raciocínio a ser utilizada para exposição e desenvolvimento da análise que se pretende será a seguinte: (i) apresentação do contexto atual brasileiro e sedimentação de conceitos básicos, esclarecendo determinadas questões que são fundamentais para a evolução do tema, bem como a análise da base regulatória existente que permitiu o advento do Sistema Financeiro Aberto (no caso, a LGPD), (ii) uma vez analisado esse contexto e expostas as definições, será feita uma análise geral da resolução do Banco Central do Brasil sobre o Sistema Financeiro Aberto e seus efeitos e objetivos, comentando também seu cronograma.

Isto posto, o objetivo desta produção será (i) expor, de forma geral, os conceitos e características do Sistema Financeiro Aberto; (ii) aprofundar a discussão quanto aos principais mecanismos e princípios de seu funcionamento; (iii) verificar se o modelo, em algum nível, se mostra incongruente com as leis vigentes no Brasil; (iv) analisar a Regulamentação do Sistema Financeiro Aberto, de modo pragmático, verificando suas exigências gerais, as liberalidades concedidas, a aplicabilidade técnica de seu texto e os principais desafios de sua implementação, bem como a postura do Banco Central em relação ao tema, e, por fim, (v) concluir com um racional sobre a aplicação do modelo no Brasil após a análise dos normativos mencionados nos itens anteriores, demonstrando de forma geral os benefícios econômicos e sociais de sua aplicação.

Assim, fundamental esclarecer que, para os fins desta análise, não serão contemplados: (i) os detalhes e condições técnicas relativas a qualquer legislação estrangeira sobre o tema, em função de ter sido construída em outro contexto, sem qualquer aplicabilidade direta no Brasil; (ii) comparações específicas ou análises comparativas científicas com modelos adotados em outras jurisdições, ainda que esses modelos sejam mencionados ao longo deste estudo; (iii) especificações técnicas de tecnologia ou de aplicações digitais, ou qualquer análise científica dos formatos e estruturas eletrônicas necessárias para adoção do modelo; (iv) questões técnicas não jurídicas para aplicabilidade do modelo (de segurança da informação, ou de infraestrutura de tecnologia da informação, por exemplo); (v) comparações científicas ou detalhamento aprofundado da Lei Geral de Proteção de Dados, da Lei do Sigilo Bancário, ou de outras legislações, de modo que serão analisadas apenas questões fundamentais e estruturais para contribuição à compreensão e delimitação do modelo do Sistema Financeiro Aberto; e, por fim, (vi) não será realizada análise aprofundada de questões normativas individuais exteriores que embasaram a elaboração do texto da Resolução do Banco Central sobre o tema, sendo certo que elas poderão ser mencionadas para fins de indicação do racional aplicado, mas não para investigação de sua origem.

1. *Open banking* e lei geral de proteção de dados pessoais

O conceito de *Open Banking* em si é baseado em uma estrutura jurídica, oriunda de um direito do usuário, qual seja, de utilização de suas informações pessoais dentro das plataformas que ele desejar, garantindo sua portabilidade e segurança. Dentro desse conceito, origina-se o modelo do *Open Banking*, pelo qual se compreende que as informações bancárias e/ou pessoais de clientes de instituições financeiras pertencem, tão somente, aos seus titulares.

Os tempos contemporâneos trouxeram alterações profundas na dinâmica e no cotidiano de todo e qualquer ser humano que possua acesso à tecnologia e à internet. É certo que o advento do meio digital possibilitou um nível de conectividade, eficiência e interatividade ainda não experimentado no passado, sendo evidente que desconhecemos os efeitos dessas mudanças em longo prazo.

É possível estabelecer, mediante simples constatação, que grande percentual da atenção diária de um cidadão urbano, capaz e hábil, é inteiramente direcionada à tecnologia. Passamos incontáveis horas, todos os dias, com os olhos focados em telas de aparelhos eletrônicos, como computadores, *smartphones*, *tablets*, televisões entre outros. Dito isso, é possível estabelecer que parte da percepção da realidade está inserida no âmbito digital, que deixa de ser um ecossistema apartado e passa a integrar a experiência da vida humana.

O cidadão comum atual, especialmente o urbano, inclusive "existe" em sua forma digital, por meio de seus muitos perfis e "avatares". Ele interage dentro deste ambiente, adquire, vende, investe, compartilha, consome, se relaciona, cria e manifesta seus ideais políticos e religiosos, nessa "extensão" de sua realidade.

Passa a internet a se tornar, também, o mais amplo, eficiente e inovador ambiente comercial, possibilitando a compra e venda de produtos e serviços, assim como o consumo em geral, de forma nacional e também internacional. De acordo com a pesquisa "TIC Domicílios", conduzida anualmente pelo Centro Regional de Estudos para o Desenvolvimento da Sociedade da Informação (Cetic), o número de brasileiros que utilizam a internet cresce exponencialmente a cada ano, tendo subido de 67% para 70% da população, o que equivale a 126,9 milhões de pessoas. [15]

Em relação ao comércio digital, a mesma pesquisa indica que:

> [...] em 2018, 43,7 milhões de pessoas compraram pela internet no país, 34% do total de usuários. Em termos de contratação de serviços on-line, 40,8 milhões de pessoas pediram táxi ou um carro por aplicativo, o equivalente a 32% dos usuários. Serviços de streaming de vídeo foram contratados por 28% e de música por 8%. Sites e aplicativos para pedir comida tiveram adesão de 12%, enquanto que 3% usaram a internet para contratar algum tipo de serviço financeiro, como seguros ou empréstimos.[16]

Nesse contexto, serviços das mais variadas formas passam a ser prestados também em forma digital, inclusive serviços médicos, por meio da telemedicina, assim como crimes e fraudes, de todos os tipos e níveis, também encontram nesse ambiente um novo espaço quase que ilimitado para se difundir.

Resta evidente e demonstrado, portanto, que a internet e seus muitos sítios passam a ser um verdadeiro universo vivente, de modo que as relações civis e obrigacionais não podem mais, em hipótese alguma, serem interpretadas e reguladas exclusivamente no que cerne a realidade fática extra digital.

[15] LAVADO, Thiago. Uso da internet no Brasil cresce, e 70% da população está conectada. **G1**, 28 ago. 2019. Disponível em: https://g1.globo.com/economia/tecnologia/noticia/2019/08/28/uso-da-internet-no-brasil-cresce-e-70percent-da-populacao-esta-conectada.ghtml. Acesso em: 30 out. 2019.

[16] *Ibidem.*

Um dos movimentos relevantes visando adequar e regular o ambiente *online* de forma macro, se deu por meio da promulgação da Lei nº 12.965, de 23 de abril de 2014, o "Marco Civil da Internet". Referida legislação representou uma verdadeira mudança no rumo das relações digitais, servindo inclusive de "constituição" da internet, que, até então, não era propriamente regulada. O Marco Civil da Internet deu palco a grandes pilares que, até a presente data, alicerçam as novas regulamentações e inovações tecnológicas, como o conceito de neutralidade da rede, a privacidade do usuário e até as regras de remoção de conteúdo impróprio.

Em seu artigo 7º, o Marco Civil da Internet reconheceu ainda a importância da internet e do ambiente digital na vida do cidadão brasileiro, dispondo, de forma expressa, que o acesso à rede é essencial ao exercício da cidadania, sendo assegurados ao usuário o sigilo e a inviolabilidade de suas comunicações.

Sendo a internet um ambiente, portanto, necessário à vida civil e que permite e incentiva toda forma de interação e extensão de pensamentos, assim como relacionamentos comerciais ou afetivos, de, entre e para com pessoas, passa a ser também um ambiente altamente suscetível e vulnerável para o uso torpe, indiscriminado ou criminoso de informações de seus usuários. Isso se agrava de modo relevante na medida em que a indústria e o mercado passam a utilizar esse ecossistema para ampliar seu lucro, principalmente pela oferta de produtos e serviços de modo direcionado (e por vezes incisivo) para aqueles que teriam maior probabilidade de comprá-los ou contratá-los, de forma manipulativa.

O mesmo comentário se aplica em todo e qualquer cadastro que pode ser realizado por pessoas físicas em lojas, mercados, farmácias, escolas, clubes, entre outros. A tecnologia e a digitalização permitiram que esses grandes compilados de informações, de diversas pessoas, fossem armazenados e transferidos de forma instantânea e organizada, criando um novo e inexplorado mercado.

Assim, a informação e o dado pessoal ganham nova dimensão, se tornando o novo "petróleo", comparação perspicaz feita em 2006 por Clive Humby (matemático inglês)[17], com seu potencial viabilizador de negócios e servindo também como base para toda e qualquer estratégia comercial de larga escala. O recebimento, o tratamento, a utilização e o armazenamento de informações pessoais destes usuários passam a ter grande valor comercial, dado que o cruzamento e a análise desses dados em alta velocidade possibilitam a obtenção de conclusões significativas e de tendências de mercado, o famoso "*Big Data*". O resultado dessas análises inteligentes permite, ainda que indiretamente, a manipulação do mercado e até mesmo a influência do comportamento e processo decisório humano.

Nesse sentido, Adriana Rizzotto, Juíza Federal no Rio de Janeiro, compartilha o seguinte raciocínio sobre *Big Data* e seus impactos:

> Dados pessoais aparentemente insignificantes são processados por algoritmos poderosos, que procedem o seu agrupamento, cruzamento, refino e posterior conversão em perfis psicológicos discriminatórios de identidade. Esses perfis são frequentemente monetizados e retornam ao titular, em efeito bumerangue, de forma personalizada e manipulada para moldar comportamento social e influenciar hábitos de consumo. Todo esse processo, que reduz drasticamente a autonomia da vontade e o livre arbítrio da pessoa humana, desenvolve-se à revelia do titular dos dados, que

[17] ARTHUR, Charles. Tech Giants may be huge, but nothing matches big data. **The Guardian**, 23 ago. 2013. Disponível em: https://www.theguardian.com/technology/2013/aug/23/tech-giants-data. Acesso em: 15 ago. 2019.

se encontra em situação de vulnerabilidade extrema, na esfera inviolável da sua vida privada.[18]

A evolução deste mercado tem sido clara e objetiva para todos que o vivenciam, o que gera grandes preocupações, especialmente jurídicas, em relação à forma pela qual empresas, instituições (governamentais ou não) e pessoas estão armazenando, transferindo, compartilhando e até vendendo dados de usuários.

De acordo com o especialista em "cibersegurança", Edgar Thiago de Oliveira Chagas, consultor da empresa EG Tecnologia em Belo Horizonte, a informação seria um diferencial em se tratando de concorrência:

> Nos encontramos em um mercado extremamente competitivo, no qual as informações (tanto dados empresariais como de usuários) ganharam um valor imensurável e, por isso, bancos de dados acabaram ficando expostos a uma série de riscos que realmente precisam de atenção.[19]

Neste contexto, e tendo em vista a necessidade de regular esse mercado que, até então, restava desregrado, surge a Lei Geral de Proteção de Dados Pessoais.

A LGPD foi sancionada no Brasil em agosto de 2018, teve forte influência da lei europeia *General Data Protection Regula-*

[18] RIZZOTTO, Adriana. O direito fundamental à proteção de dados pessoais na persecução penal. **Consultor Jurídico**, 08 jun. 2020. Disponível em: https://www.conjur.com.br/2020-jun-08/adriana-rizzotto-protecao-dados-pessoais-persecucao-penal#_ftn6. Acesso em: 14 jun. 2020.

[19] DINO. **Com a implementação da LGPD empresas precisam contar com o apoio do especialista em Cybersecurity**. Terra, 27 maio 2020. Disponível em: https://www.terra.com.br/noticias/dino/com-a-implementacao-da-lgpd-empresas-precisam-contar-com-o-apoio-do-especialista-em-cybersecurity,5753dde77fcf63d72a618e925b0b7c04fgbe1ley.html. Acesso em: 05 jun. 2020.

tion (GDPR) e gerou grande comoção no mercado em função da mudança drástica de paradigma no tratamento de dados e informações de brasileiros. Sua principal missão é estabelecer parâmetros de como os dados obtidos de cidadãos comuns devem ser coletados, armazenados, tratados e destruídos, de modo seguro, confiável, transparente e garantindo todos os direitos do titular do próprio dado, ou seja, o cidadão.

O usuário ou titular, portanto, passa a ter soberania sobre o dado que lhe pertence ou que versa sobre si (desde que passível de individualização), ainda que esse dado esteja em posse de terceiro. Essa soberania permite que o titular possa solicitar a alteração ou correção de seus dados em posse de outrem, ou até solicitar sua remoção ou destruição (revogando, portanto, a autorização uma vez outorgada).

A grande revolução da LGPD é, de forma geral, o conceito da soberania do titular. Trata-se de racional principiológico, e agora positivado, de que o titular é o verdadeiro dono de seus dados e informações, e não um terceiro que porventura tenha recebido esses dados, tenha ele recebido do próprio usuário ou não.

Tal racional, concretizado pela LGPD, quando aplicado no âmbito do mercado financeiro e bancário, se transforma no princípio básico, fundamental e estrutural, que dá luz ao Sistema Financeiro Aberto. Em linhas gerais, uma revogação ou alteração desse conceito alienaria inteiramente a estrutura do *Open Banking*, dado que o sistema precisa deste preceito vigente e sólido para que seja operacional.

A aplicação da soberania do titular no contexto do mercado financeiro muda completamente as práticas bancárias atuais, pois passa o usuário do sistema bancário a ser o detentor das informações financeiras que lhe dizem respeito, podendo utilizá-las, portanto, para os propósitos que desejar, sem encontrar quaisquer impedimentos das instituições financeiras ou de terceiros.

Por todas as razões expostas acima, não poderia o *Open Banking* encontrar conflitos diretos com a LGPD. Na verdade, o Sistema Financeiro Aberto já nasce, ainda que em sua forma embrionária, em inteira aderência e observância à LGPD.

1.1. Linguagem clara, adequada e objetiva

A Regulamentação do *Open Banking*, ao longo de todo o seu texto e principalmente no âmbito dos procedimentos impostos para obtenção do consentimento do usuário, deixa expressa a necessidade de que toda linguagem e orientação a serem utilizadas pelas instituições aderentes para com os usuários e clientes sejam sempre claras e objetivas.

Referida necessidade também consta de forma concreta na regulamentação, por meio do texto do artigo 10º, parágrafo primeiro, inciso primeiro, que demanda essa condição em forma de preceito para obtenção de um consentimento válido.

A LGPD, por sua vez, trata essa questão de forma ostensiva. A menção à necessidade de transparência, objetividade, clareza e precisão pode ser encontrada em muitos artigos do referido texto normativo, sendo considerado um instituto base para reger todas as demais obrigações trazidas pela norma. Nesse contexto é possível apontar, apenas a título de exemplo, a menção expressa a esse conceito na LGPD por meio do artigo 6º, inciso VI, artigo 9º, *caput*, artigo 14, parágrafo 6º, artigo 19, inciso II, artigo 20, parágrafo 1º, artigo 41, parágrafo 1º e 55-J, inciso XIX.

Não há dúvidas, portanto, que a clareza, objetividade e precisão serão valores fundamentais na observância não só da Regulamentação do *Open Banking*, mas também em todas as demais relações civis e comerciais cotidianas.

Na prática, isso significa dizer que fica vedada a criação de óbices ou estratégias para dissimular, esconder, omitir ou ludibriar o usuário, que deverá ser exposto à realidade total e inequívoca da natureza dos dados que estaria prestes a compartilhar, incluindo a especificação de sua quantidade e extensão, além do conteúdo.

É certo que tal princípio é imprescindível para garantir a confiabilidade e funcionamento do sistema de modo contínuo. Eis que, se um usuário realiza um compartilhamento de dados sem estar verdadeiramente ciente dos efeitos ou consequências de tal ato, ou, ainda, desconhecendo a abrangência do conteúdo compartilhado, já haveria falha grave nos primeiros momentos de sua jornada dentro do Sistema Financeiro Aberto, comprometendo a solidez da plataforma e sua implementação e eficácia em longo prazo.

Igualmente problemático seria, ainda, realizar um compartilhamento sem indicar, de forma clara e objetiva, qual seria a instituição transmissora dos dados e qual seria a instituição receptora. Isso porque é fundamental que qualquer usuário, por mais simplório ou desatento que seja, esteja comprovadamente ciente (ou, no mínimo, comprovadamente informado) dos indivíduos e/ou instituições que transmitirão ou que passarão a ter acesso a suas informações.

Tal necessidade encontra respaldo jurídico no artigo 14, inciso I, da Regulamentação do *Open Banking*. Nesse âmbito é importante mencionar que não poderão existir imperfeições ou ambiguidades, de modo que não seria razoável, por exemplo, apontar ao usuário, para a qualidade de receptora, uma instituição que não seja aquela que o próprio indicou para recebimento de seus dados, ainda que sejam de um mesmo conglomerado econômico. A título de exemplo, uma distribuidora de valores mobiliários que se propõe a receber dados de um determinado usuário deverá indicar sua própria razão social na caracterização da função "receptora" dentro do sistema, e não a razão social de um banco que porventura seja seu controlador.

Nota-se, portanto, que um grande ônus trazido com o advento do *Open Banking* será a segmentação de informações dentro de um mesmo conglomerado financeiro ou econômico (como no caso hipotético acima), dado que o usuário não autorizou o compartilhamento de sua informação com outras instituições.

Um usuário que tenha desconhecido a realidade da transferência de informações, quando da emissão de seu aceite, poderia exigir a reversão de tal procedimento (se isso for possível) e/ou inclusive buscar ressarcimento por danos sofridos na esfera judicial, a depender do caso e da gravidade dos resultados ocasionados por referido compartilhamento. Tal falha restaria, a princípio, atribuída à instituição que solicitou o consentimento, por não ter honrado em expor de forma clara as informações que estaria transacionando dentro do sistema.

Nesse contexto, vale mencionar que informação e dado, no meio de digital, não são tangíveis. Isso significa que uma vez compartilhado um dado, é praticamente impossível garantir que a ponta receptora de fato o destruiu ou eliminou. Na maioria das vezes, seja no âmbito digital ou não, a ciência de um dado é permanente, sendo sua desconsideração somente ocasionada por fato ou dado novo superveniente.

Um claro exemplo seria o compartilhamento de um extrato bancário com demonstrativos de dívidas e utilização excessiva de crédito emergencial, o popular "cheque-especial". Uma vez que a instituição receptora tiver acesso a esse dado, poderia optar por não mais oferecer um determinado crédito ou produto financeiro ao referido usuário titular de tal extrato e situação financeira. Ainda que essa instituição possa eliminar o arquivo recebido, não deixará de conhecer as informações obtidas por meio dele, sendo certo que a única forma de desconsiderar esses dados seria pela superveniência de novo extrato atualizado com dados diferentes daqueles originalmente enviados. Isso demonstra a natureza permanente e possivelmente irreversível do compartilhamento de informações no âmbito financeiro.

Dito isso, passa a ser inegociável, sob a ótica do regulador, que o usuário possa tomar suas decisões e gerir seus dados no ambiente digital estando ampla e comprovadamente ciente daquilo que está realizando na prática e dos efeitos e consequências de tal compartilhamento.

Adotar a linguagem clara, adequada e objetiva, será, portanto, uma segurança basilar para a instituição participante e também para o usuário, sendo esse um dos alicerces para garantir a confiabilidade, segurança e fluidez sistêmica do *Open Banking* no Brasil, evitando a judicialização em massa.

1.2. Finalidades específicas e determinadas

Nesse mesmo contexto e ainda sobre o texto do artigo 10º, parágrafo 1º, da Regulamentação do *Open Banking*, vale mencionar também o princípio que determina a necessidade de expor ao usuário a finalidade específica de tal compartilhamento, a qual não poderá ser, em hipótese alguma, genérica ou inespecífica.

O mesmo conceito está expresso na LGPD, por meio de seu artigo 6º, inciso I, conceituando a "finalidade" como "realização do tratamento para propósitos legítimos, específicos, explícitos e informados ao titular, sem possibilidade de tratamento posterior de forma incompatível com essas finalidades"[20]. Ainda, a LGPD conceitua como "adequação" a própria compatibilidade do tratamento de dados com a finalidade informada pelo titular, no inciso subsequente do mesmo artigo.

Em linhas gerais, referido princípio orienta os participantes a sempre terem um objetivo específico para realização do compartilhamento, de modo que não ocorra de forma indiscriminada e aleatória. Isso porque uma movimentação de informa-

[20] BRASIL. Lei Geral de Proteção de Dados Pessoais (LGPD). Lei nº 13.709, de 14 de agosto de 2018. **Palácio do Planalto Presidência da República.** Brasília, DF. Disponível em: http://www.planalto.gov.br/ccivil_03/_ato2015-2018/2018/lei/L13709.htm. Acesso em 23 mar. 2020.

ções no âmbito financeiro sem finalidade específica, ou seja, o mero compartilhamento generalizado, criaria um cenário perigosamente próximo da desconsideração ou sucateamento do sigilo bancário, instituto essencial para o funcionamento do mercado financeiro e para garantir a inviolabilidade constitucional da privacidade humana.

A obrigatoriedade de especificação de finalidade também evita a transferência irresponsável de dados, uma vez que um usuário somente buscará realizar o compartilhamento quando possuir um objetivo pré-determinado e, portanto, saberá eleger de modo mais assertiva quais informações gostaria de compartilhar, de acordo com seus próprios interesses.

A necessidade de finalidade e especificação se torna, portanto, uma segurança ao usuário, pois não só orientará suas ações de modo que este compartilhe somente os dados necessários para os fins que pretende atingir, como também impede que as instituições participantes utilizem as mesmas informações para outras finalidades de modo imoral ou com intenções segundas.

A própria Lei Geral de Proteção de Dados Pessoais traz uma série de classificações e finalidades pelas quais é possível solicitar, armazenar e gerir informações de pessoas, sendo que, no âmbito da LGPD, somente é possível armazenar dados se estiverem classificados adequadamente. Prevê ainda, que as autorizações obtidas de forma genérica para o tratamento de dados pessoais (ou seja, sem finalidade compatível e formalizada) serão nulas e que, uma vez atingida a finalidade pela qual foi obtida tal informação, não devem mais ser mantidas.

Não está claro, contudo, se o modelo do *Open Banking* deverá seguir minuciosamente o mesmo racional de classificação utilizado na LGPD, mas é certo que os princípios aplicáveis serão os mesmos.

1.3. Validade máxima de um consentimento

O artigo 10º; parágrafo 1º, inciso III, da Regulamentação do *Open Banking*, especificamente prevê que o consentimento do usuário para fins do compartilhamento de dados deverá ser compatível com a realidade de seus objetivos, sendo certo que, em qualquer caso, estaria limitado ao prazo máximo de 12 (doze) meses contados da data de sua formalização, ressalvado o caso de ordem de pagamentos sucessivos, conforme estará mais bem esclarecido no capítulo seguinte.

Ainda que a LGPD não apresente, de forma direta e expressa, um prazo específico de validade para um eventual consentimento ou manutenção de dados por empresas, a norma deixa claro, por meio de seu artigo 15, inciso I, que a manutenção de informações deve se encerrar quando alcançado o objetivo para que se destina.

Em outras palavras, em se tratando de LGPD, pode ser mantido o tratamento de dados enquanto ainda houver a existência da finalidade pela qual foram obtidos, o que encontra respaldo jurídico direto na Regulamentação do Open Banking, por meio do artigo 10º, parágrafo 1º, inciso III.

Ainda que a Regulamentação do *Open Banking* estipule o prazo máximo de 12 (doze) meses, é importante destacar que não há isenção de observância ao texto da LGPD, ou seja, as instituições participantes deverão observar os limites impostos pela Regulamentação do *Open Banking* (neste caso específico, o prazo de doze meses) e, ao mesmo tempo, seguir os preceitos trazidos pela LGPD.

Neste contexto, vale ressaltar que a razoabilidade, proporcionalidade e bom senso serão o melhor caminho para evitar infrações ao texto legal. A manutenção de dados e informações por períodos excessivos e/ou de forma desnecessária deverá sempre ser evitada, sempre de modo principiológico.

Uma conclusão razoável, portanto, seria aquela indicada pelos advogados Felipe Leoni Carteiro e Mariana Amorim Arruda do Rayes e Fagundes Advogados:

> A LGPD visa inibir e punir o uso inadequado de informações pessoais, enquadrando-se, aqui, sem qualquer dúvida, a prática de armazenamento prolongado e desnecessário de elementos que possam identificar um indivíduo e a utilização de tais dados para finalidades não definidas no momento da coleta. Assim, nos termos da lei, o tratamento de dados terminará sempre que houver a 'verificação de que a finalidade foi alcançada ou de que os dados deixaram de ser necessários ou pertinentes ao alcance da finalidade específica almejada', ou seja, o período de conservação deve ser proporcional à finalidade da coleta e à autorização concedida pelo titular do dado.[21]

Esse racional servirá de base para as demais regulamentações, incluindo, neste caso, no âmbito do Sistema Financeiro Aberto.

1.4. Vedações relativas ao consentimento

Seguindo essa mesma linha de raciocínio, não poderia ser diferente quando em se tratando da obtenção do consentimento do usuário por meio de contrato de adesão ou por formulários previamente preenchidos pela própria instituição que receberá os dados. Isto porque, conforme já exposto acima, são diversos os preceitos e princípios impostos pela regulamentação, e também pela LGPD, que determinam que tal consentimento deve ser

[21] CARTEIRO, Felipe Leoni; ARRUDA, Mariana Amorim. O tempo de Armazenamento de Dados e a LGPD. **O Estado de São Paulo**, 02 ago. 2019. Disponível em: https://politica.estadao.com.br/blogs/fausto-macedo/o-tempo-de-armazenamento-de-dados-e-a-lgpd/. Acesso em 04 abr. 2020.

livre, espontâneo, objetivo e inequívoco, emitido pelo próprio usuário considerando seus objetivos.

Desse modo, para que o consentimento seja válido, não poderá, em hipótese alguma, ser obtido por meio de contrato de adesão, formulários com opção de aceite previamente preenchido, por meio de coação ou de forma presumida.

Não há dúvidas que, não houvesse essa vedação, as principais instituições financeiras brasileiras provavelmente iriam "impor" seus termos e condições de operação do sistema ao usuário, que não teria formas de adequar o compartilhamento às suas necessidades, submetendo-se diretamente, às necessidades não só da instituição que está em posse de seus dados como também da instituição que os receberá, se tornando duplamente vulnerável.

Assim, tendo como base o princípio da soberania do titular das informações, se mostra imprescindível que o usuário possa manifestar ativamente seu interesse em compartilhar os dados, podendo escolher sua forma, prazo e conteúdo.

A vedação à imposição de termos e condições se mostra na verdade como instituto basilar na eficácia do Sistema Financeiro Aberto. Não fosse tal premissa vedada, todo o arcabouço construído para garantir a soberania e o empoderamento do usuário sobre os dados que lhe pertencem acabam se tornando inócuos. Para que exista empoderamento, é preciso existir poder de decisão e de escolha, o que inviabiliza a imposição de termos pelas instituições em posse dos dados.

Ainda que isso venha com um alto custo (sob a ótica financeira e também operacional) para ser viabilizado no mercado, seria o único caminho para alcançar o objetivo de um sistema financeiro eficaz, prático, seguro e que garanta a autonomia de vontade dos cidadãos que o utilizam.

Nas palavras de Renata Feijó, advogada e executiva responsável pela área institucional do aplicativo Guiabolso, depreende-se a importância da discussão quanto ao empoderamento do usuário, além da discussão técnica:

> Em linhas gerais, open banking é o movimento de empoderamento do consumidor no sentido de que está nas mãos dele decidir com quem ele compartilha seus dados financeiros. (...) Se elas (as pessoas) forem as verdadeiras detentoras de seus dados, e puderem dizer quem pode usar suas informações financeiras, teremos a chance de construir modelos de negócios disruptivos com impactos reais na vida das pessoas. A discussão sobre open banking não é apenas uma discussão técnica, mas um debate importante sobre qual o sistema financeiro que queremos. O melhor sistema financeiro, acredito, é aquele que empodera as pessoas e que as permite fazer boas escolhas.[22]

1.5. Revogação do consentimento

Por fim, cumpre ressaltar a obrigatoriedade de garantir a faculdade de o cliente solicitar a revogação do consentimento uma vez emitido por si próprio para o compartilhamento de dados, nos termos do artigo 15 da Resolução do *Open Banking*.

Este conceito encontra base jurídica prévia na LGPD, por meio do artigo 8º, parágrafo 5º, que prevê que o consentimento pode ser revogado a qualquer momento mediante manifestação expressa do titular, por procedimento gratuito e facilitado.

A principal diferença aqui seria o fato de que, em se tratando de LGPD, o consentimento do cliente é revogável somente na medida em que a instituição tenha armazenado o dado em questão por meio do próprio consentimento (ou seja, dentro desta

[22] FEIJÓ, Renata, em matéria por KOHN, Stephanie. **Open banking e uso de dados: as pessoas como reais donas de suas informações.** Canal Tech, 21 maio 2018. Disponível em: https://canaltech.com.br/mercado/open-banking-e-uso-de-dados-as-pessoas-como-reais-donas-de-suas-informacoes-114162/. Acesso em 10 dez. 2019.

classificação, nos termos do artigo 7º, inciso I, da LGPD), e não por outras classificações estabelecidas pelo mesmo diploma legal, como por exemplo, a manutenção em função de obrigação regulatória (artigo 7º, inciso II, da LGPD).

Em se tratando do consentimento disposto no Sistema Financeiro Aberto, será sempre revogável pelo cliente, tendo em vista que somente é emitido por livre manifestação ativa deste, conforme definido nos conceitos debatidos anteriormente. Assim, não poderão as instituições impedir tal revogação, tampouco obstar ou impor meios burocráticos para dificultá-lo, de modo que o titular do dado sempre deverá poder decidir os termos do compartilhamento de seus dados.

Ainda nesse contexto, ficou estabelecido na norma que as instituições deverão disponibilizar aos seus clientes a possibilidade de revogação do consentimento pelo mesmo canal que fora concedido, devendo efetuá-lo de forma imediata ou em até 1 (um) dia contado da solicitação do cliente quando em relação ao compartilhamento de serviço de iniciação de transação de pagamento.

Após a revogação, não está claro ainda o que poderá ou não ser mantido pelas instituições, dado que algumas das informações recebidas poderiam, em tese, ter seu armazenamento respaldado por outros dispositivos legais, principalmente aqueles pré-definidos na LGPD. Nesse sentido, os profissionais do escritório Tauil Chequer Mayer Brown Advogados, Eduardo Lima, Priscilla Santos, Cristiane Manzueto e Rodrigo Leal, tecem os seguintes comentários:

> A Resolução detalha bastante a necessidade do consentimento, com dispositivos extremamente alinhados às diretrizes da LGPD, inclusive em relação às formas, meio e prazos pertinentes à revogação do consentimento e seus efeitos, servindo, portanto, como inspiração para que outras regulações já nasçam *compliant*

> com a legislação de proteção de dados pessoais nacional. (...) Não obstante essa escolha pelo consentimento traçada pelo BACEN, que impõe o risco da revogação, já devidamente considerado na Resolução, é importante frisar que as instituições financeiras, quando atuando fora do ambiente do Open Banking, poderão continuar se socorrendo das demais bases legais constantes da LGPD. Nesse sentido, se destaca a possibilidade do tratamento de dados pessoais ser realizado para a proteção do crédito e o uso de dados sensíveis – em geral biométricos – para prevenir fraudes e para garantir a segurança do próprio titular, nos comuns procedimentos de autenticação utilizados pelos bancos.[23]

Contudo, uma posição mais conservadora seria pela não manutenção dos dados, se eles forem obtidos tão somente por meio do consentimento. Isso porque a própria LGPD prevê que o término do tratamento de dados pessoais obtidos por meio de consentimento do titular deverá ocorrer assim que recebida uma revogação, de acordo com o artigo 15 da referida legislação, coincidentemente o mesmo aplicável na Resolução do *Open Banking* para este tema.

2. Regulamentação

Após um longo período de estudos e análises, tendo como base, principalmente, a regulamentação europeia (PSD2) e a regulamentação do Reino Unido sobre o tema, o Banco Central iniciou o processo de regulamentação do *Open Banking* no Brasil. A consulta pública, visando debater com o mercado os detalhes

[23] LIMA, Eduardo *et al.*. **Open Banking no Brasil | A revolução do sistema financeiro nacional e suas implicações regulatórias – Um paralelo com a Lei Geral de Proteção de Dados Pessoais (LGPD)**. Tauil & Chequer Advogados, Maio 2020. Disponível em: https://www.tauilchequer.com.br/pt/perspectives-events/publications/2020/05/open-banking-no-brasil-a-revolucao-do-sistema-financeiro-nacional-e-suas-implicacoes-regulatorias. Acesso em 06 jun. 2020.

e especificações, foi realizada em meados de janeiro de 2020 e concluída nos meses subsequentes de forma pragmática.

A regulamentação, por fim, foi oficialmente publicada no dia 04 de maio de 2020, e trouxe todos os princípios necessários para que o *Open Banking* possa ser desenvolvido adequadamente no Brasil. A regulamentação especificou objetivamente os procedimentos que englobam todo o processo de jornada do usuário pelo Sistema Financeiro Aberto, assim como também delimitou os objetivos da estrutura e as principais responsabilidades de cada participante.

Como de costume, logo no início da regra, o Banco Central propõe alguns conceitos básicos que precisam estar sedimentados e concretos sob a ótica do leitor para que o resto da norma faça sentido e possa abordar as questões regulatórias de forma mais eficiente e concisa. Muitos desses conceitos, e até a linguagem utilizada, estão muito relacionados à LGPD, conforme exposto no capítulo anterior.

Além da Regulamentação do Open Banking, a qual passaremos a explorar a seguir, o Banco Central do Brasil também emitiu regras específicas para determinadas áreas e objetivos da implementação do sistema. Neste contexto, foi emitida a Circular nº 4.015, de 4 de maio de 2020, pela qual especificou o escopo de dados e serviços que estão inclusos na abrangência da Regulamentação do *Open Banking* e, posteriormente, a Circular nº 4.032 de 23 de junho de 2020, alterada pela Circular nº 4.037 de 15 de julho de 2020, sob a qual dispôs sobre a estrutura inicial responsável pela governança do processo de implementação do Sistema Financeiro Aberto no Brasil (as "Circulares"), as quais serão mencionadas mais adiante no âmbito da análise relativa as responsabilidades trazidas pela Resolução do *Open Banking*.

A respeito destas Circulares, cumpre pontuar rapidamente que o Banco Central estabeleceu uma estrutura complexa de governança, específica para esta agenda, sendo que o conteúdo da convenção sobre padrões técnicos e procedimentos operacionais relacionados à implementação do sistema, de que trata o art. 44 da Resolução do Open Banking, passou a ser incorporado ao seu processo regulatório, no todo ou em parte, no que couber, com a possibilidade de proposição de sua incorporação à regulamentação da competência do Conselho Monetário Nacional[24].

Ainda mais recentemente, a autarquia também divulgou a Resolução BCB nº 32, de 29 de outubro de 2020[25], conforme posteriormente alterada, a qual estabeleceu os requisitos técnicos e procedimentos operacionais para implementação do Open Banking, trazendo definições, fluxos e diretrizes mais específicas sob a ótica operacional do processo de estruturação e manutenção do sistema. Tal resolução trouxe maiores detalhes sobre a expectativa técnica do Bacen em relação ao fluxo que deverá ser adotado pelas instituições participantes, e, por ter sido emitida tão próxima da data limite para implementação da primeira fase do sistema (conforme estará mais claro no capítulo seguinte sobre cronograma), resultou por ser um dos motivos impulsionadores da decisão do Bacen por prorrogar os prazos de implementação, por meio da Resolução Conjunta nº 2/2020 de 27 de novembro de 2020[26].

[24] BACEN. Voto 313/2020–BCB, de 4 de novembro de 2020. **Assuntos de Regulação – Propõe alteração de resolução conjunta que dispõe sobre a implementação do Sistema Financeiro Aberto (Open Banking).** Disponível em: https://www.bcb.gov.br/pre/normativos/busca/downloadVoto.asp?arquivo=/Votos/CMN/2020113/VOTO_DO_CMN_113_2020-BCB_SECRE-Numerado_Manualmente.pdf. Acesso em 30 jan. 2021.

[25] BACEN. Resolução BCB nº 32, de 29 de outubro de 2020. **Estabelece os requisitos técnicos e procedimentos operacionais para a implementação no País do Sistema Financeiro Aberto (Open Banking).** Disponível em: https://www.in.gov.br/en/web/dou/-/resolucao-bcb-n-32-de-29-de-outubro-de-2020-285770861. Acesso em 30 jan. 2021.

[26] BACEN. Resolução Conjunta nº 2, de 27 de novembro de 2020. **Altera a Resolução Conjunta nº 1, de 4 de maio de 2020, que dispõe sobre a**

2.1. Conceitos e estipulações iniciais

As definições iniciais, de que trata o artigo 2º da Regulamentação do *Open Banking*, são altamente relevantes e serão instrumentos básicos para estruturar o restante do teor normativo. A definição de "consentimento", por exemplo, necessária para iniciação de qualquer compartilhamento pode ser entendida como a "manifestação *livre, informada, prévia* e *inequívoca* de vontade, *feita por meio eletrônico*, pela qual o cliente concorda com o compartilhamento de dados ou de serviços para *finalidades determinadas*".[27]

Apenas nesta primeira definição já temos alguns conceitos importantes, cirurgicamente alinhados à LGPD: o compartilhamento somente poderá ocorrer por meio eletrônico (ou seja: gravações telefônicas, termos assinados em papel ou acordados pessoalmente não serão viáveis para este fim), além disso, deverá ser necessariamente realizado de forma prévia, e expressar de modo inequívoco, ao usuário, as finalidades de tal compartilhamento.

Ainda nos primeiros artigos, mais precisamente dos artigos 2º ao 5º, o regulador define o que é a plataforma, especifica quem são as pontas receptora e transmissora dentro do sistema, e também detalha o que seria a "chamada de interface", que nada mais é do que a requisição de dados e de serviços apresentada pela instituição receptora de dados (sob o comando do usuário) à instituição transmissora de dados ou detentora de conta. Também define a "assinatura de método" como a identificação única que consiste na definição do nome do método em conjunto com os parâmetros de entrada e saída em uma deter-

implementação do Sistema Financeiro Aberto (Open Banking). Disponível em: https://www.bcb.gov.br/estabilidadefinanceira/exibenormativo?tipo=Resolu%C3%A7%C3%A3o%20 Conjunta&numero=2. Acesso em 30 jan. 2021.

[27] Artigo 2º, inc. VIII, da Resolução Conjunta nº 1, de 4 de maio de 2020 – grifos próprios.

minada função de programação. Outra definição relevante é a de "transações de pagamento sucessivas", que seriam as transações de pagamento realizadas entre os mesmos pagadores e recebedores de acordo com uma periodicidade, decorrentes de um mesmo negócio jurídico ou relação jurídica.

Ainda analisando o texto inicial da regulamentação, outro ponto importante de se mencionar, típico desse tipo de regulamentação, é a abrangência, a aplicabilidade e o alcance de seu teor normativo. Nesse contexto, o artigo 6º prevê que estão obrigadas a aderir à norma as instituições enquadradas dentro dos Segmentos 1 e 2 (S1 e S2), conforme definições da Resolução 4.553 de 30 de janeiro de 2017 do Bacen, estando inclusive obrigadas a observar os prazos e implementações ali exigidos, diferente das demais instituições financeiras autorizadas a funcionar pelo Banco Central, que poderão aderir ou não ao Sistema Financeiro Aberto de forma voluntária (artigo 6º, inc. I), sendo certo que, as instituições que optarem por aderir, deverão observar todos os requisitos expressamente impostos pela norma.

A obrigatoriedade de adesão dessas instituições se deve em função de se tratarem das maiores e mais relevantes instituições financeiras do país, uma vez que esses segmentos (S1 e S2) englobam apenas bancos múltiplos, bancos comerciais, bancos de investimento, bancos de câmbio e caixas econômicas que tenham porte igual ou superior a 1% (um por cento) do Produto Interno Bruto (PIB) do país ou que exercem atividade internacional relevante.

Assim, para que o sistema possa funcionar, é básico que essas instituições participem e promovam sua utilização. Caso contrário, não haveria adesão, tampouco segurança sistêmica de seu funcionamento. Nas palavras dos advogados do escrtitório Madrona Law, Leonardo Di Cola Nunes e Luis Bellini:

O racional utilizado para a obrigatoriedade das grandes instituições financeiras compartilharem as suas informações e as informações de seus clientes, deixa clara a intenção do BACEN de obrigar as maiores instituições financeiras do Brasil (aquelas de detém a maior quantidade de dados de clientes), a divulgar as informações detidas, o que será bastante útil e necessário para o desenvolvimento das instituições financeiras de porte menor, como as *fintechs*, por exemplo.[28]

Nesse sentido, também é relevante mencionar que, para o caso de compartilhamento de serviço de iniciação de transação de pagamento (conforme definido no artigo 5º, inciso II, alínea "a", da mesma norma), também será obrigatória a adesão de instituições detentoras de conta e/ou iniciadoras de transação de pagamento. Isto faz sentido, pois essas instituições também oferecem serviços de conta bancária ou de pagamento, para armazenamento e gestão de recursos, ou seja, estão diretamente envolvidas no escopo da dinâmica do Sistema Financeiro Aberto.

Resta evidente, portanto, que o principal fator definidor para avaliação da obrigatoriedade de uma instituição aderir e/ou fazer parte do Sistema Financeiro Aberto é na verdade os produtos e serviços que ela oferece, ou seja, se são ou não compatíveis com o escopo e objetivo do *Open Banking*. Nesse aspecto vale ressaltar, por exemplo, que excetuam-se da exigência de participação obrigatória de que trata o inciso I, alínea "a", do artigo 5º, as instituições integrantes de conglomerados prudenciais que não prestem os serviços a que se referem os dados de transações de clientes previstos no artigo 5º, inciso I, alínea "d" (por exemplo, contas de depósito, à vista, poupança, pré ou pós

[28] BELLINI, Luis; NUNES, Leonardo Di Cola. **Open Banking**. Madrona Advogados, 19 jun 2020. Disponível em: https://www.madronalaw.com.br/artigo/open-banking/. Acesso em: 02 jul 2020.

pagas, que operam câmbio, que ofereçam crédito, entre outros listados de forma taxativa).

Outras instituições e circunstâncias mais específicas podem ser encontradas ainda no artigo 5º da Regulamentação do *Open Banking*, sendo certo que instituições que não se enquadrem nesse contexto precisariam avaliar os serviços e produtos que oferecem de modo detalhado, assim como a forma que os oferecem, à luz da norma, para verificar se devem aderir ou não de forma compulsória.

O artigo 5º traz ainda o escopo mínimo que deve ser observado para o compartilhamento, o que inclui dados e informações sobre contas, operações, transações, dados cadastrais, entre outros. Vale pontuar que é possível ampliar os dados e informações passíveis de compartilhamento no sistema (ou seja, a instituição pode "ir além" do que a norma exige em termos de escopo de compartilhamento), porém, todo item incluído nesse âmbito deverá obedecer todos os requisitos e exigências impostas pela norma (artigo 5º, parágrafo 1º). Contudo, no escopo das informações "compartilháveis" o regulador optou por vedar que constem: (i) dados pessoais sensíveis, (ii) notas ou pontuações de crédito, e (iii) credenciais ou outras informações utilizadas para fins de autenticação.

No artigo 4º da Resolução temos alguns princípios que devem nortear o *Open Banking*, sendo eles: (i) transparência, (ii) segurança e privacidade, (iii) qualidade dos dados, (iv) tratamento não discriminatório, (v) reciprocidade, e (vi) interoperabilidade. Em relação aos itens (i) à (iv), é possível constatar uma forte correlação com os princípios e conceitos já levantados pela LGPD, de modo que o destaque do *Open Banking* estaria principalmente nos princípios de ordem (v) e (vi), quais sejam, a reciprocidade e interoperabilidade.

Conforme será demonstrado mais adiante, a estrutura do Sistema Financeiro Aberto depende fundamentalmente da comunicação rápida, instantânea e segura entre as instituições aderentes e o usuário, sendo certo que, para funcionar adequadamente, todas as pontas precisarão dispor de estrutura tecnológica avançada, segura e comunicável. Nesse ponto, se torna destaque a interoperabilidade e reciprocidade, sem as quais não seria possível estruturar o sistema. Todas as instituições participantes atuarão, cotidianamente e até simultaneamente, como receptoras e transmissoras de informações em alta velocidade, de modo que o atendimento deverá ser sempre recíproco, entregando o mesmo nível de agilidade e qualidade seja qual for a ponta em que estas instituições se encontrarem dentro de uma determinada demanda de compartilhamento.

2.2. Responsabilidades

Uma vez considerada como aderente, vale mencionar, ainda, que a instituição participante é responsável pela integridade, confiabilidade, sigilo, segurança e disponibilidade dos dados e serviços compartilhados em que esteja envolvida. Assim, é possível afirmar que o participante institucional possui uma responsabilidade objetiva sobre as informações que transacionar nesse contexto, assim como em relação à aderência à norma (de acordo com o artigo 31 da Resolução).

Na seção V da Regulamentação do *Open Banking*, está exposta ainda uma série de requisitos e mecanismos que deverão ser observados para acompanhamento e controle da plataforma e das transações de informações. As instituições aderentes deverão aprofundar a discussão desse ponto posteriormente, provavelmente em sede de autorregulação, em especial sob a ótica técnica. A implementação do *Open Banking* demandará um aperfeiçoamento tecnológico relevante, sendo esse, provavelmente, seu maior desafio.

Ainda quanto à responsabilidade, a instituição participante deverá indicar um diretor responsável pela operação do *Open Banking* na instituição, de acordo com o artigo 32, sendo certo que tal diretor poderá exercer outras atividades desde que não incorra em conflito de interesses. A diretoria em questão deverá encaminhar relatórios semestrais ao Banco Central, os quais terão as datas base de 30 de junho e 31 de dezembro, contendo as informações descritas no artigo 33, parágrafo 1º da referida Resolução, sendo certo que tal relatório deverá ainda ser apresentado ao comitê de riscos da instituição (conforme aplicável) e ao conselho de administração, ou, na sua inexistência, à diretoria, até noventa dias após a respectiva data-base.

Ainda de acordo com o artigo 33, parágrafo 1º, referido relatório deve abordar, no mínimo (i) as demandas de clientes a respeito do compartilhamento registradas no período (semestre), segregando as decorrentes de fraudes das demais, com as providências adotadas para o seu tratamento; (ii) as demandas do canal de atendimento para a prestação de suporte técnico, segregando as relativas à indisponibilidade das interfaces dedicadas; (iii) os incidentes relacionados com a violação da segurança dos dados e informações sobre serviços relacionados ao compartilhamento, bem como as medidas adotadas para a sua prevenção e solução; (iv) os resultados dos testes de continuidade de negócios de que trata o artigo 48, inciso IV (conforme melhor detalhado adiante), considerando os cenários de indisponibilidade das interfaces utilizadas para o compartilhamento; e (v) a quantidade de chamadas de interface no período, segregadas por cliente e por tipo de dado ou serviço compartilhado, bem como os indicadores referentes ao desempenho das interfaces usadas para o compartilhamento.

Tal exigência é sensata e eficaz na medida em que a responsabilidade e gestão interna se concretizam e consolidam dentro das instituições por meio dessa personificação. Em outras palavras, o Banco Central passa a ter a identificação, pessoal e individual, para exigir e cobrar questões que envolvam o Sistema Financeiro Aberto dentro de cada instituição, o que torna mais eficaz, direto e pessoal o diálogo, bem como impulsiona a atenção dessas instituições em relação ao tema.

O *Open Banking* também será objeto de autorregulação, nos termos do artigo 44, sendo este um preceito relevante se considerarmos a necessidade de reciprocidade e interoperabilidade. Em suma, todos os requisitos técnicos e operacionais serão definidos entre as instituições financeiras participantes por meio de convenção, incluindo desenhos e projetos de interface, formato de troca de dados, protocolos, padrões de certificados de segurança, repositório de participantes, entre outros. Nesse aspecto, é provável que instituições menores que venham a aderir sejam "arrastadas" em determinadas especificações pelos bancos de varejo de grande porte (ex. Itaú, Santander, Bradesco, entre outros), dado que, para estes, será uma mudança estrutural e operacional muito mais complexa e custosa. O Banco Central participará da elaboração da referida convenção, sendo necessária sua aprovação para validade do texto e eventuais alterações posteriores.

Neste contexto, o Banco Central emitiu as Circulares, conforme mencionadas anteriormente, com principal objetivo de, após as devidas discussões entre o regulador e o mercado, definir que uma estrutura inicial de governança teria de ser formalizada até a data de 15 de julho de 2020, posteriormente prorrogado para 24 de julho de 2020 (art. 1º, parágrafo 1º, da Circular nº 4.032, de 23 de junho de 2020, conforme alterado pelo art. 1º da Circular nº 4.037, de 15 de julho de 2020, ambas do Bacen) pela qual estaria dividida em 3 (três) níveis, quais sejam: (i) estratégico, integrado por um conselho deliberativo; (ii) administrativo, integrado por um secretariado; e (iii) técnico composto por grupos técnicos. A estrutura final seria formalizada, em tese, até 25 de outubro de 2021[29], prazo este que não foi formalmente prorrogado posteriormente como os demais.

[29] PAIVA, Camilla; BELLINI, Luis; PENICHE, Danielle. **Bacen – Open Banking**. Madrona Advogados, 06 jul 2020. Disponível em: http://www.madronalaw.com.br/artigo/bacen-open-banking/. Acesso em: 25 jul 2020.

Vale ressaltar, contudo, que antes da prorrogação dos prazos pelo Bacen por meio da Resolução Conjunta nº 2/2020 de 27 de novembro de 2020[30], o prazo de 25 de outubro de 2021 era, na verdade, o prazo de finalização de toda a implementação da estrutura do sistema. Assim sendo, apesar de o Banco Central ter mantido o prazo de 25 de outubro de 2021 no âmbito das Circulares para fins de envio da estrutura final de governança, é possível que tal prazo venha a ser prorrogado futuramente (especialmente se houver pleito do mercado neste sentido), visando conciliá-lo de novo ao prazo de finalização do projeto.

Sobre o conselho deliberativo, o secretariado e os grupos técnicos, os profissionais do Madrona Law, Leonardo Di Cola Nunes e Luis Bellini, sistematizaram as responsabilidades:

> • Conselho Deliberativo: será responsável por definir o regimento interno da estrutura, deliberar sobre as convenções das instituições participantes, definir diretrizes para o Secretariado e para os Grupos Técnicos e decidir sobre as demais questões necessárias para a implementação do Open Banking.
>
> No tocante à composição da estrutura inicial do Conselho Deliberativo, este deverá ser composto por 07 membros, sendo um conselheiro independente e seis conselheiros indicados por associações ou grupos de associações que tenham representação significativa de instituições que prestam os serviços do escopo inicial do Open Banking, a saber: (i) operações de crédito de varejo; (ii) contas de depósitos; e (iii) serviços de pagamento.
>
> • Secretariado: será responsável pela organização e coordenação dos trabalhos, propondo, executando e gerenciando

[30] BACEN. Resolução Conjunta nº 2, de 27 de novembro de 2020. **Altera a Resolução Conjunta nº 1, de 4 de maio de 2020, que dispõe sobre a implementação do Sistema Financeiro Aberto (Open Banking).** Disponível em: https://www.bcb.gov.br/estabilidadefinanceira/exibenormativo?tipo=Resolu%C3%A7%C3%A3o%20Conjunta&numero=2. Acesso em 30 jan. 2021.

o orçamento da estrutura, entre outras atividades de natureza administrativa. O Secretariado deverá ser composto por, no mínimo, um Secretário-Geral e respectivo suplente, designados pelo Conselho Deliberativo.

• Grupos Técnicos: serão encarregados da elaboração de estudos e propostas técnicas, conforme os planos de trabalho aprovados pelo Conselho Deliberativo. Poderão participar dos Grupos Técnicos, além de representantes de associações presentes no Conselho Deliberativo, representantes de outras associações, de instituições participantes do Open Banking, de empresas de tecnologia, de acadêmicos, entre outros especialistas, conforme deliberação a ser definida pelo Conselho Deliberativo. Os grupos técnicos serão formados observados os seguintes requisitos: (i) possuir um Coordenador e um substituto por Grupo Técnico; (ii) ter quantidade de membros compatível com a complexidade dos temas de cada Grupo Técnico; (iii) ser especializado em temas compatíveis com os aspectos de que trata o artigo 44 da Resolução Conjunta.[31]

Conforme se depreende das definições trazidas acima, que podem ser obtidas também no texto normativo das Circulares, o regulador optou por uma estrutura tripartida de governança, seccionando questões técnicas, administrativas e estratégicas, e garantindo a presença de membros que tenham sido indicados por associações que representem as instituições envolvidas no escopo do *Open Banking*.

Sobre a estrutura de governança, o Banco Central emitiu também o Comunicado nº 35.895 de 6 de julho de 2020, e, ato contínuo, emitiu o Comunicado nº 35.922 de 10 de julho de 2020, sob os quais divulgou as associações e grupos de associações elegíveis a participar do processo eletivo para a indicação de representantes para o conselho deliberativo da estrutura

[31] *Ibidem*.

inicial responsável pela governança do processo de implementação do *Open Banking*, bem como divulgou o cronograma do processo seletivo e orientações para o registro de voto. Ainda existem diversas definições pendentes como, por exemplo, o teor exato das convenções que serão elaboradas por estas estruturas. Contudo, nota-se que houve preocupação do Banco Central em garantir a representatividade das instituições de cada segmento. Também foi objeto das Circulares a especificação de mandatos, formas de substituição de membros e suplentes, as responsabilidades e atribuições de cada nível, além de questões gerais envolvendo o processo decisório e as reuniões, entre outros aspectos de governança.

As instituições deverão utilizar-se da referida estrutura de governança para estudar, discutir e consolidar entendimentos técnicos e operacionais para implementação do sistema. Importante pontuar que um dos fatores admissíveis de pactuação neste contexto será o ressarcimento de despesas entre as instituições participantes decorrentes do compartilhamento de dados e serviços, o que encontra respaldo jurídico no artigo 42 da Regulamentação do *Open Banking*.

No entanto, ainda que seja possível estipular estes ressarcimentos entre os participantes, vale frisar que está vedada a cobrança ou ressarcimento de despesas relativas às chamadas de interface que estejam englobadas nas condições do artigo 43 da Resolução do *Open Banking*. O regulador delimitou a gratuidade entre participantes a, no mínimo (i) duas chamadas de interface ao mês, por instituição participante, por cliente e por assinatura de método, acerca dos dados de cadastro, e (ii) cento e vinte chamadas de interface ao mês, por instituição participante e por cliente, no que se refere aos dados de transações. Assim, fica claro que somente serão "cobráveis" e/ou sujeitos ao ressarcimento, os excessos, de modo que a estrutura idealizada pelo regulador é baseada na reciprocidade de serviços.

Por fim, ainda sobre a responsabilidade, vale mencionar que a instituição participante deverá possuir política específica para gerenciamento de riscos, prevista na regulamentação e para continuidade de negócios, de acordo com artigo 48, sendo certo que será necessário manter todas as informações transacionadas (incluindo consentimentos, registros de acesso e relatórios) arquivadas e à disposição do Banco Central por pelo menos 5 (cinco) anos. Neste quesito, também será necessário um esforço de desenvolvimento tecnológico relevante, que poderá ser bem oneroso, especialmente em instituições de grande porte como as do Segmento 1 (S1).

Conforme já exposto acima, as instituições participantes deverão disponibilizar um sistema/interface dedicada ao compartilhamento de dados e serviços no âmbito do *Open Banking*, de forma padronizada de acordo com critério estabelecido em autorregulação e de forma digital e gratuita ao usuário, observando as especificidades do artigo 23, parágrafo 2º, da Resolução.

A criação da referida plataforma digital "interoperável" que se comunica com as demais instituições será a maior parte do trabalho de adequação e desenvolvimento, de modo que as discussões sobre a tecnologia necessária para tal devem se iniciar no mercado desde o primeiro dia após a publicação da regulamentação, principalmente em função dos prazos ambiciosos estipulados para conclusão.

2.3. Consentimento

A jornada do usuário, que compõe a estrutura do *Open Banking* e que estará disponível na plataforma a ser desenvolvida, está dividida em três grandes pilares: (i) Consentimento; (ii) Autenticação; e (iii) Confirmação.

Dentro do fluxo desenhado pelo Banco Central, a primeira etapa de um compartilhamento de dados solicitado pelo usuário é a verificação de seu consentimento. Neste âmbito, para fins da instituição receptora, o consentimento: (i) deve ser obtido por meio de linguagem clara e objetiva, (ii) deve referir-se diretamente às finalidades específicas de sua utilidade, (iii) deve ter "vigência" máxima de 12 (doze) meses, (iv) deve discriminar a instituição transmissora dos dados, (v) deve discriminar os dados e serviços objeto do compartilhamento, (vi) deve incluir a identificação do cliente e (vii) deve ter sido obtido após a entrada em vigor da Resolução (ou seja, após, 1º de junho de 2020).

Ainda sobre o consentimento, é de suma importância destacar que é expressamente vedado, nos termos da regulamentação, obter o consentimento (i) por meio de contrato de adesão, (ii) por meio de formulário com opção de aceite previamente preenchida, ou (iii) de forma presumida, sem manifestação ativa do cliente, conforme esclarecido no capítulo I.

Outro ponto relevante é que a instituição transmissora não poderá receber, em hipótese alguma, a informação quanto à finalidade do compartilhamento dos dados, nos termos artigo 10º, parágrafo 4º. Isto provavelmente foi minuciosamente pensado visando evitar que a instituição que está transmitindo os dados tome ciência do objetivo do usuário com tal compartilhamento, vez que, provavelmente, tal compartilhamento resultará em um movimento do usuário para sua concorrência.

Assim, se a instituição transmissora de dados conhecer as finalidades dos compartilhamentos pelos quais é demandada, esta poderia tentar intervir, inserir obstáculos ou até propor produtos e serviços de forma incisiva de acordo com o que busca o cliente, tornando o processo menos eficiente e prejudicando a livre e sólida concorrência, que é um dos principais objetivos da regulamentação. Em relação à instituição receptora, de antemão, deverá assegurar e garantir que os dados objeto de compartilhamento que vier a receber sejam pertinentes às finalidades expressas ao cliente, mantendo a transparência neste sentido.

Em relação ao prazo de 12 (doze) meses de vigência do consentimento, poderá ser majorado em caso de transações de pagamentos sucessivas, desde que o cliente defina este novo prazo, a seu critério, podendo ainda condicionar a validade à conclusão da(s) referida(s) transação(ões), nos termos do artigo 10º, parágrafo 6º. Para iniciação de transações de pagamento, devem ser observados ainda os requisitos previstos no artigo 13 da Regulamentação.

O consentimento deve ser revogável, sendo certo que a opção de revogação deve ser pelo mesmo meio utilizado para autorização (eletrônico) e, ainda, deverá ter efeitos imediatos, em todos os casos, ou em até 1 (um) dia, se relativo à iniciação de transação de pagamento. Esse aspecto já era esperado, não apenas por se tratar de uma experiência inteiramente digital, como também pelo fato de que a LGPD, e também o código do consumidor, já trazia este racional em outros setores (como no cancelamento de serviços que foram contratados online, por exemplo).

É seguro dizer que um dos maiores desafios da implementação estará nesta etapa, pois existem diversas regras aplicáveis a esse procedimento que variam de acordo com a ponta em que figurará a instituição participante (se transmissora ou se receptora). Torna-se ainda mais complexa a implementação considerando que esses mecanismos, mutáveis de acordo com o cenário, deverão ser inteiramente eletrônicos e instantâneos ao cliente, ou seja, demandará a criação de tecnologia digital de ponta que, inclusive, não poderá ter interrupções.

2.4. Autenticação

Superado o consentimento, a próxima etapa do processo é a autenticação. Em relação a este procedimento, deverá ser oferecido pela instituição transmissora ou detentora dos dados, e será aplicável para "autenticar" a originalidade e identidade tanto do cliente como também da instituição receptora dos dados. Para cada compartilhamento, em relação ao cliente, deverá ser obtida nova autenticação, e, para a instituição receptora, a cada nova chamada de interface.

A autenticação bancária já é utilizada no mercado de serviços financeiros há algum tempo, sendo certo que está muito relacionada à segurança e à prevenção de fraudes, principalmente se tratando de falsidade ideológica.

No âmbito do *Open Banking*, o artigo 17 da Resolução traz alguns requisitos que devem ser observados, sendo certo que o principal deles é o conceito de mutabilidade do procedimento de autenticação a depender das circunstâncias. Em outras palavras, a instituição participante deverá possuir um procedimento de autenticação "personalizado" para cada operação a depender do risco oferecido, do tipo de dado e do canal utilizado.

A forma de elaborar essa estrutura e seus padrões deverá ser objeto da convenção (autorregulação) que deverá ser criada em conjunto com as demais instituições participantes, inclusive para fins de padronização e segurança. Ademais, vale mencionar que é permitida a contratação de empresas terceiras para prestar esses serviços (terceirização), observado o disposto no artigo 19 da Resolução. Contudo, é expressamente vedada a contratação, neste âmbito, da própria instituição receptora para fazer a autenticação, por se tratar de um conflito de posições.

Apesar de complexa e personalizada, a autenticação poderá ser na verdade um dos processos mais simples de se implementar, dado que esse tipo de procedimento já existe no mercado e, inclusive, já é utilizado por instituições financeiras para fornecer acesso a produtos e serviços em aplicativos de celular ou no próprio *bankline*. A dificuldade será, portanto, a obrigatoriedade de adaptação constante do procedimento ao caso concreto.

Ademais, o processo de autenticação pode se tornar mais complexo e exigir mais segurança quando ocorrer a terceira fase da implementação do *Open Banking*, conforme se esclarecerá mais adiante, ocasião na qual o sistema iniciará também compartilhamento de transações de pagamentos, incluindo aqueles instantâneos, englobados pelo projeto inovador do Banco Central, o "PIX".

Sobre advento do PIX e os desafios do método de autenticação de modo geral, Diego Cuoco (fundador e presidente da TakiPay) traz os seguintes comentários:

> A história da evolução do dinheiro está ligada a dois grandes pilares: autenticação e logística. A autenticação está ligada à fraude e segurança. Antigamente, quando se transacionavam moedas de ouro, autenticação era uma pessoa olhar a moeda e conferir se ela realmente tinha o valor que apresentava.
>
> Quando pensamos em cartão de crédito, autenticação é o varejo, por exemplo, ter a certeza de que quem está fazendo uma compra é o dono do cartão. Ao pensar no PIX, estamos diante de uma autenticação criptografa muito mais moderna e altamente segura. A logística, por sua vez, é a transferência de riqueza muito mais eficiente.[32]

Apesar da estrutura tecnológica necessária (que será trabalhosa), a possibilidade de contratação de serviços terceiros para tal também auxiliará de forma relevante as instituições a evoluírem nesse quesito de forma rápida.

[32] Cuoco, Diego. Atualizações Do Banco Central Levam O Ecossistema Bancário A Um Novo Patamar De Inovação. **O Estado de São Paulo**, 24 jun. 2020. Disponível em: https://politica.estadao.com.br/blogs/fausto-macedo/atualizacoes-do-banco-central-levam-o-ecossistema-bancario-a-um-novo-patamar-de-inovacao/. Acesso em 29 jun. 2020.

2.5. Confirmação

Uma vez obtido o consentimento e realizada a autenticação, resta agora somente obter a confirmação para que o compartilhamento seja concluído. De acordo com a Regulamentação do *Open Banking*, a confirmação deverá ser solicitada pela instituição transmissora dos dados, sendo certo que deverá: (i) ocorrer de forma simultânea aos demais procedimentos de autenticação, e (ii) assegurar ao cliente a possibilidade de discriminar o teor do compartilhamento, observado o escopo de dados e serviços e a faculdade de agrupamento de informações.

Ainda em relação à confirmação, se tratando do compartilhamento de dados de cadastro e de transações, devem ser discriminadas, no mínimo: (i) a identificação da instituição receptora de dados, (ii) o período de validade do consentimento, e (iii) dados que serão objeto de compartilhamento.

Este procedimento também pode ser mais simples para instituições de grande porte que já utilizam meios digitais para seus negócios, uma vez que, observadas as peculiaridades e exigências, nada mais é do que uma "tela" adicional com o resumo do procedimento, seu conteúdo e objeto, bem como a identificação dos transmissores e receptores. Apesar de simples, esse procedimento é de extrema importância, pois nessa etapa se consolida, em um único documento ou "tela", de forma padronizada, todas as informações relativas ao processo de compartilhamento. Uma vez gravada ou armazenada a confirmação, se torna possível verificar com agilidade todos os compartilhamentos ocorridos e navegar as informações, seja para fins de auditoria, controle do regulador, estatística, estudo ou organização interna da instituição.

2.6. Sistematização do Fluxo

A Regulamentação do *Open Banking* trouxe consigo muitos conceitos e expectativas em relação aos procedimentos e mecanismos que devem ser observados para que o sistema funcione de modo geral. Todos estes mecanismos, atuando em conjunto e de forma simultânea, resultarão na plataforma funcional que permitirá o compartilhamento de dados por seus titulares.

Contudo, a visualização destes mecanismos será diferente para o usuário, que não terá a visão da Regulamentação, tampouco dos requisitos impostos por esta, mas sim do fluxo de telas apresentado dentro do próprio sistema. Assim, um método eficaz para facilitar a compreensão dos procedimentos e do fluxo descrito na regulamentação seria pela estruturação de seu "desenho", representando como deverá ser a jornada do cliente em cada "etapa" do compartilhamento.

As imagens abaixo (Figuras 1 a 7), na ordem pela qual são apresentadas, demonstram cada etapa do fluxo básico de compartilhamento que deverá ocorrer para viabilização do compartilhamento, ressalvado que podem existir variações de instituição para instituição, desde que observada a Regulamentação:

(1) O cliente ou usuário ("Cliente") solicita o compartilhamento diretamente na plataforma digital da instituição que deseja que receba seus dados (a instituição "Receptora"), para os fins de seu interesse:

Figura 1 – Esquema representando a Solicitação de Compartilhamento

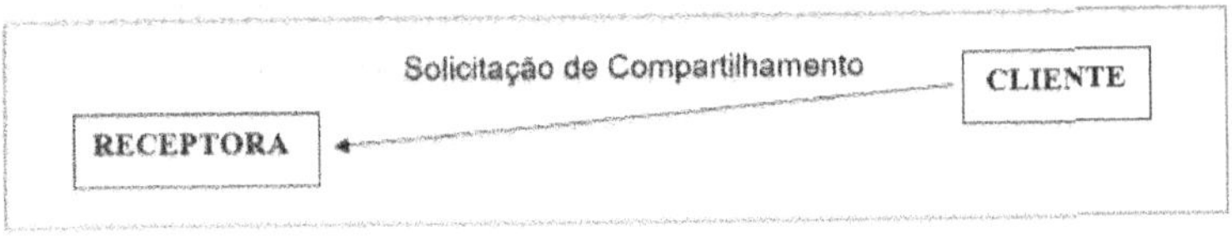

Fonte: Elaborada pelo autor.

(2) A instituição Receptora, visando atender à solicitação, deverá solicitar a obtenção do consentimento expresso e inequívoco do Cliente em relação aos dados que irá obter e também sua finalidade. Nesse contexto, é provável que seja apresentada ao cliente uma lista taxativa das informações que serão solicitadas em conjunto com o objetivo expresso do cliente e da Receptora. O Cliente deverá anuir com as condições apresentadas:

Figura 2 – Esquema representando a Obtenção do Consentimento

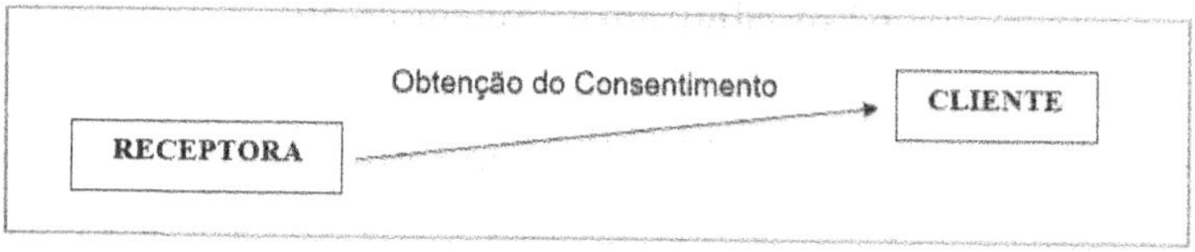

Fonte: Elaborada pelo autor.

(3) Obtido o consentimento formal do Cliente, o qual deverá ser arquivado eletronicamente pela Receptora de modo seguro, a Receptora enviará uma "mensagem" ou "ordem" para a instituição que já possui os dados indicados pelo Cliente, ou seja, a instituição que transmitirá as informações requeridas para compartilhamento (a instituição "Transmissora"):

Figura 3 – Esquema representando o Pedido de Informações

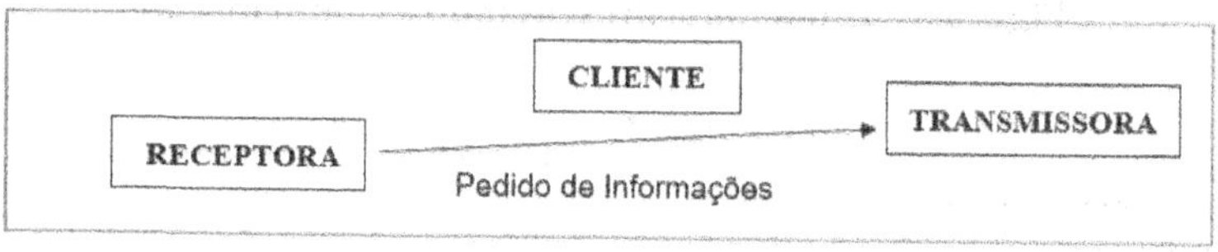

Fonte: Elaborada pelo autor.

(4) O Cliente será movimentado, digitalmente, para uma "tela" da instituição Transmissora, com a qual possui relação comercial, e nessa tela deverá realizar o procedimento de

Autenticação, para que a Transmissora se certifique de que não há falsidade ideológica ou fraude, assegurando que o Cliente de fato está demandando e autorizando o compartilhamento de seus dados com a Receptora. Também será objeto de autenticação a identidade da instituição Receptora, para fins de verificação se, de fato, o receptor é aquele indicado pelo Cliente:

Figura 4 – Esquema representando o Procedimento de Autenticação

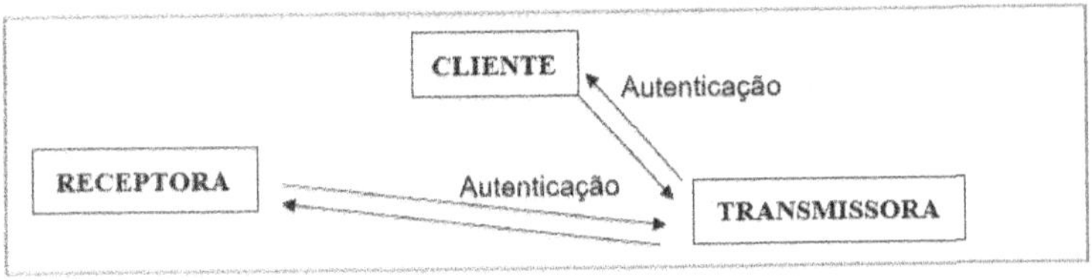

Fonte: Elaborada pelo autor.

(5) Uma vez verificada a autenticidade do pedido e da identidade da Receptora e do Cliente, a Transmissora enviará uma confirmação ao Cliente. Esta etapa é muito parecida com a etapa do consentimento, porém será realizada pela Transmissora. A Transmissora deverá armazenar eletronicamente esta anuência (Figura 5).

Figura 5 – Esquema representando a Confirmação

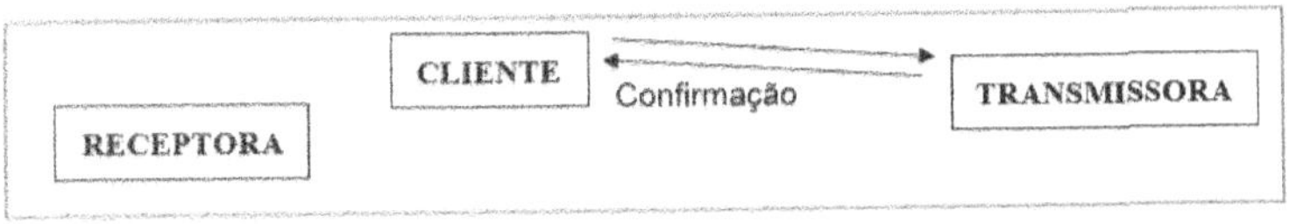

Fonte: Elaborada pelo autor.

(6) Uma vez realizada a confirmação pelo Cliente, a Transmissora compartilhará as informações com a Receptora, nos moldes pactuados e aprovados:

Figura 6 – Esquema representando o Compartilhamento de Informações

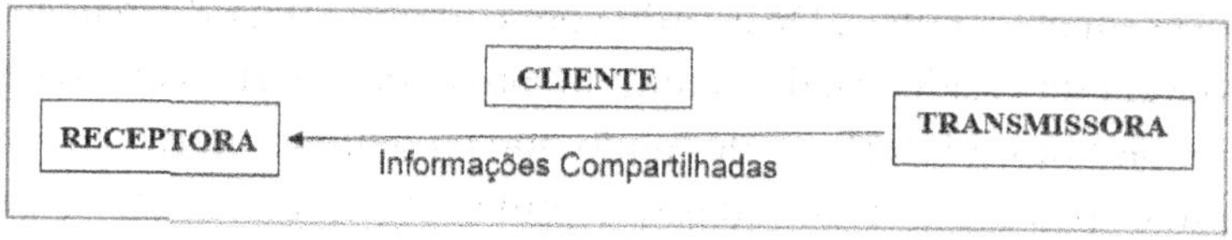

Fonte: Elaborada pelo autor.

(7) Por fim, a Receptora deverá informar o Cliente o recebimento das informações:

Figura 7 – Esquema representando Declaração de Recebimento

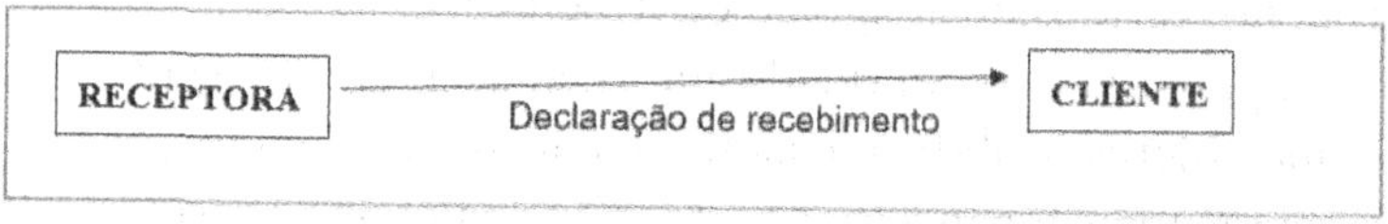

Fonte: Elaborada pelo autor.

Ainda sobre este fluxo, é importante destacar que esse procedimento como um todo deverá ser instantâneo, digital e acontecer em poucos segundos ou minutos, de modo que o titular do dado consiga navegar com facilidade. Isto demandará sofisticação digital, em função da elevada e complexa comunicabilidade e interoperabilidade entre os mecanismos tecnológicos das instituições participantes.

Nesse contexto, vale a menção ao fato de que está vedado às instituições participantes impor quaisquer procedimentos ou autorizações adicionais ao cliente, assim como qualquer outra burocracia ou estrutura que impeça ou atrase o procedimento pelo titular. Em suma, o fluxo deverá ser sempre simples, direto, ágil e digital, em observância aos termos dos artigos 28 e 29 da Resolução.

Assim como qualquer inovação digital, e levando em consideração sua complexidade, a operacionalização desse fluxo está sujeita a falhas. De acordo com o artigo 30 da Resolução, deverá ser criado canal de atendimento para suporte técnico no âmbito dessa interface, de modo que o cliente e/ou titular de dados possa esclarecer quaisquer dúvidas relativas às etapas, à conectividade, à eventual indisponibilidade e à confiabilidade do sistema e do procedimento.

2.7. Parcerias

No âmbito do Sistema Financeiro Aberto, ficou admitida ainda a contratação de parcerias, pelas instituições participantes, com outras instituições não autorizadas a funcionar pelo Banco Central, nos termos do artigo 36 da Resolução.

A parceria entre entidade autorizada e não autorizada teria como objetivo viabilizar e facilitar a prestação de serviços dentro do Sistema Financeiro Aberto, principalmente considerando o nível de dificuldade de se implementar o funcionamento total da plataforma contando única e exclusivamente com a infraestrutura e com os recursos humanos e tecnológicos da própria instituição.

Assim, o mercado de forma geral poderá se beneficiar de parcerias comerciais para viabilizar o modelo. As instituições participantes poderão contratar empresas especializadas para assessorá-las e prestar serviços, especialmente aqueles sistêmicos e relativos à tecnologia, para operacionalizar todo o mecanismo digital necessário para garantir o funcionamento do sistema. Da mesma forma, tal possibilidade também cria mercados e/ou amplia os já existentes, especialmente para as empresas que prestam esse tipo de serviço, incentivando (ainda que de forma indireta) o ramo da tecnologia da informação.

Por uma questão de conflito de posições, ficou vetada a contratação de parcerias nesse sentido entre instituições autorizadas a funcionar pelo Banco Central. Isto porque poderia haver uma confusão de papeis, ou até o uso de tal estrutura de modo desonesto, que permitiria o compartilhamento de informações de clientes entre essas instituições sem consentimento do titular.

O Banco Central resguardou para si o direito de vetar ou impor restrições ao compartilhamento em contexto de parceria, se constatar, a qualquer tempo, eventual inobservância dos requisitos, seja pela instituição contratante, seja pelo parceiro. A possibilidade de atuação do Banco Central neste meio já deixa claro ao mercado que a contratação dessas parcerias é considerada relevante e deve ser tratada com seriedade, evitando terceirizações excessivas e/ou desnecessárias.

O artigo 38 da Resolução dispõe acerca dos requisitos mínimos contratuais que devem ser observados na contratação de parceria por parte das instituições, entre eles, podemos citar: (i) a inclusão do compartilhamento de dados no objeto do contrato, (ii) as atribuições de responsabilidades, (iii) os procedimentos de segurança; (iv) os recursos de gestão e monitoramento, entre outros requisitos técnicos estabelecidos para garantir o funcionamento seguro da parceria.

Vale ressaltar que as instituições participantes que venham a contratar estes parceiros permanecem integralmente responsáveis pela confiabilidade, disponibilidade, segurança, sigilo do compartilhamento e pelo cumprimento da legislação em vigor, nos termos do artigo 39 da Resolução.

Essa é uma das áreas ainda mais nebulosas da Regulamentação, sendo certo que as instituições participantes, principalmente aquelas que já estão trabalhando no sistema, encontram grandes dificuldades em pacificar entendimentos em relação as formas de parcerias que não se enquadram exatamente nesses moldes.

Isso porque, dentro do mercado financeiro, existem diversas estruturas não convencionais para contratação de produtos e serviços. É possível citar, como exemplo, os *Marketplaces* de crédito, correspondentes bancários e até mesmo parceiros comerciais que atuam como prestadores de serviços de liquidação ou custódia. Para estas instituições mencionadas, acima, assim como possivelmente outras, não está perfeitamente claro como será a divisão de responsabilidades.

Não só em relação às estruturas diferentes, também existe divergência de entendimento em relação à aplicabilidade dos termos trazidos pela LGPD para a parceria. Um exemplo seria a definição de "controlador" da informação que, por sua vez, poderia ser enquadrado tanto na instituição participante como no parceiro por si contratado. Nesse âmbito, comentam os advogados do Tauil Chequer Mayer Brown, Eduardo Lima, Priscilla Santos, Cristiane Manzueto e Rodrigo Leal:

> [...] parece que a figura do operador constante na LGPD, como sendo aquele que realiza tratamento em nome do controlador, não é a mesma prevista na Resolução. Essa constatação precisa ser melhor analisada à luz da Lei Geral de Proteção de Dados Pessoais – e não apenas da normativa do BACEN e do CMN –, já que tanto instituição como parceiro contratado realizarão tratamentos de dados e podem, nesta medida, serem entendidos como co-controladores, e, portanto, responsáveis solidários."[33]

Assim, é provável que essa "área cinzenta" relativa à operacionalização de parcerias e divisão de responsabilidades venha a ser objeto de autorregulação, a qual deverá ser discutida entre

[33] LIMA, Eduardo *et al.*. Open Banking no Brasil | A revolução do sistema financeiro nacional e suas implicações regulatórias – Um paralelo com a Lei Geral de Proteção de Dados Pessoais (LGPD). **Tauil & Chequer Advogados**, Maio 2020. Disponível em: https://www.tauilchequer.com.br/pt/perspectives-events/publications/2020/05/open-banking-no-brasil-a-revolucao-do-sistema-financeiro-nacional-e-suas-implicacoes-regulatorias. Acesso em 10 jun. 2020.

as instituições participantes e contará com a avaliação e aprovação do Banco Central.

3. Cronograma e fases de implementação

Quando do anúncio da formalização da Resolução do *Open Banking*, o Banco Central, em conjunto com o Conselho Monetário Nacional (CMN), apresentou também uma espécie de divisão da implementação do sistema em "ondas" ou "fases".

O principal objetivo de tal divisão seria organizar o mercado de modo que possa estruturar o sistema com solidez e de forma uniforme, ou seja, explorando e construindo dimensões do sistema que não só façam sentido temporalmente, como também sejam factíveis sob a ótica operacional, de acordo com o nível de adesão e amplitude do alcance de cada momento.

Portanto, não seria recomendável (ou sequer praticável) permitir ou impor o compartilhamento de dados antes que exista uma padronização de mercado, assim como não seria possível integrar ordens de pagamentos instantâneos ao sistema se ele ainda não estiver funcionando em relação a fatores mais básicos, como informações cadastrais.

As fases de implementação, conforme elencadas pelo Banco Central, são: (i) padronização e divulgação de dados públicos, (ii) implementação do compartilhamento de dados (aqui está, de modo geral, o "coração" do *Open Banking*), (iii) a consolidação com transações de pagamentos, e, por fim, (iv) ampliação do escopo, conforme detalharemos a seguir.

Cumpre pontuar, ainda, que todas as fases de implementação do *Open Banking* sofreram posterior prorrogação em seus prazos à exceção da terceira fase (item "iii" do parágrafo acima e subcapítulo 3.3 mais adiante), vez que relativa a consolidação do Open Banking com os serviços de transações de pagamentos, a qual o Bacen inicialmente optou por manter o prazo original de 30 de agosto de 2021 visando garantir a sinergia com outros projetos em desenvolvimento pela autarquia, como o PIX, por exemplo, o qual já foi implementado.

O Banco Central justificou as prorrogações não só na complexidade técnica e operacional para sua viabilização, especialmente as questões introduzidas pela Resolução BCB nº 32, de 29 de outubro de 2020, como também nos impactos em processos de trabalho ocasionados pela pandemia do novo coronavírus (Covid-19)[34].

3.1. Primeira Fase – Padronização

Essa primeira etapa do desenvolvimento do *Open Banking* teria como escopo principal o detalhamento e padronização de informações disponibilizadas pela própria instituição, muitas das quais já são inclusive públicas, porém não são encontradas de modo prático ou eventualmente possuem nomenclaturas diferentes em cada agente.

Nesse sentido, estão englobadas aqui as taxas aplicáveis para cada um de seus produtos, por exemplo. Faz sentido que este seja o primeiro movimento, por ser também o mais fácil de ser estruturado. As informações que o Banco Central busca nesta etapa já existem e pertencem à própria instituição, ou seja, uma eventual falha na consolidação e divulgação dessa etapa, a princípio, não geraria danos para terceiros, especialmente para pessoas físicas, porventura clientes dessas instituições.

Implementada essa etapa, já será possível que usuários e clientes consigam buscar, navegar e comparar informações entre as instituições participantes, como taxas de juros, por

[34] BACEN. Voto 313/2020–BCB, de 4 de novembro de 2020. Assuntos de Regulação – Propõe alteração de resolução conjunta que dispõe sobre a implementação do Sistema Financeiro Aberto (Open Banking). Disponível em: https://www.bcb.gov.br/pre/normativos/busca/downloadVoto.asp?arquivo=/Votos/CMN/ 2020113/VOTO_DO_CMN_113_2020-BCB_SECRE Numerado_Manualmente.pdf. Acesso em 31 jan. 2021.

exemplo. Esse será o primeiro contato do consumidor com o *Open Banking*, pois poderá acessar sites e aplicativos que realizam comparações instantâneas de taxas de juros e outras condições em diferentes instituições.

Apesar de ser a mais simples, essa fase terá um papel fundamental na promoção da concorrência no sistema financeiro e, consequentemente, na redução dos juros aplicáveis ao consumidor. Nas palavras de Guilherme Assis, presidente da Gorila, *fintech* criadora de aplicativo que consolida investimentos:

> Para comparar os preços dos produtos e do crédito, um competidor precisa ver o que o outro tem na prateleira. E os dados do cliente e dos seus produtos é que vão permitir essa competição [...] Quem oferecer o melhor produto e o melhor preço irá conquistar o consumidor.[35]

O Banco Central por meio dessa etapa também já conseguirá visualizar quais instituições estão mais à frente no desenvolvimento de tecnologia e digitalização e quais estão encontrando maior dificuldade neste âmbito, auxiliando a mapear os riscos sistêmicos presentes no mercado e vislumbrar os obstáculos que serão encontrados para estruturação das etapas posteriores, as mais complexas.

Neste contexto, fica clara a intenção do Banco Central em promover cidadania financeira e, de maneira indireta, inclusão social à população. Na própria Resolução, está previsto que os objetivos primordiais do advento do *Open Banking* no Brasil seriam (i) incentivar a inovação, (ii) promover a concorrência, (iii) aumentar a eficiência e (iv) promover a cidadania finan-

[35] LASCO, Thiago. Os riscos e oportunidades do Open Banking: quem ganha com a regulamentação. **Estadão**, 14 jul. 2020. Disponível em: https://einvestidor.estadao.com.br/mercado/entenda-open-banking/. Acesso em 18 jul. 2020.

ceira. Dentre as fases da implementação dos sistemas, esta seria uma das principais para impulsionar o Brasil na direção destes objetivos, tendo em vista que trata da padronização de informações, facilidade de acesso e transparência de condições comerciais aos usuários.

Muito do que será padronizado, contudo, ainda deve ser objeto de discussão também por meio da autorregulação, sendo certo que a implementação dessa etapa deveria ter ocorrido até novembro de 2020, prazo este que foi prorrogado (a princípio) pelo Banco Central para 1º de fevereiro de 2021.

3.2. Segunda Fase – Compartilhamento

Uma vez já realizada a padronização e a divulgação de taxas, produtos e serviços pelas instituições participantes, o próximo passo seria iniciar de fato o compartilhamento de dados dos clientes (o que provavelmente deve ser o fator principal da inovação do *Open Banking*), sendo certo que somente poderá ser feito via consentimento do próprio usuário, conforme exposto anteriormente.

Nessa etapa, inicia-se de fato o Sistema Financeiro Aberto em formato mais "completo" e mais próximo do idealizado. Ainda estará carente de parte de seu escopo (em relação à iniciação de pagamentos, objeto da próxima etapa, por exemplo), mas já será possível ao titular transferir e dispor sobre seus dados financeiros e cadastrais, entre instituições participantes.

Também estão incluídos neste escopo os dados relativos às transações realizadas por esses usuários, por exemplo, o titular poderá solicitar e autorizar a transmissão de seu histórico financeiro e transacional recente com terceiros, entre instituições financeiras com as quais não possui relação, em busca de oferta de novos produtos e serviços que o acolham e atendam.

Assim, a expectativa é de que, se obtido o sucesso neste momento do desenvolvimento da plataforma, em tese já seria possível observar um movimento de redução de taxa no mercado bancário, principalmente em função do nível de acesso a informações que a instituição ofertante dos produtos e serviços teria para poder quantificar, de modo mais preciso, os riscos envolvidos na concessão de crédito.

Esta fase envolverá a maior parte do trabalho, pois demandará um nível já elevado de tecnologia, bem como APIs bem construídas e funcionais que deverão ser utilizadas por todo o mercado, incluindo instituições de grande e pequeno porte.

Este estágio também envolve questões relevantes de privacidade, sigilo e regras bem definidas de tratamento de informações, conforme esclarecido melhor nos subcapítulos acima. Assim, pressupõe-se que todas as instituições participantes já teriam, até tal momento, políticas detalhadas para tratamento desses dados e para operacionalização do sistema.

Para essa fase, a previsão era de que ocorresse, inicialmente, até maio de 2021, o que restou claro não ser um prazo muito extenso se tratando de uma adaptação digital dessa magnitude. Assim sendo, o Banco Central prorrogou (a princípio) a data limite de sua implementação para 1º de julho de 2021.

3.3. Terceira Fase – Transações de pagamentos

A terceira fase da implementação do sistema consiste no compartilhamento do serviço de iniciação dos mecanismos de transações de pagamentos e no compartilhamento de dados transacionais.

Também chamada de "fase de adesão de serviços", essa etapa permitirá, se adequadamente implementada, a realização de transferências bancárias de modo externo ao sistema bancário, ou seja, por meio de aplicativos de mensageria eletrônica, por exemplo, e também o encaminhamento de propostas de operação de crédito de um determinado cliente com outras instituições.

Além disto, o conceito de *Open Banking* se consolida aqui com a implementação da modalidade de pagamentos instantâneos, conforme vem sendo desenvolvida pelo Banco Central (o PIX):

> A terceira fase de implantação do open banking é a chamada adesão aos serviços. Nela, serão permitidos dois serviços básicos. Um deles é a chamada inicialização de pagamentos, que permitirá que um pagamento tenha início fora do ambiente do banco – por meio de um aplicativo de mensagens, por exemplo. Essa fase inclui também uma sinergia básica com o sistema de pagamentos instantâneos, que está sendo montado pelo Banco Central.[36]

Para essa etapa, será necessário que os movimentos anteriores tenham sido implementados de forma concisa e satisfatória, especialmente em função do fato de que nesse contexto, serão transitados recursos e não apenas dados, o que aumenta exponencialmente o risco e, consequentemente, a necessidade por segurança, por exemplo, pela adaptação do procedimento de autenticação.

A expectativa inicial do regulador era de que essa etapa fosse concluída até agosto de 2021, sendo certo que o prazo desta estruturação está diretamente relacionado não só ao sucesso das etapas anteriores, mas também da correta e perfeita implementação do PIX, ocorrida ainda em 2020. Deste modo, quando ponderou sobre a prorrogação das datas de implementação, o Banco Central optou por manter o prazo desta etapa nos parâ-

[36] TAIAR, Estavão; RIBEIRO, Alex. Regra para "open banking" prevê implantação em quatros fases. **Valor Econômico**, 28 nov. 2019. Disponível em: https://valor.globo.com/financas/noticia/2019/11/28/regra-para-open-banking-preve-implantacao-em-quatro-fases.ghtml. Acesso em 04 dez. 2019.

metros originários, considerando a sinergia existente nesta fase com o PIX, o que já foi possível operacionalizar em escala nacional.

Ao longo deste processo, determinadas instituições, como foi o caso do Mercado Pago, se pronunciaram no sentido de acreditarem que esse prazo é curto demais para estruturar o processo de pagamentos instantâneos[37], sendo prudente sua prorrogação. Por fim, foi possível implementar as primeiras etapas do PIX adequadamente nos prazos esperados pelo Banco Central, mas outras, como é o caso do "PIX cobrança", modalidade pela qual empresas poderiam gerar um *QR Code* para receber valores e para realizar transações (como um boleto), resultou por ser prorrogada (a princípio) de 04 de janeiro de 2021 para 15 de março de 2021[38].

Sobre o cronograma do PIX, que deve se consolidar com o *Open Banking* neste contexto, Tulio Oliveira, vice-presidente do Mercado Pago, diz o seguinte:

> Quanto ao cronograma, o grande desafio que se impõe, e temos falado disso com o regulador, é que todas as empresas estão focadas em reinventar seu negócio, o que constitui uma complexidade adicional para entregar algo em novembro. O Banco Central vem falando que não vai alterar o prazo ou o cronograma, e a gente segue com os planos internos de integração e desenvolvi-

[37] CARNEIRO, Igor Almenara. **Mercado Pago defende adiamento do PIX devido a pandemia.** Tecmundo, 29 abr. 2020. Disponível em: https://www.tecmundo.com.br/mercado/152560-mercado-pago-defende-adiamento-pix-devido-pandemia.htm. Acesso em 05 mai. 2020.

[38] BOLZANI, Isabela. **Banco Central adia cobrança com datas futuras no Pix para março de 2021.** Folha de São Paulo, 14 de dezembro de 2020. Disponível em: https://www1.folha.uol.com.br/mercado/2020/12/banco-central-adia-cobranca-com-datas-futuras-no-pix-para-marco-de-2021.shtml. Acesso em 31 jan. 2021.

mento, mas vemos desafios da indústria como um todo para estar pronta em novembro.[39]

Um atraso na estruturação das próximas fases do PIX, ou, uma vez estruturado, o advento sucessivo de falhas, golpes e fraudes em sua estrutura, poderia significar um atraso também no desenvolvimento da terceira etapa do *Open Banking*, porém não há confirmação nesse sentido pelo regulador, que sustentava que o cronograma estaria mantido e que esses são os dois "pilares" de sua agenda.[40]

Vale pontuar que não foram apresentados maiores detalhes em relação a esta etapa, sendo certo que o Banco Central provavelmente deverá focar seus esforços nas fases 1 e 2, que serão críticas para o sucesso da plataforma.

3.4. Quarta Fase – Ampliação de escopo

Nesta quarta e última etapa, que pressupõe o sucesso e desenvolvimento adequado de todas as fases anteriores, estaria prevista a ampliação do escopo do conceito de *Open Banking* para outros mercados e segmentos.

Isto incluiria, a princípio, o setor previdenciário, securitário e cambiário, entre outros. Isso significa dizer que o compartilhamento de dados e informações transigiria o mercado financeiro e alcançaria seguros de vida ou de automóveis, por exemplo,

[39] OLIVEIRA, Tulio. Entrevista: Mercado Pago sugere adiamento do PIX. **Mobile Time**, 27 abr. 2020. Entrevista concedida a Fernando Paiva. Disponível em: https://www.mobiletime.com.br/noticias/27/04/2020/mercado-pago-sugere-adiamento-do-pix/. Acesso em 25 maio 2020.

[40] HESSEL, Rosana. Diretor do Banco central descarta antecipação do lançamento do PIX. **Correio Braziliense**, 13 jul. 2020. Disponível em: https://www.correiobraziliense.com.br/app/noticia/economia/2020/07/13/internas_economia,871785/diretor-do-banco-central-descarta-antecipacao-do-lancamento-do-pix.shtml. Acesso em 14 jul. 2020.

entidades que realizam previdência privada e até agências de câmbio.

É plausível que o avanço nessa etapa ocorra de modo complexo, encontrando grandes obstáculos mercadológicos, principalmente pelo fato de o conceito de *Open Banking* depender de uma estrutura de tecnologia sofisticada e cara, que provavelmente será objeto de questionamento por estas instituições de menor porte, que vendem câmbio, seguros, ou outros produtos, e que não estariam a princípio preparadas para se adequar de forma tão rápida.

O Banco Central, em um primeiro momento, não apresentou muitos detalhes de como será feita essa fase, tampouco a realidade de sua profundidade, mas a expectativa do regulador era de que fosse implementada tal majoração de escopo até outubro de 2021, prazo este que foi prorrogado (a princípio) para dezembro de 2021.

3.5. Cronograma

Apresentadas as muitas condicionantes e os muitos requisitos, resta evidente que a implementação e adequação do Sistema Financeiro Aberto à realidade prática não será tarefa trivial, especialmente considerando sua abrangência.

A Regulamentação do *Open Banking* trouxe consigo alguns prazos gerais para implementação do sistema e para o adequado início de sua operação em nível nacional. Tais prazos foram precisamente alinhados à expectativa do Banco Central em atender os objetivos de cada uma das fases de implementação, conforme expostas acima, englobando, pouco a pouco, o mercado como um todo.

De acordo com o artigo 55 da Resolução, que se trata do artigo originalmente previsto na norma (inicialmente redigido pelo regulador para expor suas expectativas iniciais em relação ao prazo de implementação) ficaram definidas de forma expressa as etapas e a expectativa de data de conclusão. Nesse âmbito, vale pontuar que o Banco Central foi bastante ambicioso. Considerando toda a infraestrutura tecnológica que precisará ser desenvolvida e a necessidade de diálogo próximo e constante entre muitas instituições financeiras, os prazos estabelecidos parecem, aos principais agentes do mercado, demasiadamente curtos e desafiadores.

Vale mencionar que a maior dificuldade não será na primeira fase, conforme exposta acima, tendo em vista que, nesta, as instituições deverão tornar públicas e padronizadas os dados sobre taxas, produtos e canais de atendimentos, que, por sua vez, são informações que a instituição já possui, devendo apenas padronizá-los e disponibilizá-los de forma adequada.

O grande obstáculo se dará, portanto, no prazo de implementação da segunda fase, sob a qual se iniciará de fato o compartilhamento de dados e as "chamadas de interface", sendo certo que tal dificuldade já foi constatada pelas próprias instituições participantes, conforme averiguado pelo jornal Valor Econômico:

> Bancos e fintechs consideram apertado o cronograma estabelecido pelo Banco Central (BC) para implantar todas as fases do "open banking" até o fim do ano que vem, e há quem defenda uma ampliação dos prazos. O maior desafio, afirmam fontes próximas às instituições financeiras tradicionais e às novatas, não é cumprir a primeira etapa, prevista para o segundo semestre deste ano, quando começa a valer o compartilhamento de dados sobre canais, produtos e serviços. A questão, segundo esses interlocutores, é entregar a tempo as fases seguintes, que preveem troca de informações sobre cadastro de clientes, produtos e serviços e, por último, transações.[41]

[41] FURLAN, Flávia; MOREIRA, Talita. Cronograma do 'open banking' é desafio para bancos e fintechs. **Valor Econômico**, 31 jan. 2020. Disponível em: https://

Em contraponto, outras instituições, como é o caso das *fintechs*, acreditam que a agenda do *Open Banking* é demasiadamente longa. "Nós queremos convencer o BC a acelerar agenda do open banking", disse Benjamin Gleason, fundador do aplicativo para gestão financeira GuiaBolso, cuja operação do negócio é justamente ter acesso às contas bancárias de clientes de outros bancos.[42]

Não é surpresa, aplicativos como o Guiabolso (que possui a estrutura de seu negócio alicerçada em conceitos muito relacionados ao Open Banking) e outras *fintechs* veem com otimismo o advento do sistema. Para estes, se trata de abertura relevante de espaço regulatório para inovação e avanço, gerando novos mercados. Para os grandes bancos, contudo, isto pode significar uma ameaça ao seu "monopólio", visto que parte relevante de seu lucro é oriundo das taxas que consegue cobrar por serem poucos o que oferecem determinados serviços e/ou da falta de visibilidade ao consumidor sobre as opções ofertadas pela concorrência.

Por fim, sistematizando os prazos originalmente apresentados pela Regulamentação, baseados nos principais marcos temporais, foi possível construir uma tabela de etapas e datas limites de implementação, em ordem cronológica, a qual se apresenta por meio do "Quadro 1", conforme abaixo:

valor.globo.com/financas/noticia/2020/01/31/cronograma-do-open-banking-e-desafio-para-bancos-e-fintechs.ghtml. Acesso em: 03 mar. 2020.

42 REUTERS. BC cadencia calendário do open banking no Brasil, de olho no exterior. **Época Negócios**, 05 jun. 2019. Disponível em: https://epocanegocios.globo.com/Mercado/noticia/2019/06/epoca-negocios-bc-cadencia-calendario-do-open-banking-no-brasil-de-olho-no-exterior.html. Acesso em: 06 jul. 2019.

Quadro 1 – Sistematização dos prazos originalmente apresentados pela Resolução Conjunta nº 1, de 4 de maio de 2020 do Banco Central do Brasil, conforme alterados pela Resolução Conjunta nº 2, de 27 de novembro de 2020 do Banco Central do Brasil.

(continua)

Resolução Conjunta nº 1, de 4 de maio de 2020, e refletindo exclusivamente as alterações e prorrogações apresentadas pela Resolução Conjunta nº 2, de 27 de novembro de 2020, ambas do Banco Central do Brasil conforme originalmente apresentados pelo regulador		
Open Banking – Marcos Temporais		
Dispositivo Legal:	**Comentários:**	**Prazo:**
Art. 55 (caput)	A Resolução Conjunta entrou em vigor em 1º de junho de 2020.	Não aplicável.
Art. 53	Apresentação de cronograma de adequação e cumprimento do Art. 38, o qual deverá ser apresentado por instituições participantes que (na data de entrada em vigor da norma) já possuírem contratos de parceria com instituição não autorizadas a funcionar pelo Banco Central para fins e compartilhamento de dados e serviços.	**Até 03 de novembro de 2020 – Prazo não foi prorrogado.**
Art. 55, inc. I	Implementação dos seguintes itens: – Canais para encaminhamento de demandas de clientes (art. 44, III). – Repositório de participantes (art. 44, VI). – Compartilhamento de dados sobre (art. 5º, I, (a) e (b)): (a) canais de atendimento relacionados com dependências próprias, correspondentes no país, canais eletrônicos e demais canais disponíveis aos clientes; e (b) produtos e serviços relacionados com contas de depósito à vista, contas de depósito de poupança, contas de pagamento pré-pagas, contas de pagamento pós-pagas e operações de crédito.	**Originalmente até 30 de novembro de 2020, prorrogado para 1º de fevereiro de 2021.**

Fonte: Elaborado pelo autor.

Quadro 1 – Sistematização dos prazos originalmente apresentados pela Resolução Conjunta nº 1, de 4 de maio de 2020 do Banco Central do Brasil, conforme alterados pela Resolução Conjunta nº 2, de 27 de novembro de 2020 do Banco Central do Brasil.

(continuação)

Art. 55, II	Implementação dos seguintes itens: – Procedimentos e mecanismos para o tratamento e a resolução de disputas entre as instituições participantes, inclusive as decorrentes de demandas encaminhadas por meio dos canais disponíveis para encaminhamento de demandas de clientes (art. 44, IV). – Compartilhamento de dados sobre (art. 5º, I, (c) e (d): (a) cadastro de clientes e de seus representantes; e (b) transações de clientes relacionadas com: contas de depósito à vista, contas de depósito de poupança, contas de pagamento pré-pagas, contas de pagamento pós-pagas e operações de crédito.	**Originalmente até 31 de maio de 2021, prorrogado para 1º de julho de 2021.**
Art. 55, III	Implementação dos seguintes itens: – Compartilhamento de serviços de (art. 5º, II, (a) e (b)): (a) iniciação de transação de pagamento; e (b) encaminhamento de proposta de operação de crédito.	**Até 30 de agosto de 2021 – Prazo não prorrogado.**
Art. 55, IV	Implementação dos seguintes itens: – Compartilhamento de dados sobre (art. 5º, I, (b) e (d), itens 6 a 10 e 6 a 11, respectivamente): (a) produtos e serviços relacionados com: operações de câmbio, serviços de credenciamento em arranjos de pagamento, contas de depósito a prazo e outros produtos com natureza de investimento, seguros e previdência complementar aberta; e (b) transações de clientes relacionadas com: conta de registro e controle, operações de câmbio, serviços de credenciamento em arranjos de pagamento, contas de depósito a prazo e outros produtos com natureza de investimento, seguros e previdência complementar aberta	Originamente até 25 de outubro de 2021, prorrogado para 15 de dezembro de 2021.

Fonte: Elaborado pelo autor. Prazos originalmente emitidos pelo Banco Central do Brasil em sua primeira regra, refletindo apenas a prorrogação da resolução conjunta nº 2.

Conclusões

Implementar o *Open Banking* no Brasil será um grande desafio, não apenas para instituições financeiras e *fintechs*, mas também para os próprios usuários, que, caso não conheçam suas funcionalidades, seu conceito e as consequências dos compartilhamentos que farão, teremos um alto risco de incorrer em judicialização das relações originadas por esse sistema, o que poderá eventualmente desmotivar a implementação do modelo, resultando em seu sucateamento.

Essa será a forma que consumiremos o produto e o serviço de gestão financeira e bancária de recursos no futuro (inclusive no curto prazo), sendo certo que será aplicável e útil para toda e qualquer pessoa bancarizada e com acesso à internet. Assim sendo, ao profissional da área jurídica ou da área financeira (ou de ambas) será um tema de alta relevância, de forma que conhecer seus aspectos funcionais e peculiaridades poderá ser um grande diferencial. Mais do que entender a legislação e regulamentação do mercado atual, é preciso analisar as estruturas jurídicas que ainda estão por vir, conforme exemplos de países mais avançados nesse setor.

Ademais, o tema ganha escala na medida em que as instituições precisam se adequar ao novo contexto digital. É notório que o Brasil hoje vive um cenário de transição para o mundo digital, existem novas regulamentações sendo emitidas cotidianamente em razão do avanço da tecnologia, sendo certo que estruturas como a do Sistema Financeiro Aberto prometem ser permanentes e, ainda, mutáveis, de acordo com o nível de adesão. A expectativa é de que o modelo quebre paradigmas e mude de forma definitiva o jeito de consumir e prestar serviços financeiros. O desafio do jurista contemporâneo será criar "pontes", sempre visando viabilizar a utilização de modelos inovadores dentro do ambiente regulatório atual.

Sob esta ótica, o estudo mais aprofundado das características e peculiaridades desse modelo bem como sua inserção no contexto brasileiro, tendo como base a Regulamentação emitida pelo Banco Central, é extremamente necessário para construir conceitos jurídicos voltados para o esclarecimento e solução de conflitos que podem envolver o tema a curto, médio e longo prazo.

Atualmente não existem parâmetros previstos para todos os conflitos e questionamentos que podem surgir após sua implementação. Vivenciaremos, nos próximos anos, uma fase experimental do Sistema Financeiro Aberto, de forma que o conhecimento dessa estrutura e da regulamentação proporcionará um nível mais elevado de discussão, permitindo que os profissionais que conhecerem o tema possam desconstruir obstáculos e auxiliar no desenvolvimento geral da estrutura dentro das instituições financeiras em que atuam, o que indiretamente contribuirá para o sucesso do modelo em escala nacional.

Se, porventura, fechássemos o canal de recepção deste modelo, provavelmente estaríamos negando também as futuras oportunidades e estruturas que ainda estão por vir. O Sistema Financeiro Aberto é, na verdade, uma mudança estrutural que se alicerça na base normativa da Lei Geral de Proteção de Dados Pessoais e que é necessária para viabilizar outras muitas inovações que ainda estão por vir.

Ademais, apesar dos grandes avanços na área da tecnologia e da promessa de futuro, é preciso considerar que o *Open Banking* emerge em um país que até o momento carece de amplo acesso a serviços bancários. O Brasil possui um ambiente financeiro moderno em se tratando de transferências bancárias, mas ainda veementemente concentrado, pouco pulverizado, e que grande parte da população sequer consegue acessar, trazendo desvantagem ao cidadão brasileiro.

De acordo com pesquisa realizada pelo Instituto Locomotiva[43], o número de brasileiros não "bancarizados" é de aproximadamente 45 milhões, o que significa, em termos práticos, que um em cada três brasileiros acima de 16 anos não possui conta bancária[44]. Informações como essa apenas confirmam o já conhecido cenário de escassez e subdesenvolvimento da realidade brasileira.

Vale ressaltar, contudo, que muitos desses indivíduos "desbancarizados" na verdade possuem uma vida financeira ativa, trabalhando, adquirindo e vendendo bens, empreendendo, ainda que sem conta bancária. Em outras palavras, não se tratam de 45 milhões de brasileiros estranhos à vida civil, mas sim de pessoas hábeis, capazes e praticantes de atos civis de modo corriqueiro, que encontram dificuldade no acesso ao sistema financeiro ou não o fazem por opção, em razão do ônus não só financeiro como também burocrático de estar inserido no ambiente bancário.

É certo que a informalidade destes brasileiros na gestão de suas finanças pessoais está diretamente relacionada à sua possível exclusão social, de forma geral. A pobreza, a educação precária e até o racismo estrutural, podem ser fatores determinantes na inserção destes brasileiros no ambiente bancário:

> Eles (os brasileiros não bancarizados) movimentam 820 bilhões de reais por ano fora dos bancos – é praticamente o pro-

43 INSTITUTO LOCOMOTIVA. **Um em cada três brasileiros não tem conta em banco, mostra pesquisa Locomotiva**. Newsletter do Instituto Locomotiva, 24 set. 2019. Disponível em: https://www.ilocomotiva.com.br/single-post/2019/09/24/Um-em-cada-tr%C3%AAs-brasileiros-n%C3%A3o-tem-conta-em-banco-mostra-pesquisa-Locomotiva. Acesso em 02 fev. 2020.

44 AGÊNCIA BRASIL. Brasil tem 45 milhões de desbancarizados, diz pesquisa. **Época Negócios**, 18 ago 2019. Disponível em: https://epocanegocios.globo.com/Brasil/noticia/2019/08/brasil-tem-45-milhoes-de-desbancarizados-diz-pesquisa.html. Acesso em 05 set. 2019.

> duto interno bruto de Portugal (218 bilhões de dólares). Sete em cada dez sem-conta bancária no Brasil declaram ser negros ou pardos e apenas 6% cursaram o ensino superior. Eles estão habituados a receber os pagamentos em dinheiro, a negociar descontos, a comprar fiado e, quando necessário, a usar cartão de crédito de amigos e parentes. É uma enorme fatia da população brasileira que historicamente vê os bancos como lugares inacessíveis. Seis em cada dez deles não têm intenção de abrir conta, e metade não confia nas instituições.[45]

Em linhas gerais, é possível constatar uma correlação do nível de "bancarização" de um determinado país ou região com outros índices que refletem seu desenvolvimento. Avanços em infraestrutura, educação, saneamento básico, urbanização e geração de empregos formais se mostram como fatores propulsores da inserção do indivíduo no sistema financeiro.

Estes avanços são, em sua maioria, caros, e dependem de modo relevante do estado brasileiro e de fatores políticos e econômicos para acontecerem. É nesse contexto que a tecnologia e a inovação digital se apresentam como uma solução impulsionadora da formalidade e da inclusão do brasileiro no sistema bancário, sendo inclusive definidas por alguns como uma verdadeira "revolução":

> A melhoria da infraestrutura, o avanço do emprego e da economia formal vão naturalmente reduzindo o contingente de brasileiros sem conta em banco. Mas é a evolução da tecnologia a grande responsável pela revolução que o país está vivendo. O brasileiro nunca esteve tão conectado.[46]

[45] MAMONA, Karla *et al.*. Por que o Brasil vive uma corrida pelos sem banco. **Exame**, 27 set. 2019. Disponível em: https://exame.com/negocios/por-que-o-brasil-vive-uma-corrida-pelos-sem-banco/. Acesso em 12 out. 2019.
[46] *Ibidem.*

Deste modo, o desenvolvimento do Sistema Financeiro Aberto encontra fundamento não só econômico como também social, prometendo atuar na reversão deste cenário. A construção do ideal do *Open Banking* é quase inteiramente baseada na facilidade de acesso, na segurança e na experiência do usuário, fatores que são primordiais para o avanço da "bancarização" nacional.

O próprio Banco Central, em diversas oportunidades, já manifestou que um dos pilares da implementação do sistema é o incentivo à concorrência no setor bancário, o que gerará, ainda que de forma indireta, uma maior oferta de produtos e serviços ao cidadão, bem como a redução das taxas aplicáveis[47].

O incentivo à concorrência e a pluralização do mercado financeiro está entre os principais objetivos atuais do Banco Central para o ano de 2020 e 2021. Nas palavras de Roberto Campos Neto, então presidente da autarquia:

> Trabalhamos para ter um sistema financeiro sólido e eficiente e, neste último ponto, esperamos que as novas tecnologias contribuam para gerar maior concorrência no sistema financeiro e menor custo para o cliente bancário. Enxergamos um futuro muito promissor, no qual iremos estimular um ambiente que proteja os dados dos cidadãos e, ao mesmo tempo, derrube as barreiras à entrada de novas empresas, criando um leque de opções diversificado e acessível aos clientes [...]. O importante é que a configuração do sistema financeiro seja tal que facilite a entrada de novos agentes, e que eles tenham o potencial de contestar, com novos modelos, os incumbentes e, assim, crescer e gerar mais com-

[47] WALENDORFF, Rafael. Para diretor do BC, open banking vai gerar mais concorrência e competitividade. **Valor Econômico**, 20 jun. 2020. Disponível em: https://valor.globo.com/financas/noticia/2020/06/20/para-diretor-do-bc-open-banking-vai-gerar-mais-concorrncia-e-competitividade.ghtml. Acesso em 01 jul. 2020.

petição. Em outras palavras, independentemente do grau de concentração, o importante é existir competição, tornando a oferta de serviços à sociedade ainda melhor, sob a ótica da diversidade, qualidade e preço desses serviços.[48]

A correlação do incentivo à concorrência com a instituição do *Open Banking* se encontra, intrinsicamente, no acesso à informação. Isso porque o principal benefício da implementação do sistema será a estrutura digital mandatória e gratuita, que viabilizará ao brasileiro comum o acesso fácil, seguro e rápido, de uma série de informações importantes para realização de comparação entre os prestadores de serviços financeiros e escolha da melhor alternativa.

O Banco Central deixou claro, na própria Resolução, que o objetivo primordial do advento deste sistema seria (i) incentivar a inovação, (ii) promover a concorrência, (iii) aumentar a eficiência e (iv) promover a cidadania financeira.

Um exemplo claro, que já será possível notar na primeira fase da implementação do Sistema Financeiro Aberto, será a possibilidade de comparação instantânea de taxas e produtos de modo centralizado pelo cliente, permitindo a constatação, com facilidade, das instituições que cobram juros mais altos e daquelas que cobram juros mais baixos, conforme descrito no capítulo 3.1 anteriormente.

É provável que, nesse contexto, exista um movimento relevante de consumidores de produtos e serviços financeiros para as *fintechs*, razão pela qual o sistema é muito esperado por elas. Os grandes brancos, portanto, possuem razões concretas para

[48] DAOUN, Michel. **Governo quer aumentar a concorrência, com segurança, diz presidente do Banco Central.** Plataforma Noomis Febraban, 02 mar. 2020. Disponível em: https://noomis.febraban.org.br/temas/regulacao/open-banking-tera-um-grande-impacto-na-vida-das-pessoas-diz-presidente-do-banco-central. Acesso em 03 abr. 2020.

temer esse avanço, pois tal movimento resultará em diminuição relevante não só de seu corpo de clientes como também nas taxas praticadas, ou seja, no famoso *"spread"* bancário.

Apesar de recearem o impacto financeiro, mercadológico e o alto custo operacional de viabilização, grande parte dos bancos e outras instituições autorizadas a funcionar pelo Banco Central enxergam o advento do *Open Banking* como um avanço social, custoso e por vezes "dolorido", porém necessário.

Para o então diretor de tecnologia do Itaú Unibanco, por exemplo, Estevão Lazanha, a implementação do sistema está diretamente vinculada à ampliação do uso de canais digitais e deve ser vista de forma disruptiva e promissora. Outros bancos, como o Bradesco, enxergam na regulamentação um grande risco, principalmente por considerarem o ônus obrigacional assimétrico à realidade, conforme elucidado por Maurício Minas, até então membro do conselho de administração da instituição.[49]

Existem ainda outros benefícios com sua implementação. A entrada em vigor da LGPD, quando somada à estrutura e acessibilidade trazida pelo Sistema Financeiro Aberto, resultará em grande atrativo comercial para empresas e investidores estrangeiros, incluindo o Brasil no mapa de países que já avançaram nesse quesito e que estariam abertos para não só receber estas empresas como também acomodá-las sob a ótica de serviços financeiros mais rápidos, dinâmicos, transparentes e possivelmente baratos.

Por fim, resta evidente que o avanço tecnológico no setor financeiro gera, ainda que a contragosto de alguns, resultado positivo para a sociedade, especialmente para uma que matema-

[49] BOLZANI, Isabela. Regulamentação do open banking é agressiva e ameaça setor bancário, diz Bradesco. **Folha de São Paulo**, 24 jun. 2020. Disponível em: https://www1.folha.uol.com.br/mercado/2020/06/regulamentacao-do-open-banking-e-agressiva-e-ameaca-setor-bancario-diz-bradesco.shtml. Acesso em 27 jun. 2020.

ticamente se comprova carente neste aspecto. O Brasil precisa deste movimento para continuar sua jornada de desenvolvimento econômico, e é com este olhar que o regulador elaborou a Regulamentação.

As próprias fases de implementação desenhadas pelo Banco Central, conforme debatidas nos capítulos anteriores, demonstram o racional lógico e o direcionamento geral que a autarquia pretende com a operacionalização do sistema. Os objetivos ficam claros e a arquitetura de etapas, somada ao cronograma ambicioso para sua conclusão, revelam a perspicácia e empenho do Banco Central em colocar em prática os almejados objetivos descritos no art. 3º da Resolução.

Incentivando e viabilizando a concorrência saudável e a maior oferta de produtos financeiros, o sistema terá o papel indireto de desenvolver economicamente o país e corrigir disparidades no ambiente financeiro. Isto se dará por meio da facilitação do acesso à informação, do incentivo à cidadania financeira e da forte atuação em trazer as taxas de juros bancários nacionais para patamares mais acessíveis a todos os brasileiros. O *Open Banking* não promete ser a solução em si, mas, talvez, um bom caminho para começar.

Referências

AGÊNCIA BRASIL. Brasil tem 45 milhões de desbancarizados, diz pesquisa. **Época Negócios**, 18 ago 2019. Disponível em: https://epocanegocios.globo.com/Brasil/noticia/2019/08/brasil-tem-45-milhoes-de-desbancarizados-diz-pesquisa.html. Acesso em 05 set. 2019.

ARTHUR, Charles. Tech Giants may be huge, but nothing matches big data. **The Guardian**, 23 ago. 2013. Disponível em: https://www.theguardian.com/technology/2013/aug/23/tech-giants-data. Acesso em 15 ago. 2019.

BACEN. Voto 313/2020–BCB, de 4 de novembro de 2020. **Assuntos de Regulação – Propõe alteração de resolução conjunta que dispõe sobre a implementação do Sistema Financeiro Aberto (Open Banking)**. Disponível em: https://www.bcb.gov.br/pre/normativos/

busca/downloadVoto.asp?arquivo=/Votos/CMN/ 2020113/VOTO_DO_CMN_113_2020-BCB_SECRE Numerado_Manualmente.pdf. Acesso em 30 jan. 2021.

BALAGUER, Adriano. **A revolução iminente das APIs no mercado de serviços financeiros.** ComputerWorld. 02 ago. 2016. Disponível em: https://computerworld.com.br/2016/08/02/revolucao-iminente-das-apis-no-mercado-de-servicos-financeiros/. Acesso em 15 set. 2019.

BALDUCCINI, Bruno; DA SILVA, Leticia Novaes. 'Open Banking', o caminho para a competição digital. 14 jun. 2019. **Estadão**. Disponível em: https://politica.estadao.com.br/blogs/fausto-macedo/open-banking-o-caminho-para-a-competicao-digital/. Acesso em: 9 jan. 2020.

BARROS, Fábio. **Com a transformação digital, bancos assumem o desafio de reter o cliente.** Convergência Digital, 11 jun. 2019. Disponível em: https://www.convergenciadigital.com.br/cgi/cgilua.exe/sys/start.htm?UserActiveTemplate=site&infoid=50927&sid=5. Acesso em 10 jan. 2020.

BELLINI, Luis; NUNES, Leonardo Di Cola. **Open Banking.** Madrona Advogados, 19 jun 2020. Disponível em: https://www.madronalaw.com.br/artigo/open-banking/. Acesso em: 02 jul 2020.

BOLZANI, Isabela. Regulamentação do open banking é agressiva e ameaça setor bancário, diz Bradesco. **Folha de São Paulo**, 24 jun. 2020. Disponível em: https://www1.folha.uol.com.br/mercado/2020/06/regulamentacao-do-open-banking-e-agressiva-e-ameaca-setor-bancario-diz-bradesco.shtml. Acesso em 27 jun. 2020.

BOLZANI, Isabela. Banco Central adia cobrança com datas futuras no Pix para março de 2021. **Folha de São Paulo**, 14 de dez. de 2020. Disponível em: https://www1.folha.uol.com.br/mercado/2020/12/banco-central-adia-cobranca-com-datas-futuras-no-pix-para-marco-de-2021.shtml. Acesso em 31 jan. 2021.

CARNEIRO, Igor Almenara. **Mercado Pago defende adiamento do PIX devido a pandemia.** Tecmundo, 29 abr. 2020. Disponível em: https://www.tecmundo.com.br/mercado/152560-mercado-pago-defende-adiamento-pix-devido-pandemia.htm. Acesso em 05 mai. 2020.

CARTEIRO, Felipe Leoni; ARRUDA, Mariana Amorim. O tempo de Armazenamento de Dados e a LGPD. **O Estado de São Paulo**, 02 ago. 2019. Disponível em: https://politica.estadao.com.br/blogs/fausto-macedo/o-tempo-de-armazenamento-de-dados-e-a-lgpd/. Acesso em 04 abr. 2020.

CUOCO, Diego. Atualizações Do Banco Central Levam O Ecossistema Bancário A Um Novo Patamar De Inovação. **O Estado de São Paulo**, 24 jun. 2020. Disponível em: https://politica.estadao.com.br/blogs/fausto-

-macedo/atualizacoes-do-banco-central-levam-o-ecossistema-bancario-a-um-novo-patamar-de-inovacao/. Acesso em 29 jun. 2020.

DAOUN, Michel. **Governo quer aumentar a concorrência, com segurança, diz presidente do Banco Central.** Plataforma Noomis Febraban, 02 mar. 2020. Disponível em: https://noomis.febraban.org.br/temas/regulacao/open-banking-tera-um-grande-impacto-na-vida-das-pessoas-diz-presidente-do-banco-central. Acesso em 03 abr. 2020.

DINO. **Com a implementação da LGPD empresas precisam contar com o apoio do especialista em Cybersecurity.** Terra, 27 maio 2020. Disponível em: https://www.terra.com.br/noticias/dino/com-a-implementacao-da-lgpd-empresas-precisam-contar-com-o-apoio-do-especialista-em-cybersecurity,5753dde77fcf63d72a618e925b0b7c04fgbe1ley.html. Acesso em: 05 jun. 2020.

FEIJÓ, Renata em matéria por KOHN, Stephanie. **Open banking e uso de dados: as pessoas como reais donas de suas informações.** Canal Tech, 21 maio 2018. Disponível em: https://canaltech.com.br/mercado/open-banking-e-uso-de-dados-as-pessoas-como-reais-donas-de-suas-informacoes-114162/. Acesso em 10 dez. 2019.

FURLAN, Flávia; MOREIRA, Talita. Cronograma do 'open banking' é desafio para bancos e fintechs. **Valor Econômico,** 31 jan. 2020. Disponível em: https://valor.globo.com/financas/noticia/2020/01/31/cronograma-do-open-banking-e-desafio-para-bancos-e-fintechs.ghtml. Acesso em: 03 mar. 2020.

GARIBALDI, Fernanda; PEDRETTI, Maria da Graça Vianna. **Banco Central prorroga prazo para entrada em vigor do Open Banking**. Felsberg Advogados, 30 nov. 2020. Disponível em: https://www.felsberg.com.br/banco-central-prorroga-prazo-para-entrada-em-vigor-do-open-banking/. Acesso em: 30 de jan. de 2021.

GERTH, Martin. Das unterschätzte Problem bei der Einführung von PSD2. **WirtschaftsWoche,** 16 ago. 2019. Disponível em: https://www.wiwo.de/unternehmen/banken/neue-zahlungsrichtlinie-das-unterschaetzte-problem-bei-der-einfuehrung-von-psd2/24913108.html. Acesso em 23 mar 2020.

HESSEL, Rosana. Diretor do Banco central descarta antecipação do lançamento do PIX. **Correio Braziliense,** 13 jul. 2020. Disponível em: https://www.correiobraziliense.com.br/app/noticia/economia/2020/07/13/internas_economia,871785/diretor-do-banco-central-descarta-antecipacao-do-lancamento-do-pix.shtml. Acesso em 14 jul. 2020.

INSTITUTO LOCOMOTIVA. **Um em cada três brasileiros não tem conta em banco, mostra pesquisa Locomotiva**. Newsletter do Instituto Locomotiva, 24 set. 2019. Disponível em: https://www.ilocomotiva.com.br/single-post/2019/09/24/Um-em-cada-tr%C3%AAs-brasileiros-n%C3%A3o-tem-conta-em-banco-mostra-pesquisa-Locomotiva. Acesso em 02 fev. 2020.

JONES, David. As PSD2 deadline draws near in Europe, calls for delay grow louder (Enquanto o prazo da PSD2 se aproxima na Europa, pleitos por uma postergação aumentam). **Mobile Payments Today.** 11 jul. 2019. Disponível em: https://www.mobilepaymentstoday.com/articles/as-psd2-deadline-draws-near-in-europe-calls-for-delay-grow-louder/. Acesso em 17 mar. 2020.

LASCO, Thiago. Os riscos e oportunidades do Open Banking: quem ganha com a regulamentação. **Estadão**, 14 jul. 2020. Disponível em: https://einvestidor.estadao.com.br/mercado/entenda-open-banking/. Acesso em 18 jul. 2020.

LAVADO, Thiago. Uso da internet no Brasil cresce, e 70% da população está conectada. **G1**, 28 ago. 2019. Disponível em: https://g1.globo.com/economia/tecnologia/noticia/2019/08/28/uso-da-internet-no-brasil-cresce-e-70percent-da-populacao-esta-conectada.ghtml. Acesso em 30 out. 2019.

LIMA, Eduardo *et al.*. **Open Banking no Brasil | A revolução do sistema financeiro nacional e suas implicações regulatórias – Um paralelo com a Lei Geral de Proteção de Dados Pessoais (LGPD)**. Tauil & Chequer Advogados, Maio 2020. Disponível em: https://www.tauilchequer.com.br/pt/perspectives-events/publications/2020/05/open-banking-no-brasil-a-revolucao-do-sistema-financeiro-nacional-e-suas-implicacoes-regulatorias. Acesso em 08 out. 2019.

MAMONA, Karla *et al.*. Por que o Brasil vive uma corrida pelos sem banco. **Exame**, 27 set. 2019. Disponível em: https://exame.com/negocios/por-que-o-brasil-vive-uma-corrida-pelos-sem-banco/. Acesso em 12 out. 2019.

PAIVA, Camilla; BELLINI, Luis; PENICHE, Danielle. **Bacen – Open Banking**. Madrona Advogados, 06 jul 2020. Disponível em: http://www.madronalaw.com.br/artigo/bacen-open-banking/. Acesso em: 20 jul 2020.

OLIVEIRA, Tulio. Entrevista: Mercado Pago sugere adiamento do PIX. **Mobile Time**, 27 abr. 2020. Entrevista concedida a Fernando Paiva. Disponível em: https://www.mobiletime.com.br/noticias/27/04/2020/mercado-pago-sugere-adiamento-do-pix/. Acesso em 25 maio 2020.

REUTERS. BC cadencia calendário do open banking no Brasil, de olho no exterior. **Época Negócios**, 05 jun. 2019. Disponível em: https://epocanegocios.globo.com/Mercado/noticia/2019/06/epoca-negocios-bc-

-cadencia-calendario-do-open-banking-no-brasil-de-olho-no-exterior.html. Acesso em: 06 jul. 2019.

RIGHINI, Edoardo. **From open banking to Strong Customer Authentication: the 5 main effects of PSD2.** Doxee, 24 set. 2019. Disponível em: https://www.doxee.com/2019/09/24/the-5-main-effects-of-psd2/. Acesso em 27 out. 2019.

RIZZOTTO, Adriana. O direito fundamental à proteção de dados pessoais na persecução penal. **Consultor Jurídico**, 08 jun. 2020. Disponível em: https://www.conjur.com.br/2020-jun-08/adriana-rizzotto-protecao-dados-pessoais-persecucao-penal#_ftn6. Acesso em 14 jun. 2020.

SUTTO, Giovanna. Open banking: o que é e como funciona? **InfoMoney.** 4 abr 2019. Disponível em: https://www.infomoney.com.br/minhas-financas/consumo/noticia/8088790/open-banking-o-que-e-e-como-funciona-. Acesso em 25 mar. 2020.

TAIAR, Estavão; RIBEIRO, Alex. Regra para "open banking" prevê implantação em quatros fases. **Valor Econômico**, 28 nov. 2019. Disponível em: https://valor.globo.com/financas/noticia/2019/11/28/regra-para-open-banking-preve-implantacao-em-quatro-fases.ghtml. Acesso em 04 dez. 2019.

VERSIANI, Isabel. 'Open banking' é inevitável, avalia presidente do BC. **Valor Econômico,** 15 maio 2019. Disponível em: https://www.valor.com.br/financas/6256677/open-banking-e-inevitavel-avalia-presidente-do-bc. Acesso em 08 set. 2019.

WALENDORFF, Rafael. Para diretor do BC, open banking vai gerar mais concorrência e competitividade. **Valor Econômico**, 20 jun. 2020. Disponível em: https://valor.globo.com/financas/noticia/2020/06/20/para-diretor-do-bc-open-banking-vai-gerar-mais-concorrncia-e-competitividade.ghtml. Acesso em 01 jul. 2020.

Legislação

BACEN. Circular nº 4.015, de 4 de maio de 2020. **Dispõe sobre o escopo de dados e serviços do Sistema Financeiro Aberto (Open Banking).** Disponível em: https://www.bcb.gov.br/pre/normativos/busca/downloadNormativo.asp?arquivo=/Lists/Normativos/Attachments/51025/Circ_4015_v1_O.pdf. Acesso em 07 mai. 2020.

BACEN. Circular nº 4.032 de 23 de junho de 2020. **Dispõe sobre a estrutura inicial responsável pela governança do processo de implementação no País do Sistema Financeiro Aberto (Open Banking).** Disponível em: https://www.bcb.gov.br/pre/normativos/busca/downloadNormativo.asp?arquivo=/Lists/Normativos/Attachments/51077/Circ_4032_v2_P.pdf. Acesso em 27 jun. 2020.

BACEN. Circular nº 4.037 de 15 de julho de 2020. **Altera a Circular nº 4.032, de 23 de junho de 2020, que dispõe sobre a estrutura inicial responsável pela governança do processo de implementação no País do Sistema Financeiro Aberto (Open Banking)**. Disponível em: https://www.bcb.gov.br/pre/normativos/busca/downloadNormativo.asp?arquivo=/Lists/Normativos/Attachments/51097/Circ_4037_v1_O.pdf. Acesso em 17 jul. 2020.

BACEN. Comunicado Nº 33.455, de 24 de abril de 2019. **Divulga os requisitos fundamentais para a implementação, no Brasil, do Sistema Financeiro Aberto (Open Banking)**. Disponível em: https://www.bcb.gov.br/estabilidadefinanceira/exibenormativo?tipo=Comunicado&numero=33455. Acesso em 15 out. 2019.

BACEN. Resolução Conjunta nº 1, de 4 de maio de 2020. **Dispõe sobre a implementação do Sistema Financeiro Aberto (Open Banking).** Disponível em: https://www.in.gov.br/en/web/dou/-/resolucao-conjunta-n-1-de-4-de-maio-de-2020-255165055. Acesso em 30 jan 2021.

BACEN. Resolução Conjunta nº 2, de 27 de novembro de 2020. **Altera a Resolução Conjunta nº 1, de 4 de maio de 2020, que dispõe sobre a implementação do Sistema Financeiro Aberto (Open Banking).** Disponível em: https://www.bcb.gov.br/estabilidadefinanceira/exibenormativo?tipo=Resolu%C3%A7%C3%A3o%20Conjunta&numero=2. Acesso em 30 jan. 2021.

BACEN. Resolução BCB nº 32, de 29 de outubro de 2020. **Estabelece os requisitos técnicos e procedimentos operacionais para a implementação no País do Sistema Financeiro Aberto (Open Banking).** Disponível em: https://www.in.gov.br/en/web/dou/-/resolucao-bcb-n-32-de-29-de-outubro-de-2020-285770861. Acesso em 30 jan. 2021.

BRASIL. Lei nº 12.965, de 23 de abril de 2014 (Marco Civil da Internet). **Palácio do Planalto Presidência da República**. Brasília, DF. Disponível em: http://www.planalto.gov.br/ccivil_03/_ato2011-2014/2014/lei/l12965.htm. Acesso em 02 mai. 2020.

BRASIL. Lei nº 13.709, de 14 de agosto de 2018 (Lei Geral de Proteção de Dados Pessoais). **Palácio do Planalto Presidência da República**. Brasília, DF. Disponível em: http://www.planalto.gov.br/ccivil_03/_ato2015-2018/2018/lei/L13709.htm. Acesso em 24 mar. 2020.

BRASIL. Lei Complementar nº 105, de 10 de janeiro de 2001 (Lei do Sigilo Bancário). **Palácio do Planalto Presidência da República**. Brasília,

DF. Disponível em: http://www.planalto.gov.br/ccivil_03/LEIS/LCP/Lcp105.htm. Acesso em 24 mar. 2020.

MINISTÉRIO DA ECONOMIA (Brasil)/BANCO CENTRAL DO BRASIL. Resolução Conjunta nº 1, de 4 de maio de 2020. Dispõe sobre a implementação do Sistema Financeiro Aberto (Open Banking). Diário Oficial da União, Brasília, 5 maio 2020. Edição 84, Seção 1, p. 34. Disponível em: http://www.in.gov.br/en/web/dou/-/resolucao-conjunta-n-1-de-4-de-maio-de-2020-255165055. Acesso em: 20 jan. 2020.

Obras e referências complementares

EUROPEAN PARLIAMENT. Directive (Eu) 2015/2366 of The European Parliament and of The Council Of 25 November 2015. **Official Journal of the European Union**. 23 dez. 2015. Disponível em: https://eur-lex.europa.eu/legal-content/EN/TXT/PDF/?uri=CELEX:32015L2366&from=EN. Acesso em 02 mar. 2020.

ALVES, Aluísio (Reuters). Brasil sofreu 15 bilhões de ataques cibernéticos em 3 meses, diz estudo. **Exame**, 06 ago 2019. Disponível em: https://exame.abril.com.br/tecnologia/brasil-sofreu-15-bilhoes-de-ataques-ciberneticos-em-3-meses-diz-estudo/. Acesso em: 15 de maio de 2020.

BRAMBERGER, Markus. **Neupositionierung Europäischer Finanzinstitute Open Banking**. Wiesbaden: SpringerGabler, 2019.

CASCIONE, Fábio de Souza Aranha; LIMA, Marcelo Padua; MORAES, Aaron Papa de. **Direito e Tecnologia**; São Paulo: Editora Liberars, 2019.

CUNHA, Lucas. Brasil é o líder mundial em lavagem de dinheiro. **Revista Veja**, 03 out 2019. Disponível em: https://veja.abril.com.br/economia/brasil-e-o-maior-do-mundo-em-lavagem-de-dinheiro. Acesso em: 15 de maio 2020.

DATT, Felipe. Adoção do open banking depende de padronização e governança. **Valor Econômico**, 24 jun. 2019. Disponível em: https://www.valor.com.br/financas/6316197/adocao-do-open-banking-depende-de-padronizacao-e-governanca. Acesso em: 08 maio 2020.

DINIZ, Bruno. **O Fenômeno Fintech**: Tudo sobre o movimento que está transformando o mercado financeiro no Brasil e no mundo. Rio de Janeiro: Editora Alta Books, 2019.

DUTTON, William H. **The Oxford Handbook of Internet Studies**. Oxford: Oxford University Press, 2013.

ESTADÃO CONTEÚDO. Com open banking, BC lança bases para novos produtos financeiros. **Exame**, 29 nov. 2019. Disponível em: https://exame.

com/seu-dinheiro/com-open-banking-bc-lanca-bases-para-novos-produtos-financeiros/. Acesso em: 29 nov. 2019.

GOLDBERG, Daniel. **Sistema Financeiro**. São Paulo: Editora Singular, 2007. 309 p.

LEWGOY, Julia. BC começa a pôr em prática o open banking: Entenda o que muda para você. **Exame,** 25 abr. 2019. Disponível em: https://exame.com/seu-dinheiro/bc-comeca-a-por-em-pratica-o-open-banking--entenda-o-que-muda-para-voce/. Acesso em: 15 maio 2020.

LEY, Stephen; SCOTT, Adam; GALLO, Valeria. **Baby Steps, But No Giant Leap**: PSD2 At Six Months Old. Deloitte, 20 jul. 2018. Disponível em: https://blogs.deloitte.co.uk/financialservices/2018/07/baby-steps--but-no-giant-leap-psd2-at-six-months-old.html. Acesso em: 08 jun 2020.

MARI, Angelica. The Brazil Tech And Innovation Round-Up: Brazil Kicks Off Open Banking, Venture Capital Investments Grow, E-Commerce Sales Increase. **Forbes,** 08 maio 2020. Disponível em: https://www.forbes.com/sites/angelicamarideoliveira/2020/05/08/the-brazil-tech--and-innovation-round-up-brazil-kicks-off-open-banking-venture--capital-investments-grow-e-commerce-sales-increase/#6fc3e2a4181a. Acesso em: 16 de maio.

MARTELLO, Alexandro. Banco Central inicia regulamentação do 'open banking', previsto para começar em 30 de novembro. **G1**, 04 maio 2020. Disponível em: https://g1.globo.com/economia/noticia/2020/05/04/banco-central-inicia-regulamentacao-do-open-banking-previsto-para--comecar-em-30-de-novembro.ghtml. Acesso em: 05 maio 2020.

MCMILLAN, Jonathan. **O fim dos bancos**: Moeda, crédito e a revolução digital. Edição padrão. São Paulo: Grupo Companhia das Letras – Selo Portfolio Penguin, 2018. 272 p.

MENDES, Felipe. Open banking nos deixará brigar com os grandes bancos, diz CEO do Nubank. **Revista Veja**, 06 maio 2020. Disponível em: https://veja.abril.com.br/economia/open-banking-nos-deixara-brigar-com-os--grandes-bancos-diz-ceo-do-nubank/. Acesso em: 16 de maio de 2020.

MONTE, Leo. O poder transformador do Open Banking. **Harvard Business Review**, 08 nov. 2018. Disponível em: https://hbrbr.com.br/open--banking/. Acesso em 18 maio 2020.

OLIVEIRA, João José. Banco Central divulga proposta de regras para Open Banking. **Economia UOL**, 28 nov. 2019. Disponível em: https://economia.uol.com.br/noticias/redacao/2019/11/28/banco-central-divulga--proposta-de-regras-para-open-banking.htm. Acesso em: 29 nov. 2019.

PINHEIRO, Patrícia Peck. **Proteção de dados pessoais**: Comentários à lei n. 13.709/2018 (LGPD). 1ª ed. São Paulo: Editora Saraiva, 2018.

REUTERS. BC quer primeira fase do open banking implementada até fim de 2020. **MoneyTimes,** 28 nov. 2019. Disponível em: https://moneytimes.com.br/bc-quer-primeira-fase-do-open-banking-implementada-ate-fim-de-2020/. Acesso em: 29 nov. 2019.

SANTOS, Natalino Nascimento dos. **SPB – Sistema De Pagamentos Brasileiro**: Um Novo Conceito Para A Economia Do Brasil. 1ª ed. São Paulo: Editora Erica, 2008.

MARTINS, Guilherme Guimarães *et al.*. **Direito Digital**: Direito Privado e internet. 2ª ed. Indaiatuba: Editora Foco, 2019. 734 p..

TAIAR, Estevão. BC: Cronograma de implantação de open banking e da plataforma Pix está mantido. **Valor Investe**, 04 maio 2020. Disponível em: https://valorinveste.globo.com/produtos/servicos-financeiros/noticia/2020/05/04/bc-cronograma-de-implantacao-de-open-banking-e-da-plataforma-pix-esta-mantido.ghtml. Acesso em: 06 maio 2020.

VALLIM, Carlos Eduardo. Cronograma de preparo para open banking vai até 2021. **Revista Istoé Dinheiro**, 08 maio 2020. Disponível em: https://www.istoedinheiro.com.br/cronograma-de-preparo-para-open-banking-vai-ate-2021/. Acesso em: 16 de maio de 2020.

VERSIANI, Isabel. BC prepara modelo de 'open banking' para ser implementado já em 2019. **Valor Econômico**, 16 out. 2018. Disponível em: https://www.valor.com.br/financas/5926927/bc-prepara-modelo-de-open-banking-para-ser-implementado-ja-em-2019. Acesso em 16 maio 2020.

ZEPEDA, Rodrigo. **PSD2**: Regulation, Strategy, and Innovation. Artigo do blog Finextra, 27 out. 2019. Disponível em: https://www.finextra.com/blogposting/18057/psd2-regulation-strategy-and-innovation. Acesso em: 04 mar. 2020.

SOBRE OS AUTORES

Ana Paula de Oliveira Missias

É advogada, com LLM em Direito de Mercados Financeiro e de Capitais pelo Insper (2020), e pós-Graduada em Direito Empresarial pela Pontifícia Universidade Católica de São Paulo – PUC-SP (2017). Graduou-se em direito em 2011.

Henrique Takeda Kamoi

É bacharel em Direito pela Pontifícia Universidade Católica de São Paulo, com LL.M em Direito dos Mercados Financeiro e de Capitais pelo Instituto de Pesquisa e Ensino – INSPER. Com experiência em escritórios de advocacia, atua na assessoria de operações estruturadas em mercado financeiro e de capitais e agronegócio.

Kaike Augusto Machado

É advogado, formado em direito pela Pontifícia Universidade Católica de São Paulo (PUC-SP) e pós-graduado em direito dos mercados financeiro e de capitais pelo Instituto de Ensino e Pesquisa (Insper-SP). Sua trajetória profissional incluiu grandes escritórios de advocacia e instituições financeiras, atualmente atua no Banco Votorantim S.A. como advogado consultivo a negócios.

Larissa Marques Lima

É formada em direito pela Universidade do Estado do Rio de Janeiro, com especialização em Direito dos Mercados Financeiro e de Capitais pelo Insper e em Moedas Digitais pela Universidade de

Nicosia. Atua há 6 anos como advogada no mercado financeiro, com foco em contratos de derivativos e operações estruturadas. Participou da elaboração do projeto de lei sobre criptoativos no Brasil e é entusiasta de novas tecnologias.

Luiz Ferrua Neto

CFA, é mestre em Economia (USP), pós-graduado em Direito dos Mercados Financeiros (Insper). Com mais de 15 anos de experiência na indústria financeira, sendo os últimos 10 dedicados a administração e gestão de riscos financeiros. Atualmente ocupa os cargos de Diretor de Investimentos da SantanderPrevi e Superintendente Financeiro do Banco Santander Brasil.